国家出版基金资助项目
"十二五"国家重点图书出版规划项目

王晓　高薇茗　魏乐平◎著

滇藏澜沧江谷地的教派冲突

芜野东南的民族丛书

何国强　主编

中山大学出版社
·广州·

版权所有　翻印必究

图书在版编目（CIP）数据

滇藏澜沧江谷地的教派冲突/王晓，高薇茗，魏乐平著.—广州：中山大学出版社，2013.12

（芜野东南的民族丛书/何国强主编）

ISBN 978-7-306-04695-6

Ⅰ.①滇… Ⅱ.①王… ②高… ③魏… Ⅲ.①教派—冲突—研究—西南地区 Ⅳ.①B929.2

中国版本图书馆 CIP 数据核字（2013）第 216479 号

出版人：徐　劲
策划编辑：嵇春霞　徐诗荣
责任编辑：徐诗荣
封面设计：林绵华　曹巩华
责任校对：廖丽玲
责任技编：何雅涛
出版发行：中山大学出版社
电　　话：编辑部 020-84111996，84113349，84111997，84110779
　　　　　发行部 020-84111998，84111981，84111160
地　　址：广州市新港西路 135 号
邮　　编：510275　传　真：020-84036565
网　　址：http://www.zsup.com.cn　E-mail：zdcbs@mail.sysu.edu.cn
印刷者：广州中大印刷有限公司
规　　格：787mm×1092mm　1/16　14 印张　271 千字
版次印次：2013 年 12 月第 1 版　2013 年 12 月第 1 次印刷
印　　数：1~2000 册　定　价：38.00 元

如发现本书因印装质量影响阅读，请与出版社发行部联系调换

总　序

黄淑娉

青藏高原古称"芄野"①，"喜马拉雅"与"横断"两条山脉在东南交汇，形成北半球地表褶皱最明显而紧密的区域——纵横千里，层峦叠嶂，忽而峡谷幽深、激流汹涌，忽而悬崖突兀、雪峰傲立。雄奇的景观掩饰着严酷的自然。适宜耕种的土地集中在河谷，陡峭的高坡土层稀疏、岩石裸露、杂草丛生，经常发生泥石流。山川、植被、动物、村庄依季节交替呈现出各种姿态：旱季，尘土飞扬、风霜严寒、万物萧条；雨季，四野青翠、鸟语花香、人畜徜徉于云端。

芄野东南素有"民族摇篮"之称。在北纬25°～38°、东经90°～104°的广袤区域，由东至西，有金沙江、澜沧江、怒江、独龙江和雅鲁藏布江，史前时代的汉羌之争，造成部分羌人融为汉族，部分羌人西迁。② 西迁的羌人一部分沿着江河古道北上甘青，另一部分南下川滇，到达今川、滇、藏交界区，更有一些部落进入了东南亚。他们南北行走的整套路线分布的区域到公元前4世纪业已形成民族走廊。《史记》记载了张骞出使大夏（今阿富汗）见到四川特产的见闻③，那是公元前2世纪发生的事情。又过了两个世纪，最后一批迁徙者

---

① 《诗经·小雅·小明》曰："明明上天，照临下土。我征徂西，至于芄野。二月初吉，载离寒暑。心之忧矣，其毒大苦！……"大意为周天子令诸侯征伐氐羌系部落，西行到青藏高原，将士思乡，无心恋战，企图班师回朝的情景。《说文解字》解"芄"，一为"远荒"；一为草本植物，如"秦芄"——兰花形，生长于黄土高原与青藏高原接壤地带、海拔3 000米的荒野，愈往西愈密。故"芄野"指今青藏高原东部，即今川、青、滇、藏四个省（自治区）相交界的区域。

② 如（南北朝）范晔《后汉书·卷八十七·西羌传第七十七》（景印文渊阁四库全书本第252～253册）有"秦献公初立，欲复穆公之迹，兵临渭首，灭狄獂戎。忍季父卬畏秦之威，将其种人附落而南，出赐支河曲西数千里，与众羌绝远，不复交通"的记载，说战国初期（公元前475年）以"卬"为首的一支羌人迫于族群竞争的压力，由今甘陕地区向西南徙迁至玉树地区。

③ 汉朝的四川特产远播大夏绝不可能走西域丝绸之路，那样将徒增路程，最有可能的是走西南丝绸之路，起点为成都，终点为印度甚至波斯（今伊朗），中间点为夜郎（今贵州）、滇（今昆明）、南诏（今大理）、缅甸。这说明中西交通很早就贯通了。

沿着民族走廊进入东南亚。东晋、十六国时期（317—420年），鲜卑族从大兴安岭西迁，抵达青海湖与当地羌人杂处，出现西羌、吐谷浑、白兰、党项、附国、吐蕃、姜人等古代部族，也有南迁的情况出现。各氏族部落在南迁路中定居、联姻、繁衍，发生贸易、战争和宗教行为，经过千百年的基因采借与文化交汇，演变出藏族、门巴族、珞巴族、纳西族、傈僳族、怒族、独龙族、景颇（克钦）族、克伦族、骠族、缅族、掸族等境内外民族。① 元明以降，封建国家的势力先后侵及这片土地。目前，一块归中国，一块归印度，一块归缅甸。《艽野东南的民族丛书》就揭示了中国西南川、滇、藏和川、青、藏接壤地带极具内涵的民族文化。这些民族是藏族、纳西族、怒族、独龙族和傈僳族。这些民族人们的体质特征与三支种群有关：①蒙古北亚人，特征是高身材、中头型、高鼻型、前额平坦、黑眼珠，男人高大英俊，女人身材颀长；②蒙古南亚人，特征是身材略矮、低头型、前额微窄、褐色眼珠、低鼻型；③"藏彝走廊"型，介于前两者之间，又自成一类，其特征是中身材、中头型、中鼻型，孩子的眼珠较黑，成人的眼珠泛褐。具体来说，怒族和独龙族人带有蒙古南亚人的体质特征，藏族、纳西族和傈僳族人带有"藏彝走廊"型的体质特征。由于藏族人的来源复杂，内部族群众多，有的体质特征偏向蒙古北亚人。例如，三岩藏族人的体质特征与塔吉克族、维吾尔族、锡伯族、哈萨克族、蒙古族等北方民族关系密切些，跟藏彝类型的藏族关系疏远些。② 无论体质特征如何，这5个民族的人民都有率真淳厚、健谈好客、谦让刚毅、吃苦耐劳的一面。人们因地制宜谋取生活资料，建造房屋，修建梯田，引水渡槽，高山放牧；人们也抽烟喝酒、唱歌跳舞，知足常乐。

新中国成立后，党和政府组织集中进行民族识别（1953—1956年）和少数民族语言与社会历史调查（1956—1958年）。根据20世纪80年代出版的《民族问题五种丛书》的描述，当时藏族、纳西族、怒族、独龙族和傈僳族等民族已出现社会分化：有的社会结构呈尖锥形，如藏族的农奴制、纳西族的土司制；有的社会结构呈钝锥形，如保留着原始公社残余的怒族和独龙族。民族文化的保持与传承是通过社会结构来实现的。独龙江两岸的村落出现了头人、大小巫师（南木萨、龙萨）、工匠、平民、家奴。前三种人基本上是富裕的族人，他们拥有土地，蓄养奴隶，并未完全脱离劳动。奴隶来自债务和买卖，成为家庭的一员，由主人安排婚姻，给予经济开支。奴隶在公共场合（如祭礼、

---

① 参见（五代）刘昫《旧唐书》卷197列传第147（景印文渊阁四库全书本第268~271册，台湾商务印书馆1983年版）和（宋）欧阳修《新唐书》卷222上列传第147上下（景印文渊阁四库全书本第272~276册，台湾商务印书馆1983年版）关于南蛮、西南蛮和骠国的描述。
② 参见何国强、杨晓芹、王天玉等《三岩藏族的体质特征研究》，载《人类学学报》2009年第4期，第408~417页。

公议、公断等）与平民有身份界限。劳动过程中主仆地位不同，主人为奴隶提供生产资料（如土地、牲畜、农具、种子），并占有全部收获物。人们在社会结构中各居其位，各层次的差别不大，在血缘、地缘基础上发生的共济、共庆、换工等集体行为维持着内部平等，原始宗教和基督教起到恐吓叛逆者、安抚民众、制止反抗的作用。旧的社会结构被打碎以后，新的社会结构逐步建立，其所传承的文化与过去有着质的不同。

17世纪，西方人陆续进入喜马拉雅东部山区与横断山脉南部的多条河谷。早期的传教士、探险家带着猎奇的眼光看待这里的风土人情。19世纪伊始，民族学家、地理学家、行政人员、桥梁工程师开始进入这片地域上无人知晓、地图上一片空白的沃野。到20世纪40年代末的150年间，他们记录了大量宝贵的材料。英国、美国、印度三国学者的成绩尤为突出，如果只见他们为殖民政府服务的一面而不见其科学记述的一面是不公平的。在此，我愿意借鉴沙钦·罗伊的书单①，肯定J. 马肯齐、J. 布特勒、G. W. 贝雷斯福德、A. F. 查特尔、P. C. 巴利、B. C. 戈海尔、M. D. 普格②等人的工作；我还要提到F. M. 贝利、F. K. 沃德、维雷尔·埃尔温、P. N. S. 古塔、马骏达、N. 罗伊、B. C. 古哈和S. 罗伊等人的努力，特别是约瑟夫·洛克、克里斯托夫·冯·菲尤勒－海门道夫和埃得蒙·利奇的奉献。

洛克于1922年到达中国西南边陲，在川、青、甘、滇接壤地带考察，为美国农业部、国家地理协会和哈佛大学收集植物和飞禽标本，在丽江度过了27年。随着时间的推移，洛克的研究兴趣转移到纳西族的文化上。他的《纳西英语百科词典》收入了东巴教及濒于消亡的古纳西语，他撰写的《中国西南古纳西王国》叙述了当时甘青交界处、滇西北、川西南和西藏纳西族居住区域的地理、历史、物产和文化。1992年，迈克尔·阿里斯在纽约出版了《喇嘛、土司和强盗》，以图文并茂的形式回顾了洛克在川、滇、藏的田野研究经历。③

第二次世界大战期间，利奇在克钦山区打游击。那个地区为中国的滇、藏和印度的阿萨姆邦三面环绕，有号称"野人山"的莽莽丛林。利奇广泛地接

---

① 参见（印）沙钦·罗伊《珞巴族阿迪人的文化》，李坚尚、丛晓明译，西藏人民出版社1991年版，第297～302页。
② 他们的代表作分别为《孟加拉东北极边地区山区部落记事》（1836年版）、《阿萨姆山区部落概述》（1847年伦敦版）、《阿萨姆东北边境记》（1881年西隆版、1906年重印）、《阿波尔的吊桥》（载《皇家工程师》1912年第16卷）、《阿萨姆山区部落的头饰》（载《皇家孟加拉亚细亚学会会刊》1929年总字第25卷）、《阿波尔人的农业组织》（载《人类学系调查报告》1954年第3卷第2册）、《东北边境特区的娱乐活动》（1958年版）等，这里仅仅提到很少的一部分。
③ 参见Michael Aris *et al. Lamas*, *Princes*, *and Brigands*: *Joseph Rock's Photographs of the Tibetan Borderlands of China*. China House Gallery, China Institute in America, 1992.

触克钦人，于1954年出版《上缅甸诸政治体系》，提出社会转变的动力学模型。几乎在同一时期，克里斯托夫·冯·菲尤勒－海门道夫在印度调查了10年，期间以特派员的身份在阿萨姆地区工作两年。他和妻子贝蒂·勃纳多在调查阿帕塔尼人①的间隙中，专程到麦克马洪线以南的斯皮峡谷，那里距离西藏的瓦弄咫尺之遥。因物资供应不足，1944年4月2日夫妇俩开始撤退，准备翌年再进行调查，后因印度政府决定推迟这项计划，最终未能进入西藏察隅地区。海门道夫基于田野调查的12本书②对于青藏高原的研究极具参考价值。

20世纪50年代以后的民族学家，无论是美国人、英国人、法国人、印度人，还是中国人，都是在利用前人收集的原始资料、绘制的地图、提炼的概念、阐述的命题和他们的民族识别、文化分类的成果，并汲取他们务实与求真的精神力量。

中国学者对青藏高原东南部的民族调查可追溯到抗日战争时期，左仁极、羊泽、朱刚夫、李式金、李中定、陶云逵、黄举安（以姓氏笔画为序）等人曾赴三江（金沙江、澜沧江、怒江）并流地区，调查成果虽然一鳞半爪，但科学精神不可低估。李霖灿、方国瑜、杨仲鸿对纳西语的研究尤其值得一提。新中国成立后的几十年间，我的同仁，如王辅仁、王晓义、孙宏开、刘龙初、刘芳贤、宋恩常、宋兆麟、吴从众、李坚尚、杨毓襄、张江华、姚兆麟、龚佩华、谭克让、蔡家骐、欧阳觉亚（以姓氏笔画为序）等，跋涉于川、青、滇、藏交界区的山水之间，也提出批判地学习和吸收西方人类学的任务。③ 1979年，西藏社会科学院资料情报研究所在北京成立，后迁至拉萨，组织翻译了一批文献，吴泽霖、费孝通都身体力行地做过译介工作。④ 由于各种原因，我们的研究起步较晚，田野研究缺乏长期性、系统性，理论方法上也有故步自封的表现，偏重于社会经济形态的素材，而较容易忽视社会组织、风俗制度与意识形态的素材。

---

① 中国民族学界有一种观点，认为阿帕塔尼人与珞巴族人同源，阿帕塔尼是珞巴族的组成部分。珞巴族包含20多个部落，如尼升、巴依、玛雅、纳、崩尼等，其经济形态与独龙族完全相同。

② 它们是《赤裸的那加人：阿萨姆邦的猎头部落的战争与和平》（1939年第1版、1968年第2版、1976年第3版）、《苏班西尼地区的民族学注释》（1947年版）、《喜马拉雅山区未开化的民族》（1955年版）、《阿帕塔尼人和他们的邻族：喜马拉雅山东部的一个原始社会》（1962年版，有中译本）、《尼泊尔的夏尔巴人：信佛的高地居民》（1964年版）、《尼泊尔、印度和锡兰的社会等级制度和血缘关系：对印度教与佛教相接触地区的人类学研究》（1966年版）、《尼泊尔人类学述略》（1974年版）、《喜马拉雅山区的贸易者：尼泊尔高地的生活》（1975年版，前三章半有中译本）、《喜马拉雅山地部落：从牲畜交换到现金交易》（1980年版）、《阿鲁纳恰尔邦的山地人》（1982年版）、《西藏文明的复兴》（1990年版）和《在印度部落中生活：一位人类学家的自传》（1990年版中译本）。

③ 参见林耀华《序》，见黄淑娉、龚佩华《文化人类学理论方法研究》，广东高等教育出版社2004年版。

④ 参见《费孝通译文集·前言》（上册），群言出版社2002年版，第2页。

改革开放以来，国内强调"补课"，出版了不少社会文化人类学（民族学）的理论著述，这是可喜可贺的。最近十几年，获得高级职称的中青年学者也越来越多。但是，不可否认，一些民族学工作者欠缺实地调查的经历，学界对田野调查的要求放松，对边陲少数民族的研究远远不够，市面上田野研究的著述稀少。有人说，目前田野工作的条件（如交通、通讯、住宿、饮食、医疗、安全、语言沟通、调查工具和手段等）较之20世纪五六十年代不知改善了多少，可如今的实地调查与书斋研究的比例较之于过去不知减少了多少。① 本人深有同感。我虽然退休多年，但也知道一点外面的情况。现在科研的资助力度每年都在增大，下达的课题也在增多，出版界欣欣向荣，民族类的期刊、书籍相当多；但是，深入扎实的调查研究没有跟上来。由于辛勤收集第一手资料和认真提炼、精巧构思并以朴实平正的笔调叙述的作品不太为社会所赏识和鼓励，因此田野作品越来越少。这种情况与历史的发展很不合拍。就青藏高原东南部而言，随着旅游的开发，三江并流自然景观被列入《世界遗产名录》，社会对非物质文化的保护意识被带动起来了，国内外迫切需要了解这一区域的民族现状，抢救、整理和保存当地的原生态文化迫在眉睫。但经常到农牧区做调查的人不多。原因何在？这恐怕与投入和产出的衡量标准有关。譬如，有些环境陌生而艰苦，原创性作品生产周期长，即使出得来，社会反应也需要一定时间，不如"跟风"成效快。"不可否认，学界急功近利的浮躁之风，评判成果室内室外一刀切的做法，都是使田野调查边缘化的原因。"② 我认为，端正调查之风、调整激励机制势在必行，否则民族学研究将难以为继，更谈不上以良好的姿态服务于社会。

西北川、青、藏交界区，以及西南边陲川、滇、藏接壤地区，民族学资源异常丰富，吸引着以何国强教授为首的研究团队不畏艰苦、锲而不舍地调研。这套由7部专著组成的丛书即有选择性地介绍了那里的民族文化。分册和作者名依次为《青藏高原的婚姻和土地：引入兄弟共妻制的分析》（坚赞才旦、许韶明）、《碧罗雪山两麓人民的生计模式》（李何春、李亚锋）、《整体稀缺与文化适应：三岩的帕措、红教和民俗》（许韶明、坚赞才旦）、《独龙江文化史纲：俅人及其邻族的社会变迁研究》（张劲夫、罗波）、《青藏高原东部的丧葬制度研究》（叶远飘）、《妇女何在？三江并流诸峡谷区的性别政治》（王天玉）、《滇藏澜沧江谷地的教派冲突》（王晓、高薇茗、魏乐平）。翻开细细品

---

① 参见郝时远主编《田野调查实录：民族调查回忆·前言》，社会科学文献出版社1999年版，第3页。

② 英国皇家人类学会编订：《人类学的询问与记录·序言》，周云水、许韶明、谭青松等译，国际炎黄文化出版社2009年版，第13～14页。

味，看得出作者们长期研究的积累。主编何国强教授是我的学生，也是这个研究团队的组织者。他17年来坚持探索汉藏区域文化，主张多学科相结合，调查素材、史志和理论三点互补，中外资料融会贯通，以及汉族区域和少数民族区域的文化现象互为衬托的研究思路。自1996年夏天至今，他已11次踏上青藏高原。担任博士生导师以后，他努力寻求基金会的支持①，推动每一届研究生到青藏高原东部和东南部选题作论文，秉承老一辈民族学家研究西南民族的传统，深入偏远的高山峡谷。据我所知，另外10位中青年作者在跟随他学习期间，除极少数人之外，皆有1年左右的调查经历，目前分别在高校或科研部门工作。他们的成果与书斋式的研究不同，每一本书都充满鲜活的材料，讲理论、重实际，穿插纵横（时空）比较和跨文化研究（类型）比较，散发着田野的芬芳。

调查员根据已有的知识草拟提纲，到当地观察、询问和感受，苦学语言，一丝不苟地记录，孜孜不倦地追寻文化变迁的足迹，修正调查提纲和理论预设。他们入乡随俗、遵循当地礼节，与村民建立互信，由此获得可信的感知材料。但这套丛书不是田野材料的机械堆砌，而是在科学方法和理论模块引导下的分析、综合与描述，不仅揭示了该地区存在的一些问题——如风俗制度的动力和机制、传统生计的命运、社会转型时期妇女的角色变迁等——而且对这些问题做出了切合实际的解答。

这套丛书坚持了民族学研究偏远之地的优良传统，同时强调多维视角，突出科研的前沿性、创新性及应用性，对于边疆少数民族的研究具有弥足珍贵的作用，同时给东南亚乃至世界的民族学提供了参考价值；在抢救和整理濒临绝境的原生态文化方面，体现了学术研究在增进国民福祉及促进社会和谐过程中的作用，在为西部开发提供决策依据并带动民族文化的保护性研究等方面均有不可忽视的意义。

这套丛书还凸显了"好料做好菜"的诀窍。前期4个课题资助，10余年田野调查取得的第一手资料绝不会自动转化为社会公认的产品，需要紧扣"民族特色"提炼选题，科学搭配，形成整体效应。编者先是将婚姻与丧葬制度、血缘组织、传统生计、本地宗教和外来宗教（东巴教、藏传佛教和天主教）的碰撞、妇女地位、先进民族的帮助与后进民族的发展等选题集合在一个总题目下共同反映特定区域的文化，"好菜"就做了一半；继而在中山大学

---

① 本研究相关课题获得4次资助，即"青藏高原的兄弟共妻制研究：以卫藏和康的五个社区为例"（香港中山大学高等学术研究基金，2004—2005年）、"青藏高原东部三江并流地区民族文化的历史人类学研究"（教育部人文社会科学基金，2006—2008年）、"三江并流峡谷的民族文化和社会结构变迁研究"（国家社会科学基金，2007—2009年）、"川青滇藏交界区民族文化多样性的动力学研究"（国家社会科学基金，2012—2014年）。

出版社的鼎力协助下申请国家出版基金资助项目，争取新的资源来整合后续工作。这样，整道"菜"就做好了。以上两点在何国强教授与中山大学出版社的通力合作中可见端倪，同时专家的支持①也相当重要。在这个基础上，各分册的作者和责任编辑保持良好的互动，认真审稿，精益求精地修改文本、补充资料、优化结构，本着为人民高度负责的精神对待自己的职业。凡此皆说明学术界与出版界的精诚合作对于完成科研成果转换的重要作用。

---

① 这套丛书于2011年入选"十二五"国家重点图书出版规划项目，2012年入选国家出版基金资助项目。两次申报工作，均得到四川省社会科学院任新建研究员和中国人民大学胡鸿保教授的极力推荐。

前　言

　　首先要说明的是，本书所要讲述故事发生的舞台——澜沧江谷地，并非实体指代，而是以澜沧江为轴线，上起盐井，下至维西，西跨碧罗雪山抵贡山丙中洛、秋拉桶等地，东越云岭，及巴塘处，刚好形成了一个以澜沧江为主干动脉、以其周边地方为枝叶的树状关系网。从地理位置上看，其位于"藏彝走廊"的核心地带，纵列的高山峡谷使得这一地区自古便成为羌、氐、戎等民族迁徙流动的重要民族走廊，经过长期的交流与融合，形成了目前以藏族为主体，兼有纳西、傈僳、独龙、怒以及汉在内的多民族聚居区。现如今，在这里，不同的民族信奉不同的宗教，甚至在同一民族内亦有着不同的宗教信仰，原始宗教、苯教、东巴教、藏传佛教、天主教以及基督新教，成为当地的主要宗教派别，人们可自行选择属于自己的一片精神天空，"香格里拉"所赋予的精神内涵真实地展现于这片土地。

　　然而，这种多元宗教和谐共处的景象却来之不易。历史上，不同宗教派别之间的对话与冲突就曾在这里激情上演。缘于宗教信仰上的巨大差异及政治权利上的严重失衡，尤以近代以来西方天主教与本土藏传佛教之间的斗争最为激烈。以巴塘地方为例，在1863—1905年间，这里就爆发大小教案6次，平均7年1次，其中有的教案绵延数十载，有的甚至超越巴塘边界，波及邻省，酿成历史上少有的巨案，无论从爆发频率还是激烈程度而言都实属少见。

　　按下葫芦又起瓢的"佛耶冲突"使天主教会不得不有所反省。为缓和与当地藏文化（以喇嘛信仰为核心的佛教文化）之间的尖锐矛盾，自20世纪20年代开始，传教人员就体认到了天主教的本土化之路乃势在必行。30年代，瑞士伯尔纳铎会临危受命，进驻康区。为挽救始终打不开局面的教会事务，伯尔纳铎会即着手对天主教进行了前所未有的本地化改造，其第一步便是大力发展教会学校教育，培养本地神职人员。然而，正当他们踌躇满志之时，国际、国内形势发生了翻天覆地的变化。1949年，国民党败退台湾，中华人民共和国宣布成立。截至1953年，所有西方传教士都被当作殖民帮凶悉数驱逐出境。天主教活动也被迫转入地下，零星存在于私人或个别家庭聚会中。直到20世纪80年代宗教信仰自由政策重新贯彻，天主教才重新恢复起来。此时，他们吸取了经验教训，更加注重与地方社会、文化之间的适应与融合，加大了自身本地化和世俗化的力度。需要说明的是，本地化不是一种结果，而是一个过程，其间涉及主客体文化之间的双向交流和碰撞。也就是说，在天主教的本地化过程中，冲突与矛盾还一直伴随其左右，如影随形。有鉴于此，本书将以清末民初发生在这里的"佛耶冲突"为切入点进行论述，然后再带着这份沉甸甸的历史记忆步入田野，去搜寻现实生活中还零星存在着的教派冲击与反弹，当然还包括教派之间交流互动、共生共荣的景象。

基于上述构思，本书在框架设置上分上下两编，共八章。上编"追溯历史"包括四章，主要是在广泛利用历史文献资料和前人研究成果的基础上，对天主教在百余年的时间内如何进驻该区、如何适应环境（包括自然与人文），后又如何被驱逐出境这段历史做一番梳理，并试图对官府（清王朝及西藏噶厦政权）、洋人（传教士及其后盾殖民者）与百姓（主要是信仰佛教的当地藏族僧俗）三者之间的互动关系做全面而又细致入微的剖析。通过这段历史的追溯，可以发现：天主教进驻该区虽然从一开始就特别注意对当地自然、人文环境的利用与适应，但比较而言，对人文环境的留意更弱一点。也就是说，当时传教会对天主教的本地化体认不够。这正是传教会虽能进得来该区但却与当地僧俗一直冲突不断的原因所在。教案发生后，清廷临之以威，严惩闹事僧俗，但一时的屈服只为下一次更大冲突埋下引线而已。摩擦不断的历史经验给了自20世纪80年代恢复起来的天主教一教训，于是传教会开启了当下天主教积极融入本地文化的自我更新之路。

下编"步入田野"亦分四章，以西藏盐井天主教会为中心做个案研究，在充分掌握了大量第一手材料的基础上，主要从天主教仪式、天主教徒的信仰和世俗生活等方面进行考察，看看它在本地化过程中是如何实现与当地主要宗教派别——藏传佛教的适应及调试的。与此同时，通过精细的分析，从理论层面上构建盐井天主教本地化过程的解释框架，并在一定程度上对宗教本地化过程的解释范式进行再思考。研究发现，在本地化过程中，盐井天主教与当地藏文化之间不断进行着相互交流、借鉴、对话与融合。目前，盐井天主教与藏传佛教是地位平等的两种宗教，抹消了彼此的排斥和多年的恩怨，以邻居的形式，各自独立而又相互尊重、扶持地存在并发展下去。

本书在撰写过程中，借鉴了多种学科的理论与方法，历史与现实相联系，理论与实践相结合，以丰富的档案文献和田野调查所获得的第一手资料或个案实例为重要依据，不但在宏观层面上展示出了一副"冲突→反省→融合"的活生生的画面，而且对每一阶段都采用了微观性视角进行鞭辟入里的剖析，试图对研究对象作出公允、诚信和实事求是的描述和考究，从而揭示其本质和发展演变规律。因此，《滇藏澜沧江谷地教派冲突》一书的出版，有助于学界及钟情于藏区宗教文化生态的朋友更深刻地体认到藏区宗教的民族特色和区域特点，并对当下藏区甚至是其他地方各教派之间的对话、交流与互动提供参考与借鉴。

王晓
2013年5月

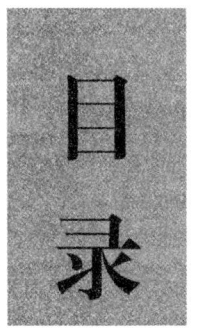

目录

上编 追溯历史
——十字架在澜沧江谷地的架起与倒下

第一章 澜沧江谷地一瞥 /3
  第一节 自然地理 …………………………………… 4
  第二节 人文环境 …………………………………… 10
  第三节 多元宗教生态 ……………………………… 16

第二章 外来的闯入者 /20
  第一节 从约翰长老的故事说起 …………………… 21
  第二节 我们被从一座门赶走 ……………………… 22
  第三节 我们从另一座门进去 ……………………… 28

第三章 此起彼伏的佛耶博弈（上） /36
  第一节 1873 年巴塘教案 …………………………… 36
  第二节 1879 年巴塘教案 …………………………… 39
  第三节 1881 年梅玉林案 …………………………… 47

第四章 此起彼伏的佛耶博弈（下） /55
  第一节 1887 年巴塘教案 …………………………… 55
  第二节 1905 年巴塘教案 …………………………… 65

上编小结 /80

下编 步入田野
——以盐井天主教的本地化为中心的考察

第五章　上盐井天主教堂 /95
第一节　藏区天主教堂概况 ……………………………… 95
第二节　上盐井天主教堂的位置和外观 ………………… 99
第三节　新旧教堂的更替 ………………………………… 106
第四节　教堂的内部陈设 ………………………………… 108

第六章　天主教徒的世俗生活 /111
第一节　物质资料的生产 ………………………………… 111
第二节　人口的再生产 …………………………………… 120
第三节　特殊的婚姻家庭 ………………………………… 126
第四节　教育生活 ………………………………………… 132

第七章　天主教仪式 /140
第一节　仪式的主持者和信徒 …………………………… 141
第二节　周期性的仪式 …………………………………… 145
第三节　人生礼仪 ………………………………………… 154

第八章　天主教信仰的本地化 /165
第一节　盐井的第一位藏族神甫 ………………………… 165
第二节　天主教徒的族群关系和伦理 …………………… 170
第三节　天主教徒和社会环境的调和 …………………… 180
第四节　天主教对内与对外的调和 ……………………… 183

下编小结 /191

参考文献 /195

后　记 /203

附图表目录

图1-1	山高水急的怒江大峡谷	7
图1-2	法国传教士所拍摄的溜索过江图	9
图1-3	"圈层结构"示意图	14
图5-1	盐井在世界上的位置	99
图5-2	盐井乡示意图	100
图5-3	上盐井村居图	100
图5-4	上盐井新教堂图	101
图5-5	茨中天主教堂整体外观	104
图5-6	典型的藏屋外观	105
图5-7	上盐井旧教堂示意图	106
图5-8	上盐井新教堂内部陈设图	109
图7-1	茨中姚飞神甫为一名藏童洗礼	156
图7-2	梳妆打扮的新娘	159
图7-3	新婚夫妇聆听长辈说教	160
图7-4	村头双亲队伍对山歌	161
图7-5	赴教堂参加葬礼的天主教徒	162
图7-6	赴教堂参加葬礼的茨中村民	164
表5-1	上盐井新教堂各地教会捐款情况表	107
表5-2	修建教堂支出情况表	107
表6-1	纳西民族乡2007年农牧情况概览	112
表6-2（1）	上盐井村2007年经济情况统计（1）	113
表6-2（2）	上盐井村2007年经济情况统计（2）	113
表6-3	上盐井村家庭规模（2007年）	124
表6-4	上盐井育龄人口及生育情况统计表	125
表6-5	家名一览表	131
表6-6	盐井纳西民族乡初级中学学生数（2004年）	133
表6-7	盐井小学学生构成	133
表7-1	上盐井村民基本情况表	143
表7-2	上盐井天主教徒年龄级和性别构成	143

表7-3	上盐井人口年龄级和性别构成	143
表7-4	2007年7—8月早晚弥撒基本情况表	151
表7-5	周五拜苦路基本情况表	152
表8-1（1）	天主教会盐井土地收购一览表	184
表8-1（2）	天主教会盐井土地收购一览表	185
表8-1（3）	天主教会盐井土地收购一览表	185

上编　追溯历史

——十字架在澜沧江谷地的架起与倒下

严格地说，本书应该算是一部带有强烈的人类学味道的作品。执笔之前，为获得写作灵感及大量新鲜有用的第一手资料，笔者曾在本书的考察区域——澜沧江谷地走走停停，翻高山越激流，出寺庙入教堂，前前后后达半年之久。缘于宗教研究的敏感性，笔者在田野调查过程中屡次碰壁，稍令人宽慰的是，资料收集还算丰腴。然而，笔者在整理这些亲自调查来的活生生的一手材料时，发现要研究有着较长宗教史的澜沧江谷地，单靠这些所谓的原生素材而不对相关历史进行有的放矢的定向梳理，则很难窥其全貌，更不要说对若干问题顺藤摸瓜、追根溯源了。在这一点上，埃文思·普理查德有自己的见解。他曾指出，人类学如果缺少历史维度，将什么也不是。故而，本书上编将在广泛利用历史文献资料和前人研究成果的基础上，以清末民初发生在这里的"佛耶冲突"为切入点进行论述，一方面希望能对该区天主教进行整体把握，一方面又试图对官府（清王朝及西藏噶厦政权）、洋人（传教士及其后盾殖民者）与百姓（主要是信仰佛教的当地藏族僧俗）三者之间的互动关系做全面而又细致入微的剖析。

第一章　澜沧江谷地一瞥

澜沧西渡欲何之，为访仙槎旧路歧。

碌碌渐知名是梦，星星博得鬓成丝。

愁碧漫看春草色，啼红忽忆杜鹃声。

可怜游子何穷恨，掩袖斜阳涕泪横。

——摘自（清）杜昌丁《渡澜沧有感》①

杜昌丁，清代松江府青浦县人，乾隆朝永春知州，为官廉洁、有政声。年轻还未中贡生前，在云贵总督蒋陈锡②府中做幕宾，二人也是交谊笃厚的知己。康熙五十九年（1720年），蒋陈锡因贻误饷运，奉清廷诏命进藏效力赎罪。蒋陈锡平日的随从闻听藏程险阻、生死难卜，纷纷畏途散去。杜昌丁不忍相负，"请以一载为期，送公出塞"。当年十二月，杜昌丁护送蒋陈锡从昆明出发，取道滇西沿马帮商道入藏，此诗便是在西渡澜沧江时有感而作。路远路难，多少磨折了书生意气，杜昌丁此时所作的诗中已满是离愁。尽管它已吟唱了两百多年，而今吟来，时过境未迁，仍然有慷慨凄凉之感，但内心却也情不自禁地涌起一种想去一探澜沧江谷地山山水水的冲动。

---

① （清）杜昌丁：《藏行纪程》，载吴丰培辑《川藏游踪汇编》，四川民族出版社1985年版，第47页。

② 蒋陈锡，字雨亭，江南常熟人，康熙二十四年（1685年）进士。授陕西富平县知县，尽力赈灾，擢礼部主客司主事，迁员外郎。经河道总督张鹏翮推荐，辅助两淮河务。康熙四十一年（1702年），授直隶天津道。康熙四十五年（1706年），升河南按察使，打击盗贼。康熙四十七年（1708年），迁山东布政使，不久升任山东巡抚，政绩卓著，多有建言。康熙五十五年（1716年），擢升云贵总督。都统武格、将军噶尔弼率师入西藏，称从云南运粮艰难，疏请从四川补给。四川总督年羹尧奏称，云南、四川均有兵事，四川军粮不足以供应。朝廷于是责成蒋陈锡与巡抚甘国璧速运。康熙五十九年（1720年），朝廷降诏谴责云南筹济不力，贻误军机，蒋陈锡与甘国璧均被夺职，并自费运米入藏。次年，卒于途中。参见（民国）赵尔巽等编著《清史稿》，卷二百七十六·列传第六十三，载《二十五史》（第12册），上海古籍出版社、上海书店1986年版，第1 121页。

第一节　自然地理

一、考察范围

古往今来，人们对地理位置独特和宗教民俗丰富的藏族地区始终保持有强烈的神秘感和持久的探索欲。天主教团体欲进入这里开展传教活动，亦是期望已久，迫不及待。早在17世纪初，天主教便依托葡属印度果阿殖民地，先后向阿里、日喀则及拉萨等地进行传播，曾一度在阿里古格王朝内产生较大影响。然而，西藏复杂的政教合一局面、深厚的宗教土壤、对异族事物的排斥，以及外来者自持的文化优越感和宗教排他主义等因素所导致的剧烈冲突，使它苟延残喘百年之后，便在高原上被清除了出去。①

近代以降，国内外形势发生了翻天覆地的变化。十字架在"隆隆"炮声的掩护下再度传来，但碰到的却是西藏噶厦政权及僧俗大众更为激烈的阻挠，甚至不惜采取武力加以抵御。外方传教会②被迫调整传播路线，以川、滇藏族地区为依托，兵分三路，步步为营，逐步向西藏腹心地带推进。第一路传教士沿澜沧江南下，以河谷为轴纵向发展：1872年北上阿敦子（今德钦县城）；1881年南下小维西（今维西县白济汛乡统维村）；接着又将传教点推至吉岔村（今白济汛乡吉岔村）、花园箐、保和镇以及巴东等地，以澜沧江中段流域为活动区；后又翻过碧罗雪山，将传教范围拓至怒江中游的部分地区。其余两路，一组留驻巴塘，另一组则以打箭炉（今四川康定）为中心，向外辐射。然而遗憾的是，该片区域在宗教信仰上一如西藏，藏传佛教在民众心里早已是根深蒂固，加上彼时国内外形势等因素推波助澜，也爆发了数起驱逐教士、打

---

① 有关天主教在西藏的早期传播会在本书第二章予以展开。
② 外方传教会是由法国主教巴吕（又译为陆方济，Francois Pallu）创建的一个传教修会。17世纪中叶，在远东传教的耶稣会士亚历山大·达罗迪深感这个地区特别缺乏神职人员，因而向耶稣会提出给这里增派传教士的建议。这一建议得到法国主教巴吕创办的"善友会"的响应，法国教士大会、王宫贵族以至法国国王亦支持这一要求，并表示愿意派法国传教士前往。但是，葡萄牙国王坚决反对，因为根据罗马教廷的决议，远东是葡萄牙天主教会的势力范围。但为了加强对天主教在全世界范围内传播的控制权，削弱曾授予葡萄牙国王的海外"保教权"，罗马教廷则大力支持巴吕的行动，于1663年在巴黎创办了一所神学研究院，专门培养赴中国、越南及加拿大等国的传教士。并以该寺院为中心组织了一个"外方传教会"，形成了天主教中的另一新会派，与天主教的耶稣会等教派相对立。1753年1月8日，教皇本笃十四批准将四川、云南的传教权正式授予巴黎外方传教会。此后，该会独揽中国西南天主教传播大权。参见于可主编《世界三大宗教及其流派》，湖南人民出版社2005年版，第119～121页。

毁教堂的反洋教斗争。

本书的考察范围，主要以第一、二路传教士所开拓的传教区域为准，上起盐井，下至维西，西跨碧罗雪山，抵贡山丙中洛、秋拉桶等地，东越云岭，及巴塘处，刚好形成了一个以澜沧江为主干动脉、以澜沧江周边地方社会为枝叶的树状关系网。现今，西方人苦心经营的成果尚有遗存，川滇藏交界处的数座藏族天主教堂就是这段历史的真实见证，其中大多数还保留着百年前的原始面貌。其中，云南省遗留的天主教堂最多、分布最广、考察难度也最大，主要集中于怒江傈僳族自治州和迪庆藏族自治州境内。怒江傈僳族自治州内的天主教堂，均位于州部最北端的贡山独龙族怒族自治县各村落间。迪庆藏族自治州内的天主教堂，存留于德钦县和维西傈僳族自治县各村落。自德钦县往北进入西藏芒康县内的纳西乡上盐井村，即西藏全自治区唯一的一所天主教堂所在地。自盐井往北再往东进入巴塘，现今境内无一所天主教堂，但这里却是近代以来藏区反洋教斗争最为激烈的地方，曾先后发生过多起大规模教案，并连带影响了盐井甚至是滇西北地区的仇教事件，这也正是本书为什么要把第一、二路传教区放在一块考量的原因。

二、地貌、气候及交通

本区在行政区划上属川滇藏交界带，按地形构造来说，位于我国西南部横断山区①的腹地，属地质学上的"三江褶皱带"。约1.9亿年前，坚硬的印度洋板块向东北漂移，猛烈持续地撞击及插入亚欧板块，并使之抬升。这里处于撞击地带的东北边缘，因而碰撞缝合线就密集于附近。自燕山运动②开始起，这里就一直在东西方向的挤压应力作用下，断断续续地遭受褶皱和隆起，期间虽经长期的夷平作用，但发生在1 400万年前的新构造运动又使其海拔不断升高，现在还可以看到山脉及河流沿着断裂带和底凹褶皱带发育等现象。

"两山之间必有川，两川之间必有山"，这是对本区地貌的精彩概述。山，是这里的主要地貌特征。在西藏境内的伯舒拉岭、他念他翁山和宁静山（芒康山）三大山脉在进入云南后也改了名，分别叫作高黎贡山、怒山（碧罗雪

---

① 横断山区有广义和狭义之分，所谓狭义的横断山区是指在怒江、澜沧江和长江上游金沙江之间的高山峡谷区；而广义的横断山区，在此基础上还应包括以下两个部分：东北部，自金沙江以东至大渡河、岷江之间，在此，地势结构中出现了高原，故又称为"川西高原"；东南部，自怒江以东至元江之间。若用经纬度表示，广义的横断山区则大致位于东经97°（98°）～103°与北纬23°～33°之间。参见张荣祖、郑度、杨勤业等著《横断山区自然地理》，科学出版社1997年版，第5页。

② 从一亿三四千万年前开始，到6 500万年前左右，在我国许多地区，地壳因为受到强有力的挤压，褶皱隆起，成为绵亘的山脉。因为北京附近的燕山是其典型代表，故地质学家把出现在这个时期的强烈的地壳运动，总称为燕山运动。

山）和云岭。这一带地势北高南低，北部平均海拔为5 200米左右，南部则在4 000米上下，山势陡峻，有的似刀削斧劈，有的如壁立剑坚，不少山峰终年积雪，分布着规模不大的冰斗、冰层等现代高山冰川。① 其中位于德钦县境内的卡瓦博格，是该区最高峰，海拔6 740米，为藏区八大神山②之首，至今仍保持着它的"童真"，人类足迹还没有污染过它的峰巅。在这些峻峭重叠的峰峦之间，怒江、澜沧江、金沙江三江并流奔腾，深切高山而过，形成"两山夹一川，两川夹一山"的山川并肩行的奇观。如从高空俯瞰，三江与横断山脉的座座高山组成了两个凹凸相间的巨大"川"字。凸写的"川"字莽莽苍苍、气势磅礴，西边的一撇为伯舒拉岭—高黎贡山，中间的一竖是他念他翁—怒山，东边的一竖则是宁静山—云岭；而凹写的"川"字飘逸娟秀，在伯舒拉岭—高黎贡山和他念他翁—怒山之间是怒江，宁静山—云岭西侧为澜沧江，以东则是金沙江。③

这里的河川是典型的"V"型峡谷，分水岭狭窄，河床深切，山高谷幽，危岸耸立，谷地河流奔腾咆哮，河岸垂直壁立，水中怒石激荡，真是"水无不怒石，山有欲飞峰"。④ 在三江大峡谷的一些地方，由于山峰太高，峡谷太深，站在江边看蓝天，不过是一条狭长的缝隙，一天之中除了正午时分见得到太阳光线外，其他时候都昏暗不明，故有"望天一条线，望地一条沟，山鹰飞不过，猴子也发愁"之说。其中，怒江峡谷（参见图1-1）在贡山县丙中洛一带海拔高差达3 500米，有"一滩接一滩，一滩高十丈"的说法，相对于北美洲的科罗拉多大峡谷而言，有过之而无不及，有"东方大峡谷"之美誉。

峡谷之间向南奔流的三条大江相当于豁开了三条暖湿气流北上的通道。大江南流，暖湿气流北进，加上"高山屏列，北方之寒风无由侵入之故"，使得本区成为青藏高原"多雨极温和之区域"。⑤ 这一带年平均气温在10℃左右，与藏北高原的年平均-2℃形成了鲜明的对比。依过往地理学研究，本区主要是受到海洋性季风，尤其是来自印度洋的西南季风的强烈影响而形成降雨。但缘于山势阻隔，降水分布并不均匀。西南季风在他念他翁山—怒山、宁静山—云岭以西作用旺盛，保证了丰富的降水量，尤其是在伯舒拉岭—高黎贡山西坡，该处受山体阻挡，"风雨西来，一天俱漫"，年降水量超过1 300毫米。由于地势的屏障作用，濒临西南季风来向的地区降水丰富，越往东、北方向去，

---

① 参见王天玺《西藏今昔》，山东大学出版社1988年版，第7页。
② 藏区八大神山分别为：苯日神山、墨尔多神山、卡瓦博格峰、阿尼玛卿山、冈仁波齐、尕朵觉沃、雅拉神山、喜马拉雅。
③ 参见杨桦《穿行在神奇的"三江并流"区》，载《中国西部》2004年第5期，第102页。
④ 黄光成：《澜沧江怒江传》，河北大学出版社2004年版，第65页。
⑤ 涂长望：《中国气候区域》，卢鋆译，载《地理学报》1936年第3卷第3期，第16页。

图 1-1 山高水急的怒江大峡谷

降水量则越少,"羊咱(位于德钦县云岭乡东南边)以南有大片的森林,地上长着苔藓,但以北却是一片干燥、多岩石的原野"①,等深入到巴塘一带的金沙江河谷,年降水量甚至减至 400 毫米以下,是本区降水最少的地方。② 由此看来,似乎一切水分都集中到西部的山脉里去了。③

本区地表起伏之悬殊为我国其他地方所罕见,引起显著的垂直气候变化。每当阳春三月,山巅皑皑白雪尚未消融,江边河谷却是一片郁郁葱葱、花香鸟语。当地人称之为"山下桃花山上雪,山前山后两重天"。当此之时,从山巅直下深谷,一日之内,一地之间,四时之景色尽收眼底,自然造化,千姿百态,蔚为壮观。立体的气候特征带来了农业的立体型发展,以迪庆州的德钦和维西两地方为例,可大致分为三大地区作物类别:一是高寒山区或高寒坝区,海拔在 3 000 米以上,气温较低,土质均为草地土和生草灰化土,宜于种植青

---

① (美)约瑟夫·洛克:《中国西南古纳西古国》,刘宗岳等译,云南美术出版社 1999 年版,第 190 页。
② 参见张荣祖、郑度、杨勤业等《横断山区自然地理》,科学出版社 1997 年版,第 50~53 页。
③ 参见(美)约瑟夫·洛克《中国西南古纳西古国》,刘宗岳等译,云南美术出版社 1999 年版,第 190 页。

稞、小麦、洋芋等作物，具有宜农宜牧的经济特点；二是海拔在2 500米上下的半山区，气候温和，土质肥沃，雨量充沛，农作物可一年两熟或两年三熟；三是河谷地区，土质均为沉积层或冲积层的腐枯土或油矿土，肥力高，结构好，气温最高35℃，最低-3℃，霜期短，农作物四季生长，可一年两熟，盛产小麦、豆类、包谷、稻谷，是重要的粮食主产区。① 遗憾的是，河谷区耕地面积小而分散，而且地高水低，春旱严重，水、肥问题突出，加上河谷地区坡度大、人口相对集中，土壤侵蚀往往相当严重。②

复杂多样的生态环境又为各种动植物创造了栖息和生存的必要条件。这里是全国乃至全世界生物多样性最丰富、最集中的地区之一，素有"动物王国"和"天然植物园"的美誉。在这个区域里，人迹罕至，鸟雀似乎也不怕人。20世纪前半叶，美国植物学家约瑟夫·洛克曾多次到三江流域进行探险，当他来到这里，坐在林边一根横倒在地上的树干上记笔记时，竟然有两只小鸟飞来，一只落在他的手上，另一只站在他的臂上，注视着这位陌生的过客。植物多样性所带来的视觉冲击亦使约瑟夫·洛克如痴如醉、流连忘返，怒江之行时，他曾这样写道："到这里的人们就像进入了另一个世界，因为植物完全改变了……这些大树高入云霄，形成一个巨大的华盖，使秋色更加美丽。"③ 难怪险象环生的怒江大峡谷在法国"女英雄"大卫·尼尔④看来却是"平静而又媚人"的：

> 在景色秀丽的森林中，在蜿蜒的山道旁出现了越来越多的天然草坪，它们似乎是有意地装饰着奇形怪状的山石，有的岩石孤立地、光秃秃地矗立在那里，如同草坪中央的一块纪念碑一般；而在别处，其他的山石则在植物的掩饰下，以奇特的方式从一簇簇树叶中映出其威严的形象，金色的树叶如同拜占庭的镶嵌艺术品，植树排成一条神秘的林荫大道，直到遥远地方的一条河边。这一切充满了神秘色彩，我仿佛觉得自己是在一本神话古书的图画中行走，感到有点惊奇，我的到来可能打断了居住在阳光中埃

---

① 参见云南民族出版社编《云南少数民族自治地方简介》，云南民族出版社1985年版，第36页。

② 参见高以信、陈鸿昭、吴志东等《西藏土壤》，科学出版社1985年版，第286页；张荣祖、郑度、杨勤业等《横断山区自然地理》，科学出版社1997年版，第106页。

③ （美）约瑟夫·洛克：《中国西南古纳西古国》，刘宗岳等译，云南美术出版社1999年版，第226页。

④ 大卫·尼尔终生对西藏充满了无限的热爱和崇拜，曾先后5次到西藏及其周边地区从事科学考察，而且还起了一个"智灯"的法号，在法国乃至整个东西方学界被誉为"女英雄"，她有关东方（特别是西藏及毗邻地区）的探险记、日记、论著和资料极丰，被译成多种西文和日文，并多次重版。

尔菲（精灵）们的一次神秘谈话，或惊动了沉睡森林中的美女宫殿。①

另眼看风景，自然别具风味。但"大江大河纵横交错，悬岩陡壁险峻崎岖"②的地貌特征对本区交通产生的阻碍却是实实在在的。约瑟夫·洛克就曾发出过这样的感慨：

> 要走到这个地区是一件很艰难的事，因为它是亚洲最孤立的地区。新疆肯定是遥远的地方，但汽车和飞机使它接近文明。而这里也许从来听不到汽车的喇叭声，因为要在这样的高山深谷地区修建一条公路几乎是不可能的。至于飞机，要找一个搭帐篷的平地都很困难，怎么能有降落飞机的地方？③

壁立的危崖禁锢不了两岸人们交往的需求，奔腾的大江挡不住两岸人们沟通的脚步。在过去相当长的时期内，人们只能脚踩木梯翻雪山，手攀篾索渡江河。在天主教初传该区的那个年代，传教士们也只能借助河谷南来北往，利用篾索东西跨渡。

时至今日，交通状况已大有好转，三条大江上出现了一座座桥梁，如铁索桥、公路桥和人马吊桥等。但遗憾的是，这些桥梁一般都建设在县乡驻地等人口密集区的附近，其他边远村寨依然还得靠溜索过渡。约瑟夫·洛克来到德钦县茨菇境内时曾体验过一把溜索过江的快感（参见图1-2），可能源于新奇感，他认为"这种滑入空中的感觉是令人愉快的，唯一不舒服的是最初用皮吊带绑在半圆形的橡皮滑板上"。④殊不知，有多少人因索断绑损葬身鱼腹，有多少货物亦因此而坠落江底。蒋陈锡在文章开端所提到的渡澜沧江时，被溜索惊吓成病，后命丧雪域的往事还常常被当地人作为笑料提起。因此，过溜索成为这里的一项重要生存技能，不管男女老少，皆能过往自如。

---

① （法）大卫·尼尔：《一个巴黎女子的拉萨历险记》，耿昇译，西藏人民出版社1997年版，第86～87页。
② 云南民族出版社编：《云南少数民族自治地方简介》，云南民族出版社1985年版，第25页。
③ （美）约瑟夫·洛克：《中国西南古纳西古国》，刘宗岳等译，云南美术出版社1999年版，第190页。
④ （美）约瑟夫·洛克：《中国西南古纳西古国》，刘宗岳等译，云南美术出版社1999年版，第213页。

图 1-2 法国传教士所拍摄的溜索过江图

第二节 人文环境

一、藏彝走廊

"藏彝走廊"这一概念，系已故社会学家、民族学家费孝通先生于1980年前后首次提出，他说："我们以康定为中心，向东和向南大体上划出一条走廊。这条走廊中一向存在着的语言和历史上的疑难问题，一旦串联起来，有点像下围棋，一子相连，全盘皆活。这条走廊正处于彝藏之间……"① 然而，自概念提出以来，学界对藏彝走廊的具体范围划分始终难以统一。但都认可其大致位于今川滇藏三省（区）交界处，由一系列南北走向的山系与河流所构成，亦即地理学上的横断山区。所以，有的学者便直接采用"横断走廊"的概念对这一问题进行解读。②

---

① 费孝通：《关于我国民族的识别问题》，载《中国社会科学》1980年第1期，第158页。
② 参见徐建新《横断走廊：高原山地的生态与族群》，云南教育出版社2008年版。

特殊的地理格局造就了相应的人际交往格局。由于横断山脉呈现南北方向的走势，江流顺山势而南下奔腾，在缓流之处，泥沙沉积，形成一个个台地，南北方向交通相对便利；反之，倘若东西方向行进，则要翻越重重雪山，盘旋上下，上山下坡，海拔高度及气温变化大，跨越困难。① 由此，从西到东，高山与大川成了天然的屏障；自北而南，山脉与河谷则成为了天然的便捷通道。陶云逵先生曾对怒江、澜沧江流域的通道特点做过精辟的阐述。1939年，他在《碧落雪山之傈僳族》一文中如是说道：

> 怒江、澜沧江，对于东往西，或西往东的交通上是一种阻碍，但是自北往南，或自南往北未尝不是一条天成的大道，因为虽然不能行舟，但是沿河而行的便利是很诱人的，设如我们很笼统地叙述夹着这两条河的山脉形式和方向，则高黎贡山、碧落雪山以及云岭雪山三者山脉，也多是自北而南的。这种形式，在交通方向上的便利与阻碍，和前述的河流是一样，就是便于南北，而碍于东西。②

藏彝走廊依山川走向形成了若干自然通道。李星星对此曾有过深入研究，他在综合了考古、历史文献及实地田野调查的基础上认为这样的纵向通道在藏彝走廊共有6条。③ 历史上，源于北方的藏缅语各族，与源自南方的濮越各族，正是利用了这些天然的地理通道，进行南来北往的地理迁徙，民族文化在这里碰撞、交流、融合和化生。

除了上述南北纵向的通道外，藏彝走廊中还存在不少东西横向的通道作为纵向通道联系的桥梁，有些甚至横贯整个走廊，如青藏道、川藏道、滇藏道等，也就是通常所说的"茶马古道"。康熙、雍正以后，清政府逐渐认识到了西藏在国防建设中的重要位置，强化了对西藏地方的统治，借四川为经营依托，以雅安、康定、巴塘及昌都等地为据点，设立机构驻扎军队，以川藏南路为入藏官道，积极经营，有效保护，东西交通愈显重要，与南北纵道之间的联系就更为频繁。④ 近代以来，天主教在藏边的传播，就更多地利用了这种传统的"走廊"地理特点，南来北往、东西跨越，传教布道。

---

① 参见秦和平、张晓红《近代天主教在川滇藏交界地区的传播——以"藏彝走廊"为视角》，载《西南民族大学学报（人文社科版）》2009年第2期，第242～243页。
② 陶云逵：《碧落雪山之傈僳族》，载夏鼐、陈寅恪编《历史语言研究所集刊》（第十七册），商务印书馆1948年版，第332～334页。
③ 参见李星星《李星星论藏彝走廊》，民族出版社2008年版，第67～69页。
④ 参见秦和平、张晓红《近代天主教在川滇藏交界地区的传播——以"藏彝走廊"为视角》，载《西南民族大学学报（人文社科版）》2009年第2期，第243页。

二、茶马古道

在我国西南地区的崇山峻岭之间，绵延着无数条极为艰险和隐蔽的神秘古道——"茶马古道"。茶马古道是今人对古代通向藏族地区贸易通道的总称谓，它以人赶马（少量为牛、骡）驮运茶为主要特征，并伴随马、骡、皮毛、药材、盐、酒甚至鸦片等商品交换，因为茶叶是其标志性货物，故称"茶马古道"。① 在上千年的时间里，马帮商人们在这些小道上往来不绝，为平原地区的汉族居民和地处高原的藏族居民带去了各自需要的商品。

其实，早在茶马古道兴起以前，缘于人类对盐的依赖，这里便形成了复杂的以盐井为中心的古道网络。② 但一件独特的文化事件使原有的这些马（牛）帮古道发生了根本性的变化。唐贞观年间，文成公主进藏，除了给雪域高原引进中原先进的农业技术外，还带去了许多生活用品，茶叶就是其中之一。③ 慢慢地，藏族人发现用茶叶熬煮而成的茶叶水，不但清醇可口，而且还能促进肉食和奶油的消化，起到溶脂化腻的作用。④ 久而久之，饮茶便成了藏族群众的一种生活习惯和嗜好。对于藏族人来说，茶叶就是关乎他们生命和健康的重要物资，甚至流传有"一日无茶则滞，三日无茶则病"的说法。19世纪末，英国学者H. R. 戴维斯在西南边疆考察时，曾有如此记述："于藏人，茶是如此不可或缺，以至于这种盘状的'砖块'可以流通全藏，并且通常比银元更受欢迎。"⑤

但是，如此需要茶叶的青藏高原地区，由于高海拔等因素，盛产马匹、羊毛、药材等，但并不产茶，藏族人所需茶叶主要依赖于与外界交换来获得。互补的是，中原大地主要为农区，不产马匹，但缘于战事需要，对马匹的依赖很大。于是，一条以茶、马贸易为主的交通线，在汉藏民族商贩、背夫、马帮、

---

① 参见陈保亚《茶马古道：横跨世界屋脊的文化传播纽带——纪念茶马古道首次徒步考察和命名15周年》，载《科学中国人》2005年第12期，第16页。

② 参见陈保亚《论茶马古道的起源》，载《思想战线》2004年第4期，第44～50页。

③ 有学者推断，唐以前藏族先民可能饮用的是藏族地区生长的土茶，理由是在藏东南海拔2 500米以下气候湿润的森林地带还是适合茶树生长的，那里极有可能分布着零星的野生茶树或类似茶树的含碱类树木。参见张江华《茶马互市与茶马古道——兼谈康定、丽江的历史作用》，载木仕华主编《活着的茶马古道重镇丽江大研古城——茶马古道与丽江古城历史文化研讨会论文集》，民族出版社2006年版，第77页。

④ 从日常饮食上看，藏族人的食物来源比较单调，他们常年以糌粑、肉制品和奶制品为主食，这些食品多燥热，且蛋白和脂肪含量高，不易消化，而茶叶中含有茶碱、咖啡碱和鞣酸等成分，对帮助消化有重要作用，正所谓"腥肉之食，非茶不消；青稞之热，非茶不解"，因此，茶成为他们不可或缺的需求。

⑤ （英）H. R. 戴维斯：《云南：联结印度和扬子江的链环——19世纪一个英国人眼中的云南社会状况及民族风情》，李安泰、邓立木、和少英等译，云南教育出版社2001年版，第298页。

驮队等披荆斩棘的努力下，便应运而生。

我国西南地区群山林立，地形复杂，山间小路网罗密布，不同时期、不同马帮的行走路线会有所不同，甚至同一商队在连续两次贩运时所走的路线也不完全相同。① 但从整体上看，它们大致有三条基本路线：青藏线、川藏线及滇藏线。青藏线，即唐蕃古道，兴起于唐代，发展较早，它从四川产茶区取道德阳白马关，顺岷山东侧走金牛道，再出汉中略阳，翻越秦岭后经凤县、天水、兰州、西宁进藏。川藏线以今四川雅安一带为起点，首先进入康定，自康定起又分南北二路：北路是从康定向北，经甘孜、德格进至昌都，再由昌都通往卫藏地区；南路则是从康定向南，经雅江、理塘、巴塘、芒康、左贡，再抵达昌都与北路汇合后通往卫藏地区。滇藏线，即以云南普洱为起点，经大理、丽江、中甸、德钦，然后沿澜沧江进入西藏，直抵芒康；或者过了梅里雪山之后在甲郎沿怒江支流玉曲河北上，到达邦达；或者翻梅里雪山，过怒江，再经察隅、波密、林芝，到达拉萨、日喀则等地。

从纵向历史看，茶马古道兴于唐宋，盛于明清。近代以降，西方传教士便是从这些人马驿道进入藏区传教，同时也开辟出一些小道，这些小道有的后来也成为马帮进行日常货物运输的通道。② 抗日战争时期，茶马古道经历了其最后也是最辉煌的岁月。当时，日本封锁了缅甸公路及中国各出海口，企图切断我国与外界的联系，但令他们万万没想到的是，盘旋在崇山峻岭中的茶马古道完成了一项物资运输的奇迹。当时在丽江国际援华组织工作的苏联人顾彼得也不得不感叹道：

> 印度与中国之间这场迅猛发展的马帮运输是多么广阔而史无前例……它非常令人信服地向世界表明，即使所有现代的交通运输手段被某种原子灾难毁坏，这可怜的马，人类的老朋友，随时准备好在分散的人民和国家间又形成新的纽带。③

如今，有了公路和民航，茶马古道已经变得冷冷清清。然而，抱着一颗追寻的心走上这些古道，拨开草莽丛林，我们还可以发现："每一寸泥土都有汗迹，每一块山石都有记忆，每一枚草尖都凝结着茶马的气息。"④

---

① 参见汤易林《茶马古道：汉藏的纽带》，载《大科技（百科探索）》2008年第6期，第8页。
② 参见孙晨荟《雪域圣咏——滇藏川交界地区天主教礼仪音乐研究》，香港中文大学天主教研究中心2010年版，第32页。
③ （苏）顾彼得：《被遗忘的王国》，李茂春译，云南人民出版社1992年版，第139～140页。
④ 万太军：《行走在茶马古道上》，载《散文诗》2012年第13期，第28页。

三、权利边缘区

费孝通先生在《乡土中国》①一书中,用了两个非常形象的比喻区分了中西方社会之间的差异:他用捆柴做比拟,把西方社会中人和人之间的关系定义为"团体格局";而在表述中国人对自己和周围世界的认知状态时,他则用了"投石入水"的比喻,形象地表现了那种愈近愈密、愈远愈疏的"差序格局"。"差序格局"这一观念,不单单表现在人与人之间的关系上,还反映于古代中国人对政治地理格局的认知:详近略远,亲疏有别,重中央而轻边缘。早在夏王朝建立时,便有了这种远近亲疏不同的治国理念,《禹贡》有载:

  五百里甸服,百里赋纳总,二百里纳铚,三百里纳秸服,四百里粟,五百里米。五百里侯服,百里采,二百里男邦,三百里诸侯。五百里绥服,三百里揆文教,二百里奋武卫。五百里要服,三百里夷,二百里蔡。五百里荒服,三百里蛮,二百里流。②

所谓"甸服",即夏王的直接管辖区域,属于王畿的范围,为统治体系的核心区域。另,又根据和夏王朝的亲疏关系,在"甸服"以外,再依次分为"侯服"、"绥服"、"要服"和"荒服"四层次,如此便构成了五个不同的统治区域(如图1-3所示)。

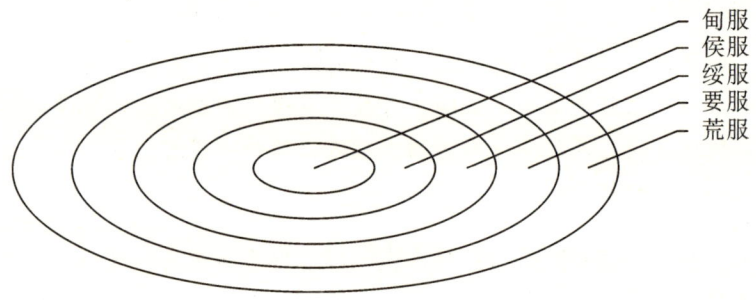

图1-3 "圈层结构"示意图

周振鹤曾对中国传统的政治地理格局有过精深研究,他认为这种方方正正的"圈层格局"体现的是一个国家的核心区与边缘区的理想关系,虽然在实际的政治操作中未曾出现,但简化了的"圈层"却一直体现在中国历史上边

---

① 费孝通:《乡土中国》,生活·读书·新知三联书店1985年版,第21~28页。
② 转引自蒋善国《尚书综述》,上海古籍出版社1988年版,第189页。

疆区与内地的关系上。① 从秦汉时期的边郡与内郡到唐代的边州与内地诸州，都基本上是这个模式。中国政治文化传统中的"天下中国观"，即以此地缘政治结构为骨架，而在外套上文化、种族等相关外延。②

位于我国西南边疆的川滇藏交界带，从"圈层结构"的地理与政治理念出发，对古代各王朝来说无疑都是边荒之地。确实，套用传统人类学"中心—边陲"的概念，川滇藏边一直都是处于边陲地位，如果中国的政治、经济版图是以中原为中心的话，那么，川滇藏边在历史上一直是远离政治和经济中心的边陲。加之该区又是藏、怒、独龙、纳西等少数民族集中居住的地区，所以，一段时间以来，在中原人的心目当中，这里就是所谓的"蛮夷之地"。

川滇藏边位于横断山腹地，其地理状况前文已有详述，在此不再赘述。由于其地处崇山峻岭，交通不便，且距离中央王朝和萨拉都较远，因此，人头林立、教派纷争的小邦时代在该区延续了相当长的时间。③ 公元7世纪，崛起于青藏高原的吐蕃势力开始向中国西南方向扩张，凭借着"马背上的民族"的骁勇，吐蕃铁骑翻过万座雪山，蹚过千条河流，带着经卷，挥舞大刀，一直冲杀到大渡河流域。④ 公元680年（唐调露二年），吐蕃在今丽江塔城设神川都督府和"铁桥节度"，滇西北地区亦在其控制范围之内。自此以后，吐蕃、南诏及中原王朝在川滇藏边展开了长达几百年的拉锯战，三方力量此消彼长，谁都没有办法在此建立长期而又稳定的统治。频繁用兵削弱了各自的国力，从唐末至宋末，川滇藏边又回到了那个部落割据的时代，各个部落互不相属，彼此征服，演绎了300年之久的部落纷争。

至元代时，中央王朝为了便于统治和治理西藏和川滇边区，采取了册封部落首领为官或授以贵族封号的"招徕"政策，土司制度便由此开端。元代土司制度的形成，对后世产生了深远的影响，明代"踵元故事，大为恢拓"⑤，清廷也因"西南诸省，山重水复，草木蒙昧，云雾晦冥，人生其间，言语饮

---

① 参见周振鹤《中国历史上两种基本政治地理格局的分析》，载邹逸麟、张修桂主编《历史地理》（第20辑），上海人民出版社2004年版，第6页。
② 参见丁一《元代监司道区划考——兼论元代政治泛区的划分》，载《中国历史地理论丛》2012年第27卷第1辑，第137页。
③ 如果以金属工具的出现作为西藏父系氏族阶段军事民主制时代的开端，那么，小邦时代则有可能延续了400多年的时间，即大约从公元前10世纪到公元前6世纪，有的甚至一直延续到吐蕃"王政"统治建立以后。参见王怀林《打开康巴之门——横断山腹地人文地理》，四川民族出版社2007年版，第104页。
④ 参见陈焕仁《走进康巴》，四川出版集团巴蜀书社2004年版，第2页。
⑤ （清）张廷玉：《明史》，卷三一〇，列传第一九八，载《二十五史》（第10册），上海古籍出版社、上海书店1986年版，第873页。

食，迥殊华风……"① 之故，又在明制的基础上稍加损益。但土司是一种特殊的地方政权形式，具有浓厚的封建割据性。土司被册封初期，中央王朝及其制度还能对其进行有效约束，但到后来，随着朝廷制度的渐趋废弛，许多土司行贿，往往称病免觐，据地割据，玩忽职守，遂逐渐成为名符其实、称霸一方的"土皇帝"。②

雍正、乾隆时期，为强化该区统治，曾有过大规模的改土归流，但大多数只是革除了土司的上层，土司属下的土目、土舍多未触及，许多地方实行所谓"以土目管土人，以流官管土目"的统治办法。尽管有上层流官把政，但建立在土官、土目之上的流官体制实际上成了空壳，依旧是"非中央政府权利所及"③之地区。近代以来，西方传教士正是借助了这片权利薄弱区往来传教，以图再次进藏。

第三节 多元宗教生态

功能论认为，宗教是人们适应吉凶祸福的最基本的机制，它的作用在于帮助人们去适应偶然性、无能无力和匮乏（以及由此而产生的挫折和短绌）这三个残酷无情的事实。④ 而就"澜沧江谷地"的生存环境来看，这里地势险峻，山高坡陡，交通极为不便，可耕种的土地面积亦十分有限，且自然灾害频发。由于生存环境恶劣和生产力低下，与人类生活息息相关的生命安全、食物状况和疾病生死等基本问题，遂成为当地少数民族宗教信仰的原动力。在这里，不同的民族信奉不同的宗教，甚至同一民族亦有着不同的宗教信仰，五彩衣服遮蔽下的内心尊崇着迥异的天界神灵，却在日常生活中称兄道弟、相互尊重，"香格里拉"所赋予的精神内涵真实地展现于这片土地。⑤ 原始宗教、藏传佛教、天主教及基督教（又称"新教"）等成为此地的主要宗教派别，人们

---

① （民国）赵尔巽：《清史稿》，卷五一二，列传第二九九，载《二十五史》（第12册），上海古籍出版社，上海书店1986年版，第1 628页。

② 参见王怀林《打开康巴之门——横断山腹地人文地理》，四川民族出版社2007年版，第105页。

③ Paul Huston Stevenson：《西康人文地理述略》，源泉译，载《清华周刊》1933年第7～8期，第156页。

④ （美）托马斯·F.奥戴、珍妮特·奥戴·阿维德：《宗教社会学》，刘润忠等译，中国社会科学出版社1990年版，第11页。

⑤ 参见孙晨荟《雪域圣咏——滇藏川交界地区天主教礼仪音乐研究》，香港中文大学天主教研究中心2010年版，第41页。

自行选择属于自己的一片精神天空。

原始宗教是这里"土生土长"的宗教，也是该区现存各类宗教中最为古老的宗教。缘于特殊的地理状况，世居于此的人们与外界交往甚少，对于自己碰到的许多自然和社会现象不能给予科学的解释，于是便在无形中产生了万物有灵或泛神观念。以怒族为例，他们世代居住在怒江和澜沧江两岸，脚下有奔腾的江水，眼前有陡峭的山岩，身后有阴暗的森林和异常凶猛的野兽。在这种险恶的环境当中，怒族先民与自然界的斗争是残酷的，这使得他们对大自然抱有强烈的恐惧心理，从而形成怒族古老的自然和神灵崇拜。在怒族人的生活中，举凡日、月、星、山川、巨树、怪石等，都成为人们敬畏的对象。他们敬奉的鬼神有山鬼、水鬼、树鬼、云鬼等数十种，不一而足。更为特殊的是，他们把这些自然现象的鬼按民族进行分类，如云鬼、夜鬼、活麻鬼是白族鬼；山鬼、岩鬼是傈僳鬼；水鬼、家堂鬼、嫉妒鬼是怒族自己的鬼。他们最怕白族鬼和傈僳鬼，认为这两种鬼专门作祟怒人，使怒族生病，而怒族自己的鬼则是保佑家人平安的。人得了病，便认为是魂被鬼捉住了，就要请巫师来禳解。巫师被称为"南木萨"，掌握有一定程度的民间医术和文化知识，是怒族社会传统文化的体现者和保存者。

原始信仰不单在怒族社会中遗传了下来，在独龙族、傈僳族还有其他一些少数民族中都有所保留。例如，独龙族相信世间万物皆有灵，认为风、雨、雷、电、高山、大水等都有鬼。除了这些自然现象的鬼外，他们也相信人死后有灵魂，有"息托"（变人的鬼——人类的祖先）及"排勒"（家鬼——祖先的鬼）两种。触犯了鬼，它就会降祸于人，发生灾荒疾病，就要请巫师杀牲祭鬼来进行调解。再如，傈僳族也相信世界万物由神灵和鬼魂支配，各路鬼神共有30多种，统称为"尼"。人害了病没有医好，就被认为是撞了鬼被鬼缠住了，就要杀牲祭鬼。巫师有"尼扒"和"尼古扒"两种，每村都有一两个，前者主持祭祀和卜卦念经，后者专门杀牲驱鬼。过去，巫师在群众中有很高的地位，他们是民族历史传说的保存者。这些原始宗教，多带有祛病消灾等功利色彩，活动多为杀牲祭鬼，造成极大的浪费，在一定程度上影响了社会生产力的向前发展。

约在公元前7—8世纪时，经由原始宗教演变而来的苯教伴随着象雄王朝①势力的拓展开始传入该区，后又在吐蕃王朝的再次扩张中得到强化。公元

---

① 西藏高原上曾经出现过的一个古老王朝，约在公元前10世纪起就已在西藏高原崛起，且比吐蕃更早地与唐朝建立了关系。古老的象雄产生过极高的文明，不仅创造了自己独特的象雄文，而且还是西藏苯教的发源地，对后来的吐蕃以及整个西藏文化产生了深刻的影响。后来，吐蕃逐渐在西藏高原崛起，并最终征服了象雄。参见李彬《考古文化》，北京燕山出版社2009年版，第157页。

8世纪时，吐蕃王朝兴佛抑苯，苯教在西藏的势力衰落，许多苯教祭师被迫来到川西及滇西北一带，加强了苯教在该区进一步地传播和发展。清代，清政府独树格鲁派，苯教受到排挤，渐趋没落，但至今在藏族、纳西族和普米族中仍有流传，并形成独具地方特点和民族特色的教派。此外，纳西先民在本族原始巫教的基础上，吸收并借鉴苯教的一些仪式而形成了又一宗教派别，因该教祭师被称作"东巴"而取名"东巴教"。东巴教崇奉万物有灵，并杂糅有图腾崇拜、自然崇拜、祖先崇拜、鬼神崇拜等诸多内容，以祭天、丧葬仪式、驱鬼、禳灾的卜卦等活动为其主要表现形式。纳西族历来全民信仰东巴教，至今仍有绝大多数人信奉它。需补充说明的是，苯教和东巴教都不是严格科学意义上的原始宗教，又都不是严格科学意义上的人为宗教，一般认为是原始宗教向人为宗教过渡的中间宗教形态，有学者把这种宗教形态定义为"后原始宗教形态"。①

公元7世纪初，吐蕃政权开始从印度和中原唐王朝输入佛教。后来，吐蕃势力扩张至川滇藏边，"前弘期佛教"②也就随之传入该区。9世纪前半叶，缘于朗达玛灭佛，佛教在西藏遭受重创，几乎被损毁殆尽。不久，朗达玛被刺死，王室发生内讧，奴隶也揭竿起义，吐蕃王朝顿时分崩离析。吐蕃崩溃后，王室的一支逃往阿里地区，建立了古格王国，继续发展佛教。而与此同时，亦有大量僧人逃至康区，开始了"前弘期佛教"本土化的历程，也使该区成为藏传佛教"后弘期""下路宏法"③的发祥地。长期以来，喇嘛教不仅深刻影响当地藏族社会的政治、经济和文化，而且还广泛传播到其他民族聚居区，被纳西族、普米族和汉族所信仰。现今，藏传佛教仍然是藏区最主要的宗教，对当地居民的政治思想、文化艺术和生活习惯都具有相当影响。

除此之外，天主教也很早就开始关注藏族地区。早在公元1624年，葡萄牙耶稣会士安德拉德就曾在西藏古格王国建立起一座天主教堂，后来在佛教僧人发动政变时被毁。自此之后的百余年间，天主教痴心不改，陆续派发人力、物力试图进藏建立传教点，但最终都归于失败。近代以降，天主教改变了传教策略，以川滇藏边为活动大本营，企图以此为跳板再次入藏。其传教范围主要

---

① 参见和力民《东巴教的性质——兼论原始宗教界说》，载《思想战线》1990年第2期，第31～36页。

② 佛教在西藏发展过程中，大致可以分为"前弘期"和"后弘期"两个阶段。"前弘期"始于7世纪中叶松赞干布倡佛，至9世纪中叶朗达玛赞普灭佛，前弘期结束；大约从10世纪起，佛教在西藏重新复兴，这是"后弘期"的开始。

③ 西藏佛教的重新复兴，主要来自于两个方向：康多位于卫藏以东，称"下路"，从这里传回的佛法，称"下路弘法"；相应的，阿里位于卫藏以西，故称"上路"，由此地传出的佛法，称"上路弘法"。

集中在本书所要考察的"澜沧江谷地"及四川康定一带。基督教在该区的传播时间比天主教略晚，相比之下，势力也较弱，但影响却同样深远。现今，行走在这片土地，你会不经意发现，在几乎清一色的藏文化圈里，兀然在某个角落高耸着一座十字教堂，好像在诉说着那段惊心动魄的历史。

第二章 外来的闯入者

> 安慰伴随着苦难,希望伴随着失败,鼓足勇气,耐心坚持,总有一天西藏将会胜利!我们被从一座门赶走,但我们一定能从另一座门进去,或者从印度斯坦,或者从缅甸,还可能从云南、从四川进入西藏,耐心、奋斗,甚至高兴,这就是传教士的箴言。
>
> ——摘自朱金甫《清末教案》①

缘于意淫及道听途说的相似宗教文化,西藏很早就吸引了西方天主教的目光。在安东尼奥·德·安夺德神甫(P. Antonio de Andrade)②和马努埃尔·马科斯修士(Fratello Manuel Marques)③首次成功抵达西藏之前,就有数名天主教士曾为之苦苦努力过;继二人之后,更有几批传教士尾随而至,在日喀则及拉萨等地进行传教,并一度产生较大影响。然而,囿于西藏复杂的政教局面,以及天主教会自身存在的财政、传教方式等若干问题,在苟延残喘百年之后他们还是"被从一座门赶走"。百年沉寂后,隆隆炮声(鸦片战争)又打破了这一宁静。在用枪杆子换来的特权的保护下,天主教士又开始前赴后继地奔往藏境。与以前由南面入藏不同,这次他们取道四川、云南,步步为营地向拉萨挺进。

---

① 中国第一历史档案馆、福建师范大学历史系编:《清末教案》(第1册),中华书局1996年版,第155～156页。

② 安夺德,1580年生,葡萄牙贝拉·拜萨省奥勒伊罗斯人。1596年加入耶稣会,1600年赴印度,1612年开始从事神职工作。1621年,安夺德以巡阅使和新任阿格拉耶稣会会长的身份赴阿格拉,负责整个阿格拉地区的耶稣会传教工作。直至1624年赴藏,他仍任上述二职。参见伍昆明《早期传教士进藏活动史》,中国藏学出版社1992年版,第123页。

③ 马科斯,1596年生,葡萄牙马萨奥人。1618年加入耶稣会,1624年任阿格拉人事专员。

第一节　从约翰长老的故事说起

公元 1145 年，罗马教皇欧仁三世得到一份报告，其中提到了一名叫作约翰（John）的国王。据说，该国王是一位长老，并崇奉基督教，生活在东方最为偏僻遥远的地方，统治着亚洲的大片土地并使中亚的穆斯林闻风丧胆。

约翰长老的故事，让当时一意想击败穆斯林打通东西方陆路交通线却苦于实际"东征"不断失败的欧洲君主、教会产生了无穷的遐想。据说，后来教皇和欧洲各国君主还得到了约翰发来的正式信函，其中不忘自我吹嘘一番，并极力邀请当时的拜占庭皇帝曼纽尔·科姆尼纳斯去访问他，还附加说，"如果你要回去，你将满载财宝而归"。①

虽然欧洲人对约翰长老这位异邦君主一无所知，但对信中提到的广阔的地域、富足的生活以及他同样信奉基督教这三点，留下了极为深刻的印象。② 自此，西方一直都在苦苦寻找这个所谓的东方基督教国家。

新航路开辟以来，教皇为了弥补教会大分裂和欧洲各国摆脱教皇控制以及在宗教改革运动中所受到的损失，提出"在欧洲失去的，要在海外补进来"的口号，积极支持葡萄牙和西班牙等天主教国家的殖民活动。在殖民探险过程中，为恢弘天主教气势，并企图借宗教情感扩张其势力范围，葡萄牙人把对约翰长老国家的探寻活动推向了一个新的高潮。

1579 年，应莫卧儿帝国阿克巴大帝（Akbar）的邀请，葡属印度果阿教会派遣了由 3 人组成的传教团赴彼地宣传上帝的福音。③ 历史就是这么机缘巧合，正是在莫卧儿，天主教耶稣会士意外地探得了一些喜马拉雅山另一边的情况。

一天，蒙塞拉特神甫在陪同阿克巴巡游时，偶然间听到山的另一边有一个被称为"博坦"（Bhotanta）的民族，那里的宗教仪式和天主教相似。在得到这个消息之后，他欣喜若狂，认为这个民族很可能就是西方魂牵梦绕了好几个世纪之久的约翰长老后裔的国家。接着，1600 年，作为第三批进驻莫卧儿宫廷的哲罗姆·沙勿略神甫（Jerome Xavier），更是从一名商人口中探听到：

---

① 伍昆明：《早期传教士进藏活动史》，中国藏学出版社 1992 年版，第 58 页。
② 参见徐晓光、高峥《世界文化之谜》，文化艺术出版社 1984 年版，第 84 页。
③ 这三人分别为：意大利人鲁道尔夫·阿嘎威瓦神甫（P. Rudolph Aquaviva）；耶稣会士安东尼·德·蒙塞拉特神甫（P. Antony de Montserat）；波斯人弗朗西斯·亨利奎斯（Francis Henriques），译员。

"吐蕃王国从克什米尔向东一直延伸到契丹（震旦）①……包括有许多基督教徒和拥有神甫与众多教堂。"② 就这样，他们不但证实了有关西藏的情况，还得知了在《马可·波罗游记》中所描述的契丹的大致方位。

为了去教化"处于印度与契丹之间的人"③，1602 年，鄂本笃（Benoitde Goes）踏上了探险的征途。他历经艰险并成功抵达了今天的甘肃酒泉，"成为第一个能呼吸高地亚洲地区稀薄空气的西方人"④。遗憾的是，鄂本笃大部分时间都是沿着西藏高原行走，并没有进入西藏。后来，这一历史使命落在了安东尼奥·德·安夺德神甫和马努埃尔·马科斯修士的肩上。

第二节　我们被从一座门赶走

17—18 世纪，天主教在西藏的传播按地域推进可分为三个阶段：扎布让传教期（1624—1635 年）、日喀则传教期（1628—1632 年）和拉萨传教期（1704—1745 年）。现分而述之。

一、初入扎布让

安夺德神甫和马科斯修士的进藏探险完全源自一次临时的决断。1624 年 3 月，他们在未经请示的情况下从莫卧儿宫廷启程，踏上了勘察西藏的艰辛之旅。为躲避沿途被盘诘，他们特意进行了伪装，混进一支由印度人组成的朝圣队伍向西藏方向进发。

途中，他们的伎俩多次被识破，但安夺德神甫的谎言骗术也足够高明，每次都能逢凶化吉，化险为夷。如果说人为的刁难他们还能应付，那么沿途恶劣的自然环境就足以让他们九死一生。一路上，大雪成了他们最可怕的敌人。"到处都是令我们头晕目眩的白色，我们几乎无法辨认我们要走的路。"⑤ 在一次事故中，安夺德的手指甚至被冻掉了一截，但酷寒的天气已让他毫无知觉。

就这样一路挣扎，4 个月之后，他们成功抵达了西藏，更准确地说是阿里地区。当时，阿里是古格王的统治区域，这里气候宜人、民风淳朴，同时，古

---

① 当时，天主教士赞同欧洲地理学家的观点，认为契丹和中国是以长城为界的不同王国。
② （瑞士）米歇尔·泰勒：《发现西藏》，耿昇译，中国藏学出版社 2005 年版，第 27 页。
③ （美）约翰·麦格雷格：《西藏探险》，向红笳译，西藏人民出版社 1985 年版，第 8 页。
④ （瑞士）米歇尔·泰勒：《发现西藏》，耿昇译，中国藏学出版社 2005 年版，第 27 页。
⑤ （美）约翰·麦格雷格：《西藏探险》，向红笳译，西藏人民出版社 1985 年版，第 14～15 页。

格王及王妃以令人不可思议的热情欢迎他们的到来，并把他们带到首府扎布让居住。可以说，当时安夺德神甫是带着强烈的文化优越感和对藏区本土宗教一脸茫然的基础上来到这里的。从他写给上级神甫的信件中，我们即能很清楚地看到这一点：

> 我向国王解释了我此行的目的。我告诉他，为达此目的，我历尽艰辛来到他的宫廷，核实我所听到的关于他是基督教徒和关于他和他的人民奉行真正的耶稣教律的消息。如果国王允许，我愿意随时向他指明他们宗教的错误所在。我还告诉他，正是由于国王拯救灵魂的愿望，我才远离祖国，告别兄弟朋友，不辞千辛万苦来到这里的，所以我希望他利用上帝恩赐给他的机会。在过去的岁月里，上帝没有把这样的机会赐给他的先辈，因此希望国王不辜负上帝赐予他的恩典。①

初次见面，安夺德神甫便迫不及待地表明了自己的立场：只要古格王允许，他愿随时向他指明当地宗教（藏传佛教）的错误所在。锋芒毕露加上对藏传佛教的一无所知（不独安夺德如此，其后入藏的天主教传教士大抵都是这样），也为传教事业的最终失败定下了基调。

当时，古格王统治的这片区域已是黄教寺院的天下，古格王的弟弟、叔父等是该集团的领军人物，他们大量招收老百姓为僧，极力扩充自己的政治和经济实力。而这种发展态势，严重影响到了古格王的统治地位。双方间尖锐的矛盾，恰好给了安夺德他们进驻该区的最佳条件，但也为后来的败退埋下了伏笔。

为了利用天主教来削弱黄教寺院迅速壮大所带来的不利影响，古格王对安夺德一行可谓青睐有加，以至于安夺德要回果阿述职都不予放行，等确定他一定返回后，才答应他们离去。为显示诚意，古格王更是行书一封，并盖上玉玺，其间说道：

> 我们大西藏王国的国王非常愉快地接待弗朗吉姆神甫安东尼奥，他莅临我们地方是为向我们讲经传道。我们视他为我们的大喇嘛，并给予他向我们传布和教导教义的充分权利，任何人不得对他干扰捣乱。此外，我们还将向他提供处所和必要的帮助，修建祈祷教堂。②

约一年之后（1626年4月），古格王兑现了承诺，一座相当华丽的天主教

---

① （意）G.M. 托斯卡诺：《魂牵雪域——西藏最早的天主教传教会》，伍昆明、区易柄译，中国藏学出版社1998年版，第86页。

② 伍昆明：《早期传教士进藏活动史》，中国藏学出版社1992年版，第139页。

堂在扎布让落成。教堂建好后，古格王经常出入其间听传教士布道，并利用各种场合公开攻击和贬低以黄教为首的藏传佛教。

古格王的行为，令黄教上层感到十分忧虑。他们时常规劝古格王，希望他悬崖勒马，回心转意，甚至劝诱他另娶新欢，使之违反天主教规定而不能受洗入教。在安夺德神甫的多次劝阻下，古格王并没有那么做，甚至还保证说，以后在没有与他商量前，不做任何事情。这样一来，传教士们对古格王的影响更胜以前，两者之间的"统一战线"也更为稳固。

此后，古格王便开始变本加厉地采取旨在消灭黄教势力的种种措施，双方的矛盾也越来越尖锐。1630年，古格王身体抱恙，安夺德也被调回印度任果阿大主教。趁此机会，黄教寺院发起了暴动，拉达克也应邀参战。里应外合之下，古格王朝崩溃了，古格王、王后、王子等均被押送到列城监禁，传教士也未能幸免，被驱逐和降为奴隶。① 这次事件令古格传教会元气大伤，在忍辱负重、苟延残喘5年之后（1635年）最终关闭。

二、推及日喀则

安夺德对日喀则传教点的建立，同样起了举足轻重的作用。在扎布让传教期间，他从往返商人那里了解到，在离此以东不是太远的地方，还存在着一个叫作卫藏的地区，那里土地肥沃、人口众多，是传播福音的好地方。于是，在他的建议下，孟加拉马拉巴教省派出了由3人②组成的传教团赴卫藏地区宣传上帝的福音。

1626年3月，他们从柯钦出发了。

与安夺德一行赴扎布让一样，他们沿途也历经了种种磨难。其中，丰泰伯纳修士由于旅途艰辛，在传教团抵达日喀则之前就死去了。

1928年1月，他们抵达了日喀则。

当时，日喀则是噶举派（红帽系）首领藏巴汗的统治辖区。两位神甫到达这里时，正值红、黄两派关系剑拔弩张。历史总是惊人地相似，与扎布让传教会的立足方式一样，双方③利益的契合也成了日喀则传教点得以建立的最大优势和保障。

但好景不长，1630年古格王国的僧人暴动给日喀则传教团的命运带来了不利影响。藏巴汗在这次事件中，不能不有所认识，虽然传教士可以用来

---

① 参见王永红《略论天主教在西藏的早期活动》，载《西藏研究》1989年第3期，第61页。
② 分别是：埃斯特万·卡塞拉神甫（P. Estevao Cacella）、约翰·卡布拉尔神甫（P. John Cabral）和助手巴尔托洛梅奥·丰泰伯纳修士（Bartotomeo Fontebona），其中卡塞拉为这个小组的负责人。
③ 藏巴汗统治阶层与日喀则传教团。

"统战"共同对付黄教势力，但也不能无所顾忌，毕竟噶举派佛教才是他长期的固定盟友。

卡塞拉神甫的因病去世，更加剧了这一颓势。卡布拉尔一人在那里苦苦坚守。他做了最后的努力，希望日喀则传教团能够隶属于扎布让传教会，继续开展传教事业。但很遗憾，柯钦的一名新任耶稣会大主教对在西藏南部保留一个以寡敌众的传教团之主张毫无热情。1632 年，卡布拉尔被召回马拉巴。日喀则被放弃了，静候着吉祥高照。①

三、进而至拉萨

1661 年，拉萨出现了第一批欧洲传教士。这是由 2 个人组成的团队，这 2 个人分别是奥地利耶稣会士白乃心和他的比利时伙伴吴尔铎。但缘于有公务在身，他们在此短暂停留②后便离开了这里。后来，意大利卡普清修会③进驻拉萨，起了传教主力军的作用。

1704 年 4 月，第一批卡普清修士④离开罗马，踏上了奔赴拉萨之路。层层磨难后，古瑟普和弗朗索瓦·玛利两位神甫于 1707 年 6 月率先抵达拉萨。初来乍到，他们不敢过早暴露自己的真实身份，而是一边努力学习藏文，一边无偿地为当地人治病。很快，他们就博得了群众的尊敬与信任，被称为"白人喇嘛"。

免费给人看病，虽颇得人心，但没有任何收入，传教区的经费在数月间就告罄了。留在印度巴特那的传教士多米尼科等，在获悉这一情形后，立即赴拉萨救援。但对整个传教区来说，他们携带的资金也只是杯水车薪而已。财源枯竭，教务实在是无法开展下去。1711 年年底，多米尼科离开拉萨返回印度，期待下次卷土重来。

卡普清传教士因财源枯竭败退印度后，并不甘心失败，一番积极准备后，他们再次出发了。而与此同时，耶稣会也派出了意波利托·德西德里（Ippolito Desideri）赴藏传教，期望重建西藏布道会。这样一来，在相隔数月间，两

---

① （美）约翰·麦格雷格：《西藏探险》，向红笳译，西藏人民出版社 1985 年版，第 22 页。
② 在拉萨停留的具体天数说法不一，有人认为是两个月，有人为是一个月，亦有一个半月之说。
③ 卡普清修会，又译作嘉布遣小兄弟会，为方济各修会分出的一支，由玛窦·巴西于 1528 年创始于意大利。因会会员服装附有尖顶风帽，故名为卡普清修会，该会提倡安贫、节欲、发四愿，影响较大。
④ 分别是：弗朗索瓦·玛利（P. Francis Marie de Tour），乔瓦尼·弗朗西斯科（P. Giovanni Francesco da Camerino），弗利斯神甫（P. Felice da Montecchio），古瑟普神甫（P. Giuseppe da Ascoli），古瑟普·玛利亚神甫（P. Giuseppe Maria da Fossombrone）以及费亚克利奥修士（fra Fiacrio da Parigi）共 6 人。

批人在互相不知道的情况下相继入藏，并最终于1716年在拉萨得以谋面。

对于耶稣会士这种鸠占鹊巢的行为，卡普清修士们感到异常气愤，他们不得不致信罗马，要求作出裁决。但在结果出来之前，他们也只好与意波利托·德西德里住在一起。

1717年，传教活动开始有起色，据他们自己声称，他们已使一些转世喇嘛对他们不承认转世的说法"表示出极大的兴趣"，甚至还夸口说连达赖喇嘛都犹豫不决了，所以大批地吸收藏人入教已成为了当务之急。① 很不幸的是，正在此时却遭遇了准噶尔部侵藏，传教士也受到了不同程度的迫害，教会工作亦陷入瘫痪状态。

1720年，准噶尔部败退，社会趋于安定。次年，德西德里败诉被迫撤离拉萨，卡普清传教士开始了孤军奋战。虽然他们通过不懈努力获得了若干政要的同情和支持，然而拉萨黄教势力对这些传教士来分割当地"精神空间"的行为早已不满。1725年，他们便借机利用自然灾害为借口，煽动群众围攻卡普清传教团。最后，还是在官方的保护下，才把卡普清会士从更严酷的环境甚至是暴力、死亡中解救了出来。②

此后一段时间，在西藏上层统治者的关照下，西藏传教会的传教工作曾一度顺风顺水。F. 范尼尼神甫曾评论说，这段时间"每件事都平静与和平地进行，就像是一艘帆船顺风滑驶在平静的大海上一样，现在围绕着白人喇嘛及其事业的是新的健康气氛"③。

然而，他们对形势的估计过于乐观，一直以来困扰他们的财政问题并没有得到更好的解决。至1729年时，可利用的资金仅能维持弗朗西斯科·奥拉济奥（P. Francesco Orazio della Penna di billi）及乔亚钦（P. Ubald da S. Anatolia）两名神甫的费用。后来，奥拉济奥会长身体抱恙，传教工作不得不再一次无奈放弃。

经过休养，奥拉济奥身体状况逐渐好转。为重振西藏传教会，他在梵蒂冈四处游说，寻求帮助，希望能得到更多的传教士和经费支持。

一开始，罗马教廷反应冷淡。但最终，奥拉济奥还是获得了胜利。

1741年1月，奥拉济奥等7人又一次抵达拉萨。

西藏政要颇罗鼐对传教团的再次返回很欢迎，并在其官邸花园接见了他们，态度极为诚恳。这可从他颁布的一份《传教和信教自由谕令》中窥见一斑：

---

① 参见方建昌《基督教在西藏传播小史》，载《青海社会科学》1988年第2期，第127页。
② 参见（美）约翰·麦格雷格《西藏探险》，西藏人民出版社1985年版，第91~92页。
③ 伍昆明：《早期传教士进藏活动史》，中国藏学出版社1992年版，第443页。

为使现今这些欧洲神甫即白人喇嘛及将来要抵达的欧洲神甫，不仅在拉萨，而且在全藏任何地方、对各地之僧俗任何人等，均可公开讲授和传播上帝的真谛，为使其不受阻挠，特赐吾之具印信函持之。你等上述汉、霍尔、蒙等僧俗官员，皆不得对其横加阻挠。蒙受上帝光辉恩惠，自愿自由地皈依该教者，可自由和公开地修习其教，上述你等官员不得阻碍。真理之教的寺主和修习者们早已是吾等可信赖之臣民，故请对此讲授真理之教者予以帮助和保护。特将上述对你等即吾之臣民告之，不准对他们有丝毫侵犯，今颁谕令，晓尔臣民，铭刻勿怠！①

这道谕令成了卡普清传教士的护身符，在其保护下，教会工作极为顺利，要求洗礼者一天比一天多，取得了不错的成绩。但福祸相依，教会传教工作的迅猛展开，令黄教寺院上层坐立不安。"神"与"神"之间的较量暗潮涌动。

1742年5月12日晚，积攒已久的矛盾终于爆发了。400多名暴怒的喇嘛冲进了郡王颇罗鼐的官邸，谴责他偏袒外国传教士，并威胁说，如果不立即采取反对天主教徒的行动，他们不会善罢甘休，如一意孤行，后果自负。

在责骂和警告声中，颇罗鼐意识到了问题的严重性。要么停止支持传教士和禁止基督教传播，以保住自己的地位，要么继续支持传播基督教而引起喇嘛造反，自己完蛋。② 毫无疑问，他选择了站在喇嘛们这一边。他告诫神甫们不要在西藏继续传教……与此同时，他下令搜捕皈依者，并将他们关在木制枷笼中示众……那些不愿意背诵古代宗教信条的人遭到鞭打，鲜血淋漓。③

事件发生后，福音传播变得十分困难，甚至不可能了。考虑到奥拉济奥会长在藏工作30多年，且与之私交不错，颇罗鼐告诉传教士们一个权宜之计，即在宣传上帝福音的同时，还应赞扬藏传佛教，并承认在所有的宗教信仰中，藏传佛教是最好、最完美的。如果照做的话，他们就能继续在此传教。

天主信仰的排他性不容许他们那么做，故他们决定离去。1745年4月20日，最后一批卡普清修士默默启程，离开了拉萨。传教士们竭尽全力，但最终还是被赶了出来。

---

① 伍昆明：《早期传教士进藏活动史》，中国藏学出版社1992年版，第471页。
② 参见伍昆明《早期传教士进藏活动史》，中国藏学出版社1992年版，第483页。
③ （美）约翰·麦格雷格：《西藏探险》，西藏人民出版社1985年版，第98页。

第三节 我们从另一座门进去

自 1745 年最后一批卡普清修士离开拉萨后约 100 年间，西藏再没有出现欧洲传教士的足迹。直至近代，十字架夹裹在坚船利炮和欧风美雨中再度传来，神秘的宗喀巴大地又一次成了他们竞相追逐的目标。

一、教禁在炮声中解冻

与以往不同的是，这一次传教士东来，明显丧失了以往的耐心。他们不再唯唯诺诺、摇尾乞怜，而是积极奉行"只有战争能开放中国给基督"的信条，竭力鼓吹侵华战争。

1840 年，鸦片战争正式爆发。

这是一个分界点。清朝政府战败，被迫签订了《南京条约》，除了向英国交付巨额的战争赔款并割让香港之外，还承认英国享有五口通商、领事裁判等权利。自此之后，清廷和教会的位置发生了互换，屈辱和不解代替了原先的顾盼自雄。①

法国对英国人取得的这些实惠自然很是羡慕。于是，便迫不及待地派遣拉萼尼（Lagrene）率舰队来华，强迫清政府与之签订了《黄埔条约》，其间规定：法国人可以在通商五口地方建造礼拜堂，倘有中国人将佛兰西礼拜堂、坟地触犯毁坏，地方官照例严拘重惩。②《黄埔条约》签订后，他们还得寸进尺地要求耆英奏请道光帝弛禁天主教，清廷果然照办，只不过对传教士的活动范围有所限制，圈定在几个通商口岸，"断不能越界传教"③。

但是，对于已经深入中国内地的外国传教士，在没有严重冲突的情况下，地方官对他们的存在保持了睁一只眼闭一只眼的态度，这基本上反映了中国官方对法令与现实之间发生矛盾时的对策。④ 正是在这样的背景下，外国传教士

---

① 参见周天《跋涉：明清之际耶稣会的在华传教》，上海书店出版社 2009 年版，第 351～352 页。
② 参见王铁崖《中外旧约章汇编（1689—1901）》第 1 册，生活·读书·新知三联书店 1957 年版，第 62 页。
③ 齐思和：《筹办夷务始末（道光朝）》，卷 73，中华书局 1964 年版，第 2 880 页。
④ 参见沈渭宾、杨勇刚《1844—1858 年外国传教士对中国内地的渗透》，载四川省哲学社会科学学会联合、四川省近代教案史研究会《近代中国教案研究》，四川省社会科学院出版社 1987 年版，第 451 页。

加紧了对中国内地的渗透。

二、近代入藏肇始：胡克拉萨行

1846年1月，法国遣使会传教士胡克（E. R. Ruc，又译作古伯察）和嘉伯特（J. Cabet，又译作秦噶毕）神不知鬼不觉地出现在了拉萨。

他们是奉命前来，于1844年8月从今内蒙古东部的黑水出发，经过多伦淖尔到青海，再南下过黄河，最后由藏北大道进入西藏。一路上，他们了解自然地理及风土人情，宣传天主教义。胡克曾直言不讳地写道："在我们竭尽全力在拉萨市民中传播福音的种子之时，我们也没有忘记不遗余力地在摄政王的宫廷中播下神学的种子。"①

胡克和嘉伯特在拉萨的活动，引起了驻藏大臣琦善的怀疑和警惕。不久，二人即被抓获并押至四川成都。审讯中，胡克承认了其非法潜入西藏欲开展传教活动的企图，"小的来藏，原欲学唐古特番经典，俟深通时把小的们的经典译出番语，想传教别人"②，并虚情假意地宣称："伊国习教之人，以传教为修善，所传益广，功德益深，并不向习教之人索取银钱……伊国出外传教之人，各省皆有，无非劝人为善，别无他意……"③

最后，清廷下令将他们驱逐出境。刚至澳门，胡克和嘉伯特就开始公然叫嚣：

> 我们准备立刻写信给传信部，详细准确地汇报我们的全部经历，同时也请求传信部理解和赞同我们的举动。然后，我们再通过我们的领事出面，向中国政府提出抗议，抗议中国钦差大臣对我们的迫害，以及对我们采取的暴力行为。我们还准备要求中国政府保证今后去拉萨传教的传教士的安全，弥补以往的过失。④

胡克和嘉伯特之词，系有添油加醋之嫌。二人虽被截获并驱逐出境，但期间并未受到任何迫害。在拉萨停留的那两个月，他们博得西藏噶伦的好感并获得关照，而由拉萨至成都的押送之旅，则始终是乘轿赶路，地方官对他们则是毕恭毕敬。

---

① （美）约翰·麦格雷格：《西藏探险》，西藏人民出版社1985年版，第238页。
② 中国第一历史档案馆、福建师范大学历史系合编：《清末教案》（第1册），中华书局1996年版，第19～20页。
③ 中国第一历史档案馆、福建师范大学历史系合编：《清末教案》（第1册），中华书局1996年版，第19～20页。
④ （法）卫青心：《法国对华传教政策——清末五口通商和传教自由（1842—1856）》（下卷），黄庆华译，中国社会科学出版社1991年版，第632页。

胡克和嘉伯特的拉萨行，使他们成为100年前卡普清传教士被驱逐以来亲眼目睹西藏首府的第一批使者。但是，他们既没有像前辈那样获准兴建教堂，甚至也没有得到允许做长时间的停留。从教会的观点看，他们的计划失败了，"我们感到自己的心已经碎裂，仅有力气祈求上帝为处于蒙昧中的这些可怜的孩子们派遣一些能为他们带来信仰之火炬的传教士"①。然而，也正是这个失败让禁城拉萨更显神秘，鼓动着传教士前赴后继。

三、路线调整：罗勒拿初尝胜果

如何在西藏这个政教合一的地方树立起十字架？该采取什么样的途径？几代传教士努力的结果表明从南面和尼泊尔进入希望很小，那从东边呢，是否有一线生机？

1846年，罗马教皇格列高利第十六世（Pope Gregory XVI）将原附属于印度亚格那宗座代牧区（AGRA）的西藏地区分离出来，以拉萨为中心单独成立教区，即西藏教区，地辖西藏、锡金和康区，同时为了避免教内纷争，特委托在四川等地活动的法国外方传教会全权负责该区教务。

1847年，外方传教会即派遣法国传教士罗勒拿（Reuno Charles Rene Alexis）从四川崇庆出发，进驻巴塘，为下一步进藏做准备。次年2月，当他行至察木多（今昌都）一带时被清军截获，予以扣留，押至四川，后又经琦善奏明"解回广东"②。这次挫折并未让罗勒拿就此放弃，为重返西藏，他差不多利用了3年的时间来认真研究和仔细考虑他的计划。1851年，他再一次出发了，另一名法籍传教士肖法日（Jean Charles Fege）与之同行。

为配合他们的行动，1851—1852年年初，另一名叫格里克（Krick）的传教士从印度阿拉姆东北潜入我国的察隅河谷。1854年，他又协同传教士布利（Boary）再次从这条道潜入该区，企图探出一条直插我国川、滇边区的捷径。这里的僜人怀疑他们是英方派来的奸细，便把他们都杀了，这才结束了法国传教士从这一路线窜入藏区的计划。③

这一次，罗勒拿调整了路线，决定不再去走完全置于中国严密警戒下的四川、打箭炉（今康定）那条路线，而是选择由云南进入藏东南这条路线。藏东南地区是川滇藏交界地带，这里民族成分复杂，而且地处偏僻，容易逃避地

---

① （法）古伯察：《鞑靼西藏旅行记》，耿昇译，中国藏学出版社1991年版，第584页。
② 吴丰培：《清代藏事辑要》，西藏人民出版社1983年版，第447页。
③ 参见国家民委《民族问题五种丛书》编辑委员会、《中国民族问题资料·档案集成》编辑委员会《中国民族问题资料·档案集成·第2辑·中国少数民族简史丛书·第8卷：〈民族问题五种丛书〉及其档案汇编》，中央民族大学出版社2005年版，第284页。

方官吏的监督，故罗勒拿一行选择此地为进藏突破口。在做了准备并带上一些小商品和钱之后，他沿金沙江东岸逆流而上，先到丽江，后辗转去了中甸。在这里，他以商人的身份住进了松赞林寺（归化寺），并用赠送小礼物的方式赢得了洛主活佛的好感和信任，获得了在寺中学习藏语的机会。为此，他不无得意地向远在云南传教的夏瓦和肖法日写信汇报说：

> 这些纯朴的喇嘛们绝对没有想到，我在他们的铁砧上接受可贵的锻造，今后必将用他们赋予我的利矛去攻打他们的宗教。条件成熟时，我决心向他们挑起捍卫我们的宗教、指出他们的谬误的战争。在全能的上帝护佑下，我将打败他们。①

一年后，他从中甸南下再西北上，渡过金沙江和澜沧江，翻越碧罗雪山，并试探着到了今贡山县秋那桶等地，后来，再溯怒江峡谷北上，行至察瓦龙（今察隅县察瓦龙乡），以崩卡（Bonga，又称博木噶）谷地为中转站建立了他们的第一个传教据点。据说，当地头人为了繁荣地方经济，想不要任何回报地将崩卡谷地赠予罗勒拿（这可能跟他假扮商人身份有很大关系），但罗勒拿并未接受，而是以每年100法郎的价格租借了这一谷地。

一开始，地方头人出于经济目的出租了崩卡谷地，但罗勒拿他们在这里却大肆传教，收洗教徒，而且强行购置和霸占房产与地产，激起民众仇恨。1859年，罗勒拿、肖法日遭到三岩藏人劫掠，被迫退至江卡（今芒康），后不得已又返回内地。②

四、弛禁与抵制：传教士的进与退

1856年，第二次鸦片战争爆发。次年，罗马教廷趁英法联军节节胜利之际，公然无视清政府关于外国传教士"概不准赴内地传教"的规定，宣布西藏正式成立主教区，并划分了势力范围③，杜多明（Thomine Desmazure）被任命为西藏教区第一任主教。1858年，中法《天津条约》签订，其中列入了法国长期以来梦寐以求的派遣传教士进驻中国内地的条文。④ 接着，1860年中法《北京条约》订立，不但再次肯定了传教士有进入中国内地传教的特权和自

---

① 范稳：《水乳大地》，人民文学出版社2004年版，第10页。
② A. Launay. *Histoire de la Mission du Thibet*. Desclée, de Brouwer et cie, 1903: 318.
③ 当时，郊区面积广阔，界限含混不清，大致管辖西藏、康属及上川南南部地区的一半（除去邛州、大邑、穆坪和天全州东部）及下川南的仁寿、井研两县，教徒约1.9万人，绝大多数是汉族。
④ 参见王铁崖《中外旧约章汇编（1689—1901）》（第1册），生活·读书·新知三联书店1957年版，第107页。

由，而且规定清廷有义务对其进行有效保护。更甚的是，当时担任翻译的外方传教会教士艾美（Louis Delamarre）利用中国官员不懂法文之便，在中文约本中私自加进"任法国传教士在各省租买田地，建造自便"的条款。① 这一规定以巨大的权力武装了天主教士，便于他们扩大宣传到内地去，并注定引起未来的很多摩擦。②

法国在第二次鸦片战争中的轻松胜利，助长了外方传教会的嚣张气焰。他们与罗马教廷商议，决定趁热打铁，派遣一名主教率领教士们，取道川藏大道，到拉萨去建立教区。于是，外方传教会首次开列了 7 个③传教士名单，要求清政府颁发护照，准许入藏。传教护照体例大体一致，上书：

> 兹因遵行大清国大皇帝、大法国大皇帝，特派钦差便宜行事全权大臣，于咸丰八年五月十七日及十年九月十二日，在天津、顺天两城内，设立和约章程第八第六前后筹款。故本大臣将此执照，交付本国人传天主教之教士×××（某教士姓名）收得为据。本大臣因深知×××系我国名士，才德兼优者。所以请烦大清执政大臣及各省文武官员、边疆大吏，自此以后，传教士×××在××省（某地区）内来往传教居住，勿论何处租买田地，建造天主堂屋宇，均听其便；丝毫不可留难，当以宾礼相待。并望随时照料，切勿袖手旁观，庶臻妥协。为此，本大臣给发此照。俾凡属大清国所辖内外各处咸知，遵照毋违，以示和约章程永垂不朽。此实本大臣之所厚望也。④

有了条约保护，这批传教士公然沿川藏大道，经理塘、巴塘、江卡，于1862年到达察木多。在拉萨三大寺的支持下，当地居民首先起来进行抵制，采取了不与法教士往来，不卖给粮食草秣，不供给驴马运输的手段，使这批教士在察木多困顿达半年以上，一筹莫展，不得不从原路退回。后江卡居民也积极响应，以断粮为威胁，迫使传教士又撤至博木噶。⑤ 鉴于川藏大道处处受阻，顾德尔、丁盛荣等则沿金沙江、怒江谷地走廊南下至云南，策划建立向西

---

① 参见（法）卫青心《法国对华传教政策——清末五口通商和传教自由（1842—1856）》（下卷），黄庆华译，中国社会科学出版社1991年版，第591页。
② 参见（美）马士《中华帝国对外关系史·第1卷：1834—1860年冲突时期》，张汇文等译，上海书店出版社2000年版，第695页。
③ 分别为：杜多明、罗勒拿、肖法日、顾德尔（Goutelle Jean Baptiste）、毕天祥（Biet Cesar Alexandre）、吕项（Dubernard）和丁盛荣（Chauveau）。
④ 四川省档案馆：《四川教案与义和拳档案》，四川人民出版社1985年版，第24页。
⑤ 参见国家民委《民族问题五种丛书》编辑委员会、《中国民族问题资料·档案集成》编辑委员会编《中国民族问题资料·档案集成·第2辑·中国少数民族简史丛书·第8卷：〈民族问题五种丛书〉及其档案汇编》，中央民族大学出版社2005年版，第286页。

藏传教的另一个据点。情况摸透之后，余伯南（Jules-Eienne Dubernard）、蒲德元（Pierre-Marie Bourdonnec）二人带领6户四川教徒奉命前来，进行传教活动。① 据说，他们用两包烟草"购买"了茨菇村的一块地皮，建成了茨菇天主教堂②。

罗勒拿等人憎恨西藏官民不令其入藏，四面出击，大肆进行各种非法活动，甚至假传圣旨，捏造谣言，制造民族分裂。③ 这不但激起了藏族民众的反抗，也造成清廷的严重不满。为此，清廷"严饬沿边各属认真查察，如有内地传教之人潜赴藏地者，概行截回，毋令乘间偷越"④，并公开声称在西藏不可能对传教士加以有效保护。与此同时，法国借宗教势力插足西藏的行为也引起了英俄两国的极力抗议。在其压力下，法国驻华公使柏德于1864年3月15日秘密通知法籍天主教士立即撤出藏东。4月，外方传教士离开芒康，回到巴塘。

宣布放弃对在藏传教士的支持，乃法国政府的一时之举。⑤ 5月，刚退至巴塘不久的传教士不顾清政府及西藏噶厦政权的强烈抵制，重新出发，再一次来到博木噶做进藏的准备。天主教徒的猖狂行为，彻底激怒了藏族僧俗，一场反洋教运动正在酝酿。

1864年9月29日，芒康的喇嘛头领率大约300名教徒，持枪攻打传教士占据的崩卡山谷。传教士们仓皇逃命，其中吕项在秋那桶（今贡山丙中洛）经过一道溜索时，被追赶上来的喇嘛开枪打死，掉到江里。与他一起逃命的还有3个教徒，一个头部中弹，一个胳膊中弹，另一个被捆住手脚投进怒江。同一天，喇嘛武装五六百人没有发生任何战斗就轻而易举地占领了博木噶，不分男女老少所有教友都被逮捕并遭到毒打，教堂和其他建筑亦被全部烧毁。

与吕项不同，毕天祥成功逃脱了武装仇教者的追击。起初，他们来到菖蒲桶（今贡山县）喇嘛的领地，在那里生活了几个月。可是，他们不久就发现，这里的喇嘛也十分讨厌他们的存在，不得不另觅出路。于是，在教友们的陪同下，毕天祥翻过雪山，从怒江流域来到澜沧江畔，活动在巴塘盐井、蒲丁以及云南阿敦子、茨菇等地。数十年后，法籍教士古纯仁（Francis Gore Ouvrard）

---

① 参见迪庆藏族自治州民族宗教事务委员会编《迪庆州宗教志》，中国藏学出版社1994年版，第187页。
② 关于茨菇教堂的建成时间，文献记载不一，1862年、1864年乃至1866年的说法皆有记载。参见刘鼎寅、韩军学《云南天主教史》第107页；《迪庆州宗教志》第195页。
③ 参见《藏族简史》编写组《藏族简史》，西藏人民出版社1985年版，第288页。
④ 吴丰培：《清代藏事奏牍》，中国藏学出版社1994年版，第328页。
⑤ 参见泽拥《法国传教士与法国早期藏族文化研究》，载《中国藏学》2009年第2期，第104页。

专程来到博木噶寻找教徒，但已是废墟一片，难觅踪迹。①

这是一次十分重要的宗教历史事件，它的影响遍及西藏、云南等地，还惊动了北京清朝政府。此后，传教士的活动一直受到限制。② 鉴于进藏传教一时难以实现，法国传教会不得不进行战略调整：先在藏东至藏东南的地区建立传教点，依托四川、云南前往西藏的马帮驿道，步步为营地向西藏的中心拉萨挺进。

> 由于局势所需，驻西藏欧洲传教团的教士们分为三组：第一组去云南西北部的茨菇，那里居住着摩梭人、汉族人、藏族人和原始人，仍由常驻当地的亚历山大·毕埃（毕天祥）和杜贝尔纳（余伯南）先生负责。第二组去巴塘藏族王国。第三组去打箭炉，四川边界的一个城市……在被特地称为"西藏前厅"的这片辽阔土地上，传教士们将要考验他们的虔诚，创建发展布道会。③

自此，第一组传教士便沿澜沧江南下，谋求发展，以德钦茨菇、巴塘盐井等传教点为依托，纵向发展：1872年，传教会北上阿敦子，购买藏民南叽的地基，建起土掌房一幢为教堂；1880—1881年，教士李雅敬（Antoine Leard）南下至维西厅属小维西（今维西县白济汛乡统维村），购买鹤庆人陈开泰的地基，建起中式房屋一栋为教堂；接着，又将传教点推至吉岔村（今白济汛乡吉岔村）、花园箐、保和镇以及巴东等地，以澜沧江中段流域为活动区。及至19世纪末20世纪初，传教士又翻过碧罗雪山，将传教范围拓至怒江流域。④

第二组传教士基于长远考虑，仍以巴塘为据点开展教务。从方位上看，巴塘处于川滇藏交通要冲，可以被视为拉萨、英属印度、法属印度支那和中国中原地区之间的中枢点，⑤战略位置十分重要。同时，这里山川秀美、物产丰富、气候宜人，素有"高原江南"的美誉。至今，当地仍流传有"外有苏杭，内有巴塘；到了巴塘，忘了爹娘"的民间谚语。有这样的"风水宝地"，法国传教会自然不会轻言放弃。

---

① 参见（法）古纯仁《察哇龙之行》，李哲生译，载《康藏研究月刊》1948年9月第23期，第22～28页。

② 参见周伟洲《唐代吐蕃与近代西藏史论稿》，中国藏学出版社2006年版，第183页。

③ （法）弗朗索瓦·巴达让：《永不磨灭的风景香格里拉——百年前一个法国探险家的回忆》，郭素芹译，云南人民出版社2001年版，第44～45页。

④ 参见菖蒲桶行政委员会公署编纂《菖蒲桶志》，第十八《宗教·耶教》，载中国人民政治协商会议贡山独龙族、怒族自治县委员会文史资料委员会编《贡山文史资料·创刊号》，1992年，第14～15页。

⑤ 参见中国第一历史档案馆、福建师范大学历史系合编《清末教案》（第4册），中华书局1996年版，第334页。

而第三组传教士则东退康定，并以此为中心向外辐射。1864 年，丁盛荣被任命为西藏代牧区主教，他取道川南，经叙州、嘉定、雅州，于 1865 年 12 月 21 日到达康定。此时，在藏传教士已悉数被逐，外方传教会深感入藏困难，遂决定在康定安置主教，购买土地，修建教堂、医院，主教府亦由化林坪迁至康定。①

自此以后，外方传教士便以康区为活动大本营，利用传统的"走廊"地理特点，建立教堂，步步为营，滚动发展。但康区在人文环境上一如西藏，喇嘛教信仰早已根深蒂固，它不但影响当地人的衣食住行，还对伦理道德、民众心理等各个层面产生作用。在此，仅举一例即可窥其全貌：

> 土人患病从来不请医生，当然就是要请也不容易请到。倘使病轻的，那么就喝活佛的小便，或是把活佛的大便、头发、衣服等焚烧，用烟灰去熏病人的口鼻，以为这样就能够驱逐鬼魔。病重了，就施衣施粥，行善事，希望冥冥中能蒙受神灵的保佑。再不然，就请喇嘛占卜，决定请医还是念经。要是占得请医，方才可以去求医生诊疗。然而，土著医生也仅仅查看小便，给以草药数味而已。在这里，我们看到喇嘛的魔力是多么的大呀！②

喇嘛寺在这里，不仅维系着当地群众心灵深处的一片"精神天空"，而且还积极参与各项世俗活动，如商业、收租、发放高利贷等，甚至有外侮的时候，还可奋起抗击，保卫属于自己的神界。易词言之，可谓民财教建之组织，具体而微，管教养卫之权能，无一不备。③ 天主教进驻康区，作为一个外来的闯入者，以一种新的世界观和新的话语表述方式，形成了对藏传佛教的冲击。僧俗民众则以审慎的眼光考量着"洋喇嘛"们的到来，并在现实宗教、政治及经济利益的主导下，对冲击进行回应。

---

① 参见四川省地方志编纂委员会《四川省志·宗教志》，四川人民出版社 1998 年版，第 298～299 页。
② 李明：《西康风光》，载《东方杂志》1936 年第 33 卷第 4 号，第 104～105 页。
③ 《川康建设视察团报告书》，转引自《中国少数民族社会历史调查资料丛刊》修订编辑委员会编《四川省甘孜州藏族社会历史调查》，民族出版社 2009 年版，第 38 页。

第三章 此起彼伏的佛耶博弈（上）

> 大道不同两相殊，神仙一样画葫芦。
> 漫说慈航渡鹫岭，不为天主共桃符。
> ——（民国）刘赞廷《盐井天主教》①

光绪三十二年（1906年）十一月，盐井腊翁寺作乱，扬言劫盐局、打教堂，教民大惊，即求汉官保护。时统领为赵渊，即令驻防军队予以保护，并发告示，晓谕百姓云：无论汉番，如有损坏者，格杀勿论。为此，教堂司铎丁成莫还将此文翻印，每教民赠送一张佩戴于身，以为安慰。至宣统二年（1910年），此告示仍悬挂教堂。适逢刘赞廷②在赵尔丰麾下任西军中营哨官，分防盐井，见状便作上文打油诗一首。简单四句话，剑拔弩张的佛耶冲突便跃然纸上。

第一节 1873年巴塘教案

1863年，法籍天主教神甫巴布埃（Bourry）来到巴塘，在城郊四里龙修建教堂一所和住房两座，自此，法国政府借助天主教势力将殖民触角延伸到这里。③ 政治上的不平等加上宗教信仰上的巨大差异，使反洋人洋教斗争在这里一幕幕上演。1865年，法籍丁司铎溺水身亡，但法国传教会硬是诬陷其被当地丁零寺喇嘛杀害。当地民众怒不可遏，随即驱逐了法国传教士，焚烧教堂，

---

① （民国）刘赞廷：《盐井县志》，载《中国地方志集成·西藏府县志辑》，巴蜀书社1995年版，第390页。
② 刘赞廷（1888—1958），名永銮，字銮丞，河北河间府东光县人。其早年追随川滇边务大臣（后任驻藏大臣）赵尔丰拓土戍边，在康藏地区推行改土归流；民国间，改任川边军分统，继任蒙藏委员会调查室主任等职。刘赞廷以自己"历边三十余年"之经历，纂成图志数十种，有"清末民初康藏边地一只史笔"的美誉。
③ 参见四川省巴塘县志编纂委员会《巴塘县志》，四川民族出版社1993年版，第449页。

收回被占产业，拉开了巴塘乃至康区历史上反帝爱国斗争的序幕。

1870年，巴塘发生地震，3年后又复生蝗鼠。为此，当地喇嘛们便大肆煽动群众，声称"地动天旱，凶兽蝗鼠，乃洋人所使"，暗中支持属下人等手执凶器驱逐洋人。关于这次反洋教斗争的大致经过，档案文献有零星的记载：

> 同治十二年八月十九日（1873年10月10日），该处愚民突起祸心，将该处传教士尽行驱逐四散，将教堂围攻四日，初则掷石向击，继则伤害抢掳，后则力奋斧将教堂拆毁，迨八日之后，又将教堂附近郡房尽行焚烧，已成白地。①

> 忽于上年（同治十二年）八月二十三（1873年10月14日）等日，聚集多人，各执器械，将巴塘、盐井、莽里三处教堂，先后打毁焚烧，并乘机抢掠物件米粮，司铎、教士均逃避至炉（打箭炉）。②

事件发生后，法国公使热福理即照会清廷，要求"饬知该省大吏及地方官，除将该处倡乱群匪严缉，治以应得之罪外，再将此次本抢之物，具一公平失单，以便照估价议偿"③。当时，奕䜣以亲王身份总理各国事务，闻知此事后赶忙"飞咨川省大吏，转饬该地方确切查明，迅即持平妥办"，以免引起不必要的纠纷和摩擦。川督吴棠接到饬令后马不停蹄，特派打箭炉同知鲍焯赴巴塘办理此案，并委任候补同知赵光燮接手巴塘粮务，协同查察。

1874年10月，鲍焯和赵光燮启程至巴。反复相商后他们认为，此案所牵扯的两端——巴民和洋人，均属"化外之人"，故这次争端与他处汉洋交涉事件殊不相同，掣肘情形较诸内地也更为严重。主要表现如下：

> 其难一，伏查此案，肇衅滋事者，皆系番夷喇嘛。性情固执，言语不通。既难理喻情遣，更不能势迫刑驱。徒以口舌相争，虽自信开诚布公，无偏无党，而若辈蠢然无知，岂易感动。倘遽示威罚，难保不生绝望之心，转阻向化之路。其难二，向来西藏番夷崇奉佛教，无论事之大小，咸求喇嘛请神，卜以决疑。自丁教主（即丁盛荣——作者注）派司铎赴巴传教后，适值天灾流行，地震亢旱。夷类生计凋残，求神祈祷。而喇嘛与教士道不相同，意即不合。遂谓年来灾异叠见，由于洋人来巴传教之故。

---

① "同治十二年六月十三日法国公使热福理照会"，见中央研究院近代史研究所编《教务教案档》第3辑（二），中央研究院近代史研究所1975年版，第1 031页。

② "同治十二年八月初四日成都将军魁玉等函"，见中央研究院近代史研究所编《教务教案档》第3辑（二），中央研究院近代史研究所1975年版，第1 034页。

③ "同治十二年六月十三日法国公使热福理照会"，见中央研究院近代史研究所编《教务教案档》第3辑（二），中央研究院近代史研究所1975年版，第1 030页。

以至相互播弄，人心惶惶。不约而同，竟将巴塘、盐井、莽里三处教堂先后烧毁，驱逐洋人出境，因而掠失各物。现在卑职等持平妥办，劝诫敦敦，该番夷疑团未释，终必听之藐藐。其难三，况此案系同治十二年八月（即1873年10月——作者注）之事，其时周粮务上达，先期来炉（打箭炉），闻信又未回台。夷类遂视为无足轻重，旋允旋翻。迄今已隔两载之久，案悬如故。无怪洋人怨望，更使该夷等轻视汉官。大有虽令不从之意。其难四，至盐井、莽里两处司铎，尚与百姓相安。而巴塘顾司铎颇不睦于夷众。前年纵令仆人将临卡石夷民殴伤，事后并不惩治，因此夷众各挟公忿，人人自危，即妇孺亦得有所借口。①

依上述困难，鲍、赵二人认为：平息这次争端，若仅仅是"高谈情理，空言责备"，就想让巴塘僧俗俯首帖耳，洋人亦自得安居，是万万做不到的，唯有"恩威互用，赏罚并行"才能期待他们"知恩而有所观感，畏法而有所警惧"。

为此，鲍、赵二人各拿白银三百两，备买奖赏所需之茶包、缎疋、羊只、米面等项，并在川省招募兵勇21名，由赵带赴巴塘，作为武力后盾。一切就绪后，所谓"恩威互用，赏罚并行"的伎俩便如期上演了。据鲍焯、赵光燮等人事后禀报，其办案过程如下：

> 先饬（巴塘）正副土司上紧办理，并传各寺内年老懂事之堪布喇嘛、夷类中之鼓噪头目等，共四十余人到署；一面移拨台兵多名，协同楚勇罗列堂阶，壮示声威，始行传见。入则馈以羊酒，给以赏需。随将地震亢旱，乃偶然天灾，不能归咎洋人，彼传其教，此务其业，两无损碍，何得听人刁唆，心生疑忌？反复开导，该喇嘛夷众，始犹倔强狡辩，继又谕以各处教堂地基，皆系洋人出银买得，该夷民既经贪利卖地于先，使居境内，焉能挟嫌毁逐于后，自取愆尤？层层驳诘，晓以利害，该夷众喇嘛无可置喙，始各俯首认错。面称咸知改悔，愿赔烧毁教堂，清还损失各物，仍听洋人在巴塘一带传教，以后不敢多事，恳求断结等语。卑职光燮查看情词，出于真诚，并无勉强形状。饬令转告四乡夷众，使皆遵从……旋据巴塘、盐井、莽里同四乡喇嘛鼓噪夷民，分具夷结，呈由土司转申前来。卑职先燮核明附卷，复加伏容安抚，令其各释前嫌，永敦和好，所有各处司铎，移由卑职焯转教丁主教慎选妥人，安分驻扎，不得纵容仆从，欺凌滋事。各夷众皆称感激，仍给予赏需酒肉。遣归住收。昨已鸠工伐木，仿

---

① "光绪元年二月二十三日四川总督吴棠函"，见中央研究院近代史研究所编《教务教案档》第3辑（二），中央研究院近代史研究所1975年版，第1 053～1 056页。

照旧式，分别赔修三处教堂。其衣物尚有者悉数退还，遗失者酌量估赔，均由卑职光燮就近发司铎收领。至夷民滋事，土司不能弹压，实属咎无可辞。拟请将巴塘正土司罗宗旺登、副土司郭宗札保，各记大过三次，以示薄惩，俟三年无事，再行详情免究。①

这次办案，不仅煞费苦心，软硬兼施，要义举的僧众"服罪"，就连几无实凭，惟丁盛荣主教一人之言，所称"主唆坏事"之土司翻译曹玉琳，也被体察核办，将其"密调赴炉，斥革看管"。②清廷这种欺内怕外的丑恶行径，深得洋人欢心，教案虽得以平息，但它只是维持着表面上的平静，矛盾仍在暗地里集结。

第二节　1879年巴塘教案

这次教案的发生，与中英《烟台条约》的签订有着直接关系，故需从这里开始讲起。

英国侵略西藏蓄谋极久。③查自1225年以来，英人即有入藏探险之举，惟能深入拉萨者甚少。④鸦片战争后，英国便试图以殖民地印度、缅甸为基地渗入西藏，打开中国的西南门户。1874年，英国派遣陆军上校柏朗，带兵200余名，自缅甸取道八莫入云南探路，同时委派翻译马嘉理由云南前往缅甸，为柏朗带路。1875年2月，马嘉理引导柏朗率领的探路队，从缅甸的八莫进入云南。在云南边境，居民出于自卫起而进行堵击，马嘉理和几名随行人员被杀，英军也逃回八莫，酿成"滇案"。英国政府借机讹诈，强迫清政府签订了《烟台条约》。在此条约中，附有一项"另议专条"，与西藏有关：

现因英国酌议，约于明年，派员由中国京师启行，遍历甘肃、青海一带地方，或由内地四川等处入藏，以抵印度，为采（探）访路程之意。所有应发护照，并知会各处地方大吏，暨驻藏大臣公文，届时当由总理衙

---

① "光绪元年二月二十三日四川总督吴棠函"，见中央研究院近代史研究所编《教务教案档》第3辑（二），中央研究院近代史研究所1975年版，第1053～1056页。
② 刘传英：《巴塘藏族反洋教斗争述论》，载杨天宏主编《川大史学》（中国近代史卷），四川大学出版社2006年版，第212页。
③ 参见卢秀璋《清末民初藏事资料选编（1877—1919）》，中国藏学出版社2005年版，第300页。
④ 参见中国第二历史档案馆、中国藏学研究中心合编《奉使办理藏事报告书》，中国藏学出版社1993年版，第95页。

门察酌情形，妥为办给。倘若所派之员不由此路行走，另由印度与西藏交界地方，派员前往，俟中国接准英国大臣知会后，即行文驻藏大臣查度情形，派员妥为照料，并由总理衙门发给护照，以免阻碍。①

要知道，对洋人入藏一事，清朝政府一开始持反对态度。这与一直以来清廷所倚重的治理蒙、藏两地政策有很大关系，即人为限制西藏与外界接触，大力推崇黄教，利用黄教控制蒙古，而又用蒙古遏制西藏。而《烟台条约》的签订，是英人预谋入藏之先导。其险恶用心是，利用清朝中央政府对西藏地方涉外事务的处理权，援约入藏，实现梦寐以求的进藏计划，打开中国的"后门"。②

从此，英国殖民主义者便以这个条约为依据，利用"通商"、"游历"等名义，手执清政府发给的护照，大摇大摆地奔赴西藏。他们明为"通商"、"游历"，实则"查看道路形势，探明风土人情"，且"沿途皆密绘地图"，带有强烈的政治企图，不能不激起藏族人民的强烈抵制和反对。③ 如《烟台条约》签订后的次年（1877年），即有英国陆军上尉吉为哩（W. J. Gill）由四川成都启程，行经打箭炉至巴塘，准备向西藏进发。藏人听闻吉为哩欲赴西藏，立即派人阻拦。吉为哩见势不妙，这才不得已改道云南回国。

西藏地方坚决反对洋人入藏，"心如铁石，百折不回"④，使得清政府颇为头疼：一方面，洋人援约入藏是当时所谓的"合法"行为，不能不予以保护；而另一方面，却又担心"（西藏）奉佛法为正宗，视洋教如冰炭……如操之过急，势必驱散百年归顺之赤子从而携二于吾"。⑤ 时任四川总督之职的丁宝桢，因多次与洋人交涉，总结了一套颇为无奈的方法：

> 凡有由川入藏洋人，由臣宝桢随时饬属设法拦阻，一面咨会查照妥办……现臣等拟于藏中与各路交界之处，择要增设文报委员二人，归驻藏大臣统属，专司稽查护送游历洋人各事。如遇有洋人由外赴藏者，先行委曲

---

① 中国第二历史档案馆、中国藏学研究中心合编：《奉使办理藏事报告书》，中国藏学出版社1993年版，第95页。
② 参见顾祖成《明清治藏史要》，西藏人民出版社、齐鲁书社，1999年版，第282页。
③ "光绪三年（1877年）十月十一日丁宝桢奏驻渝英人吉为哩经藏回国为藏人阻回折"，见中国藏学研究中心、中国第一历史档案馆合编《元以来西藏地方与中央政府关系档案史料汇编》，中国藏学出版社1994年版，第1 050页。
④ "光绪十一年（1885年）十一月二十五日色楞额等奏西藏通商事已遵旨派员开导藏人能否遵从实难逆料请饬总署告知马科雷以息其窥伺之萌折"，见中国藏学研究中心、中国第一历史档案馆合编《元以来西藏地方与中央政府关系档案史料汇编》，中国藏学出版社1994年版，第1 077页。
⑤ "派员开导藏番折"，见吴丰培编辑、赵慎应校对《清代藏事奏牍》，中国藏学出版社1994年版，第477页。

阻止；倘力不能阻，则一面飞禀驻藏大臣，一面力为谕导藏番，并亲为护送出入，不少疏玩。庶洋人之来藏者，我可以先为防范。即万一有意外之事，则我既有员保护，彼亦无可借口。①

不难看出，这套方法以"防"为主，能防则防，实在防不住而导致有事发生，也可做到使"彼亦无可借口"。但在当时半殖民地半封建的历史大背景下，这种方法只能治标不治本，根本起不了多大作用，正如打箭炉同知李之珂所描述的那样，"外人觊觎边荒，借口传教，譬如水银泻地，无孔不入……"②。

光绪四年（1878 年），奥匈帝国世袭伯爵摄政义（Szechenyi）一行得到总理衙门护照，准备由上海经湖北、陕西、甘肃，出嘉峪关而向西藏进发。次年二月，摄政义及两个奥匈帝国人员抵达甘肃肃州（今酒泉），时任陕甘总督之职的左宗棠特意为他们接风洗尘，并告诉他们："关外敦煌，沙州西南概系沙山戈壁，无营汛台站，不能护送。"为了让他们回心转意，原路返回，减少不必要的麻烦，左宗棠仍苦口婆心地劝诫："官书所载，虽有昔时准噶尔大策浚由准部扰藏，及罗布藏丹津由青海赴新疆之路，闻以大众开山通道，因度险受瘴死填岩堑者无数，去路旋湮。迄今时异势迁，飞走绝迹，无路可觅，去亦徒劳。"③

无奈摄政义一行固执己见，左宗棠也只好派主簿陈寿樽于三月二十六日护送他们出关。当他们到达敦煌县沙州营时，发现这里到处都是荒漠，只觉"天荒地老"、"杳无涯际"，叹息之余也只得又按原路折回肃州。

再次商议之后，摄政义等人决定改道，由西宁、青海再觅通藏路径。左宗棠也表示认可，他认为由肃州至西宁一段，设有防营台站，由西宁到青海，道路亦可通行，所以仍派主簿陈寿樽并加派总兵刘德明，护送他们一行至西宁。而由西宁取道青海达西藏一路，左宗棠分别咨明西宁办事大臣喜昌、驻藏大臣松溎及四川总督丁宝桢等，照饬所辖地方一体予以保护。然而，这一路径也困难重重。西宁办事大臣喜昌就这一路况谈过自己的看法：

> 由西宁取道青海觅通前藏路径，查得自西宁百一十里至申中卡，地属青海，一片沙漠，杳无人烟。自申中卡至柴达木，约二千里，系海北赴藏

---

① "光绪五年（1879 年）润三月初七日丁宝桢等遵旨会筹藏事必须汉藏各官合而为一方能提纲挈领并应设员防边及劝阻外国人游历折"，见中国藏学研究中心、中国第一历史档案馆合编《元以来西藏地方与中央政府关系档案史料汇编》，中国藏学出版社 1994 年版，第 1 056～1 057 页。

② （清）李之珂：《四川新设炉霍屯志略》，转引自政协四川省甘孜藏族自治州委员会编《甘孜州文史资料·第 12 辑》（内部资料）1993 年版，第 10 页。

③ （清）左宗棠：《左宗棠全集》，刘泱泱、岑生平校点，岳麓书院 2009 年版，第 152 页。

大路。自柴达木以西，皆川藏地界，距前藏尚二千余里，该处野番出没，时虞劫掠……不能自卫。①

七月，驻藏大臣松溎接到指令，旋即转饬噶厦政权，下令"速派四十名藏族官兵，会同汉兵营官兵一起，携带口粮、帐篷、铁锅和足够数量的乘马、驮畜，立即出发，不得延误"②。然而，噶厦政府并没有遵旨照办，而且还由达赖、班禅牵头向松溎呈递了一份禁止洋人入藏公禀，内载：

> 伏查洋人入藏游历一案，屡接驻藏大臣译文，内称立定条约准其入藏，奏明之件，万无更改，各国到时，汉番一体照护，勿滋事端等因，并面奉屡次剀切晓谕，遂将藏中向无洋人来过，并习教不同，恐于佛地有碍，阖藏僧俗大众苦哀，恳求驻藏大臣代为奏报矣。而两藏（指前、后藏）世世仰蒙大皇上天恩，振兴黄教，保护法地，何能仰报高厚鸿慈于万一，岂敢执意抗违不遵？惟查洋人之性，实非善良之辈，侮灭佛教，欺哄愚人，实为冰炭，断难相处，兹据阖藏僧俗共立誓词，不准入藏，出具切结，从此世世不顾生死，永远不准入境，如有来者，各路派兵阻挡，善言劝阻，相安无事，如或逞强，即以唐古特之众，拼死相抵，谅在上天神佛庇佑佛地，大皇帝恩护佛教，断不致被其欺压而遭不幸也！③

差不多同时，摄政义又因青藏线道路难行，决定再次改道，拟由四川巴塘入藏。八月份时行抵成都，刚到这里，摄政义等便迫不及待地要求护送入藏。丁宝桢则实施以防为主的策略，再三婉拒：

> （丁宝桢）遂将藏番固执不通于外，洋人进藏即行拦阻，实难理喻。并举前数次赴藏洋人及臣所派委员均被阻改道各情剀切与言，又以川省保护亦只能至交界之巴塘为止，此外系属藏地，向无管辖，不能前进。即勉强护送，而彼此呼应不灵，亦属无益。至驻藏大臣派人迎护，自是一定办法。惟驻藏大臣在藏亦不能尽管藏番之事。其中尚有藏王主持，且既系入藏，藏地乃该番地土，彼既不愿人前进，驻藏大臣亦岂能强以必从。④

---

① （清）左宗棠：《左宗棠全集》，刘泱泱、岑生平校点，岳麓书院2009年版，第152页。
② 西藏档案馆档案，全宗代号003-19-2，目录号8，转引自周伟洲主编《英国、俄国与中国西藏》，中国藏学出版社1997年版，第79页。
③ 中国藏学研究中心、中国第一历史档案馆等合编：《元以来西藏地方与中央政府关系档案史料汇编》，中国藏学出版社1994年版，第1059页。
④ 顾廷龙主编，《续修四库全书》编纂委员会编：《续修四库全书·509·史部·诏令奏议类》，丁文诚公奏稿卷17，上海古籍出版社2002年版，第500～501页。

苦口婆心的劝阻并没有让摄政义放弃进藏计划，无奈之余，丁宝桢也不好再加以阻拦，便挑选"明干之员"护送入藏。然而，当摄政义一行还未到巴塘之先，"藏中番众一闻洋人入境，哗然聚兵拦阻，情势汹汹"①。西藏摄政及三大寺所调兵马，多达数千，"拦入川境百里有余，直逼牛古渡口"②，禁止洋人进藏。

　　驻藏大臣松溎唯恐"别酿事端"，"特派夷情部郎主事开泰带领僧俗番官七员，驰旨巴塘"，妥善开导。③ 还没等他们到来，摄政义等人已抵巴塘，但在"茶树山顶目所亲睹"反洋人情形后，战战兢兢，"旋即改道入滇"，逃之夭夭。④

　　藏兵在听闻洋使改道后，也决定暂行撤兵，在退回江卡的路上，经过莽里教堂，为泄私愤便用刀剑砍坏门窗，抛掷器物，同时搬去桌椅木器及马草、圆根（萝卜）等，然后呼啸而去。⑤ 藏兵退后，附近居民"见其抛掷之物，间有十取一二者"⑥。虽拾取的东西"不过木器数事，为数甚微"⑦，但在后来的教案议结中却为自己带来了一些不必要的麻烦。

　　十二月，新任巴塘粮员嵇志文走马上任，并领命从速办理莽里教堂被毁一案。一阵探访之后，他认为藏兵人数多达数千，根本无从查起，于是便拿当地民众开刀，他说"莽里番民究系川界熟夷，何得乘乱借取，实属不合"⑧。于是便饬令土司传唤拾取器物之人，不但要归还原物，向教堂赔礼道歉，并且还要连带赔偿由藏兵刀砍门窗所带来的经济损失。就连扔弃的马草、圆根，也被罗列在赔偿清单之上，罚了"五两"银子。

　　清朝官员欺软怕硬的行为，再一次激怒了西藏僧俗。加上还未退去的藏兵

---

① "光绪六年四月二十一日军机处交出川督丁宝桢片"，见中央研究院近代史研究所编《教务教案档》第4辑（二），中央研究院近代史研究所1976年版，第804页。

② "光绪六年四月二十一日军机处交出川督丁宝桢片"，见中央研究院近代史研究所编《教务教案档》第4辑（二），中央研究院近代史研究所1976年版，第805页。

③ "光绪六年四月二十一日军机处交出川督丁宝桢片"，见中央研究院近代史研究所编《教务教案档》第4辑（二），中央研究院近代史研究所1976年版，第804页。

④ "光绪六年四月三十日四川成都将军恒训等文"，见中央研究院近代史研究所编《教务教案档》第4辑（二），中央研究院近代史研究所1976年版，第807页。

⑤ "光绪六年四月三十日四川成都将军恒训等文"，见中央研究院近代史研究所编《教务教案档》第4辑（二），中央研究院近代史研究所1976年版，第807页。

⑥ "光绪六年四月三十日四川成都将军恒训等文"，见中央研究院近代史研究所编《教务教案档》第4辑（二），中央研究院近代史研究所1976年版，第807页。

⑦ "光绪六年四月三十日四川成都将军恒训等文"，见中央研究院近代史研究所编《教务教案档》第4辑（二），中央研究院近代史研究所1976年版，第807页。

⑧ "光绪六年四月三十日四川成都将军恒训等文"，见中央研究院近代史研究所编《教务教案档》第4辑（二），中央研究院近代史研究所1976年版，第807页。

队伍在行至阿足山沟时，被三岩夹霸（藏语"土匪"之意）"抢去驮支，伤其从人"，藏兵将领颇本香噶愤恨不休，分别调来昌都、乍了、叠盖、江卡等四路兵马万余人，气势汹汹，扬言要彻底驱逐洋人。他们向清廷摊了底牌，声称："必须巴塘文武土司将各处洋人逐去，勒令土司出具永无洋人进藏切结，方可罢兵。否则直到巴塘，焚毁教堂及土司房屋。"同时，又遍告扎川、滇边区寺院僧侣人等，"以后一体不许洋人过境，亦不准各处迎护接送（洋人）"，形势相当严峻。①

丁宝桢闻悉，急得团团转。他知道事态恶化了，这已不再单单是禁止洋人入藏了，而是更进一步，要驱逐川边和滇边各处洋人。于是他连忙上书朝廷：

> 该番官调兵攻击（三岩夹霸），蛮触相争，事所恒有。川省只需严防边界，保护教堂，斯为正辨。今该藏番等乃竟以直至巴塘，驱逐洋人，焚毁教堂及土司房屋之语。公然具禀，出言无状。更敢称兵挟制土司出结，遍谕川滇交界僧俗不准洋人入境，不许护送洋人，实属横悖无理，毫无忌惮。所禀驱逐焚毁尚无实据，而该藏番迭次聚兵拦阻洋人，不服理喻，已成积习。此次竟敢无故兴兵，百端刁制。若竟不为戒备，设该番兵逞其故态，突入巴境，地方必遭蹂躏，且恐伤害洋人，更属难办理。②

从奏折的内容即可看出，清朝官员上行下效，迂腐至极。边民相争，实属内政，理应想方设法予以制止，但他们却认为"蛮触相争，事所恒有"，轻描淡写的一句话，道出了当时清廷对西南形势的无知和无奈。要不是担心藏兵有可能"突入巴境"、"伤害洋人"，估计这件事定会不了了之。

出于保护教堂、息事宁人的目的，四川总督丁宝桢即命令阜和协副将况文榜"带汉土弁兵三百名"驰赴巴塘，会同巴塘粮员嵇志文、都司李万春等，一方面防范弹压、扼守要塞；一方面保护教堂，不得妄行出结。同时，飞咨驻藏大臣色楞额（此时松溎已卸任离职），"速将番官颇本香噶等刻日调回，撤退番兵，以免日久滋事"，另外，又分别函文云南督抚及打箭炉文武，让他们转告各自地方的土司、汉夷人等，"切勿听其煽惑，致违条约"。③

嵇志文派使前往，婉言劝导："此事非区区巴塘文武土司所可主持，现已

---

① "光绪六年四月二十一日军机处交出川督丁宝桢片"，见中央研究院近代史研究所编《教务教案档》第4辑（二），中央研究院近代史研究所1976年版，第804页。
② "光绪六年四月二十一日军机处交出川督丁宝桢片"，见中央研究院近代史研究所编《教务教案档》第4辑（二），中央研究院近代史研究所1976年版，第804页。
③ "光绪六年四月二十一日军机处交出川督丁宝桢片"，见中央研究院近代史研究所编《教务教案档》第4辑（二），中央研究院近代史研究所1976年版，第804～805页。

将实情向上级禀报，等待批示回来，自有定夺，在此期间万不可造次。"① 虽百般开导，藏兵却视若无睹，"一味强横，意在必得，一是永无洋人游历入藏，一是打毁法国教堂，如若退兵，二者缺一不可"②。正当双方僵持，无可劝谕之时，情况有了转机。驻藏大臣色楞额接到咨文后，即严饬西藏噶伦："巴塘洋人，往彼有年，相安无事，且系川境，何得越境寻衅，实属谬妄。"③并飞檄颇本香噶，勒令其限期撤回，解散藏民。光绪六年（1880年）六月，色楞额在西藏接到朝廷谕旨询问情况时，藏官已撤回前藏，地方较安靖了。④

在这次反洋人、洋教斗争中，西藏僧俗做足了强硬姿态，但也没有如宣称的那样直捣巴塘及滇西北，驱赶洋人教士，并未造成人员伤亡，惟莽里教堂遭受微创，但这足以挑动清廷"致洋人有所借口，别生枝节"⑤的那根脆弱神经。

彼时，巴塘辖区内有教堂三处：一在巴安，一在盐井，一在莽里。巴安教堂接近汉地，易于清军保护，盐井教堂虽地处偏僻，但民风淳朴，一向相安无事，只有莽里教堂建在大道之侧，并与藏界紧连，时常引起西藏僧俗的怀疑：一是可能有意勾引江卡一带百姓入教；一是可能暗藏游历洋人于内。⑥由是，屡次向莽里教堂寻衅滋事。然而，清廷所派汉藏各官距此甚远，实难兼顾。为了确保莽里教堂安全，避免日后与洋人发生一丁点纠葛，粮员嵇志文提议，将莽里教堂迁往较为偏僻的盐井，依原样重建：

> 欲求巴塘、江卡解嫌释怨，惟有移迁莽里教堂之一法。查莽里教堂修建草屋五楹，买地不过数千亩，教民仅止八九家，且彼处天时六月犹飞霜雪，稞麦每多不收。本年因避藏兵，春耕又复失时。卑职已屡商巴塘司铎，劝其舍此他图，既可自省烦恼，亦免教庶流离……此举如能有成，在洋人固可仰体川藏各宪保卫之心，而巴塘亦可稍顺江卡番情，使彼以后无所借口，实可使川藏少生嫌隙。现已面谕土司立差古操，于盐井地方，照莽里地亩大小踩出一假，典兴教堂。即可将莽里教民移附彼地，事事已为

---

① "光绪六年四月三十日四川成都将军恒训等文"，见中央研究院近代史研究所编《教务教案档》第4辑（二），中央研究院近代史研究所1976年版，第811页。
② "光绪六年四月二十一日军机处交出川督丁宝桢片"，见中央研究院近代史研究所编《教务教案档》第4辑（二），中央研究院近代史研究所1976年版，第805页。
③ 吴丰培编辑、赵慎应校对：《清代藏事奏牍》，中国藏学出版社1994年版，第500～501页。
④ 参见邓锐龄《清代驻藏大臣色楞额》，载《中国藏学》2011年第4期，第4～5页。
⑤ "光绪七年（1881年）九月六日军机处交出谕丁宝桢片"，见中央研究院近代史研究所编《教务教案档》第4辑（二），中央研究院近代史研究所1976年版，第855页。
⑥ "光绪六年十二月二十五日成都恒训等文"，见中央研究院近代史研究所编《教务教案档》第4辑（二），中央研究院近代史研究所1976年版，第831页。

之筹备。①

可以窥见，莽里教堂深处藏境，缘于信仰上的差异，教徒发展不容乐观，"教民仅止八九家"，"且自建立莽里教堂以来，从未传一藏界之民"，②但教会财产却发展迅速，"房屋五间，地数千亩"，要知道在康藏山区能有如此教产，是何等规模！然而，清朝官员对此早已熟若无睹，"不过"（数千亩）二字即表达出无大惊小怪之感，足见当时外国教会在藏边的发展与势力。

迁移教堂，虽立意甚好，但毕天荣主教及巴塘司铎仍顾虑重重。一方面，就这么轻易撤走，他们担心会被当地民众说成是胆小怕事，畏怯西藏僧俗，从而影响教会在民众心目中的地位；另一方面，他们又害怕教堂一旦迁走，其所占地价莽里百姓不能缴还，从而使教产蒙受损失。是以推托。③

嵇志文看出了他们的心思，采取了两手措施：第一，迅速饬令土司"详查应退价值及原修教堂经费共需若干"④，解除他们唯恐教产有损的后顾之忧。然而，莽里地方民生凋敝已极，一时很难筹措到这么多的资金。嵇志文担心夜长梦多，为了速迁教堂，他答应先由自己垫付资金，日后再由莽里百姓分年偿还；第二，好言相劝，极力奉承，嵇志文反复解释，"藏番勤兵之际，如彼时移走教堂，则情近畏葸，刻下伊等已经退去，我等自愿弃此就彼……巴人藏番断不至于耻笑"⑤，再三开导，以解除他们害怕落下"畏惧藏民"的思想之忧。多次恳请后，毕天荣才答应将莽里教堂迁至盐井。

光绪六年（1880年）秋天，"在盐井新造房屋一律落成，教民也于九月间移走完毕"⑥。翌年（1881年）二月，法国公使宝海为表欣慰之心，"专此函复"。前后历时一年零四个月，此次教案才得以了结。

---

① "光绪六年十二月二十五日成都恒训等文"，见中央研究院近代史研究所编《教务教案档》第4辑（二），中央研究院近代史研究所1976年版，第831～832页。
② "光绪六年十二月二十五日成都恒训等文"，见中央研究院近代史研究所编《教务教案档》第4辑（二），中央研究院近代史研究所1976年版，第833页。
③ "光绪六年十二月二十五日成都恒训等文"，见中央研究院近代史研究所编《教务教案档》第4辑（二），中央研究院近代史研究所1976年版，第832页。
④ "光绪六年十二月二十五日成都恒训等文"，见中央研究院近代史研究所编《教务教案档》第4辑（二），中央研究院近代史研究所1976年版，第832页。
⑤ "光绪六年十二月二十五日成都恒训等文"，见中央研究院近代史研究所编《教务教案档》第4辑（二），中央研究院近代史研究所1976年版，第832页。
⑥ "光绪六年十二月二十五日成都恒训等文"，见中央研究院近代史研究所编《教务教案档》第4辑（二），中央研究院近代史研究所1976年版，第834页。

第三节　1881年梅玉林案

论述此案之前,有必要先认识一下梅玉林其人其事。根据劳内的《福音传道会纪要(卷二)》可知:梅玉林乃是 Brieux, Jean Baptiste Honore 的汉名,1845年2月6日生于法国上索恩省的邦博永,后入马尔奈和吕克瑟伊的初等神学院,再升入贝桑松的高等神学院,毕业后继为神甫。1876年10月18日入巴黎外方传教会,两年之后,被派往中国藏区传教,驻四川巴塘。接下来的故事,就由此开始。

光绪七年闰七月十五日(1881年9月8日),梅玉林自巴塘出发,押运由本国带给教堂的物件箱支13驮,前往盐井交收分送。按清朝政府与西洋各国的约定,传教士外出游历及传教,需知会该地方衙门,方便准备进行有效保护。然而,梅玉林性情孤傲,他认为这次行动"系自驮自马,并有乍丫(今察雅)番商人夫马匹同行,恃无妨碍",于是在未经知会照料的情况下便出发了。

档案文献对梅玉林的行程路线并没有确切记载。王炎曾依据清人游记和当时驿站状况复原了当时情形:

> 梅玉林与乍丫商人闰七月十五日打早从巴塘出发,顺流南下,午后即到竹笆笼,下午续行至公拉,乍丫商队因故落后。梅玉林以天色尚早,决意赶往空子卡过夜,以便三日走完全程,抵达盐井,行经核桃园,人困马乏(已行约150里),见风景秀美,又有塘户人家,便插帐休息,等待乍丫商人。乍丫商队熟悉沿途情况,计划两日赶到南敦,当天欲住公拉,行路不紧不慢。抵达公拉时,发现梅玉林已冒险单独进山,情知容易出事,遂报告公拉塘兵四郎洛布,请其快马单骑劝导梅玉林返回公拉住宿。①

塘兵四郎洛布快马加鞭赶至核桃园,告知梅玉林此地夹霸野番时常出没,万万不可在此扎营过夜,千万请回。川藏边境,道路崎岖难行,好不容易跋涉至此,梅玉林不愿退回,便决定在此过夜,以待天明。事实证明,他为这个决定付出了昂贵的代价。

当夜初更时分,听闻犬声阵阵,梅玉林便令教民向兴顺出帐查看。刚至帐

---

① 王炎:《梅玉林事件发生地考实》,载《中国藏学》1996年第1期,第31~32页。

门,向兴顺就被突然窜出的三人按倒在地,并有数十人趁机涌进帐篷。梅玉林见势不妙,施放随身携带的洋枪,立即轰倒一人。众匪徒惊愕稍退。接着,又从四面一起围攻,掷石乱打。梅玉林惊慌失措,持枪乱放一通,终因寡不敌众而受伤倒地。众匪见状,便一拥而上,持刀乱砍,其头面均被刀石砍击,血肉模糊,右手手腕骨裂,左手手腕亦被砍杀,当场毙命。而向兴顺则趁乱躲避,待天亮查点货物后,即刻赶赴公拉报告凶讯。

塘兵闻悉后立马出动,驰驱130里,下午赶到巴塘粮台衙门。然此时粮员嵇志文赴打箭炉厅会算交代尚未归还,粮台守备见情节严重,随即另派专差,草就文书,连夜赶赴打箭炉厅向嵇志文汇报。是夜,当专差行至距离巴塘有三站之路的奔叉木时,与正要赶回的嵇志文相遇。听闻奏报后,嵇志文星夜赶回。

讲述这件事情,不得不说明的是,有关梅玉林的被害地点,学界曾有不同的看法。方建昌认为梅玉林被杀地点为夹霸,即夹霸公社,属左贡县,位于北纬29.7°、东经97.4°处。而王炎则反对此说,他这样写道:

> 方先生由"三岩野番"推断"夹霸野番"为"夹霸"地方的野番,又循音估地,竟将梅玉林事件的地点搞到了左贡县的加坝公社,这是万不可取的。查加坝在左贡县以西,从地图上测量与巴塘空中直线距离约360公里,其间隔着金沙江、澜沧江、怒江等许多名川大河,又横亘着横断山、芒康山等无数崇山峻岭,实际路程爬山涉水,鸟道盘旋,何止千里之遥?!梅玉林"十五日"从巴塘出发,当夜出事,嵇志文于出事当天(十六日)在奔叉木接到专差飞报……则两地应在快马一日里程之内。然依据清制驿递里程,最快者每日驰600里,次者为400里,一般为200里。前两者很少使用,凡用"皆有规定之事体,滥用者虽总督、将军,亦应得降二级处分"。用600里者,只限于总督、将军、提督、学政四人在任病故,丁忧或战争期间攻克城池、要塞失守;用400里者限于每年秋审全案,每三年大计举劾之奏报以及其他紧要文件……可见梅玉林事件奏报,应为日程200里(最多不超过400里),怎么可能从加坝赶到奔叉木呢?况且,加坝不在巴塘—盐井途中,也不在巴塘—乍丫途中,无论梅玉林或乍丫商人都不会路过加坝,就连左贡也不经过;再说,夹霸、加坝二者在藏语中发音不同,写法不同,并非一回事……据此可见,方文的谬误是显然的。[①]

[①] 王炎:《梅玉林事件发生地考实》,载《中国藏学》1996年第1期,第29~30页。

其实，梅玉林的被害地点，档案文献中有明确记载，即上文所提及的"核桃园"。然古之"核桃园"在今天的什么地方呢？王炎认为，今西藏芒康县之达格顶（大盖顶），旧属巴塘辖境，乃是梅玉林事件发生之处。其理由是：①达格顶与核桃园地望吻合，藏文读音相同；②达格顶地近三岩，匪患特征、塘兵设置与梅玉林事件相若；③核桃园风景独特，为藏区所罕见，难找别处与之相比，非达格顶莫属。①

接上文往下说。嵇志文回巴后，便找来司铎毕天祥（Biet Cesar Alexandre）和教民向兴顺等人了解情况。当得知梅玉林是在没有知会地方衙门予以保护的情况下冒昧前往，被匪徒所杀，故"不能相怪"，并请毕天祥出具洋字切结一纸，表明责任在己，与地方衙门无关。毕司铎自知理亏，据实办理，但希望巴塘地方能为他们查缉番匪，予以严惩。嵇志文一面调集土兵600名前往清剿，一面将此情形上报四川总督丁宝桢，奏请酌调营兵至巴协同剿捕。

丁氏闻报，察觉此事非同小可，即刻上奏朝廷。他认为，梅玉林性情执拗，从前到川之时，系由东路直抵打箭炉，沿途经过州县均不知会地方验照护行，这次又经劝阻，仍我行我素，故祸由自取，不能相怪。②然而，三岩野番以劫掠为生，"实属凶顽"，应予以剿捕。

关于"三岩野番"，清人傅嵩炑有这样的记述：

> 三岩野番，居德格之南，江卡之北，贡觉、乍丫之东，巴塘之西，跨金沙江之上，有上岩、中岩、下岩之分。自东至西，仅二百余里，自南至北，计四百余里。无土司头目管束，各不相下，或数十户为一村，或百余户为一村，不相往来。各村亦常互斗，一人有仇，同村为之报复。岁时与汉人不同，与番人亦异，自耕自牧，草场地亩，疆界甚严，且以行劫侵殴为业。各属番人，往来商旅，无不畏之恶之，清时屡因藏事出兵，不由三岩捷径，特绕道五六日程经江卡者，亦以其地险人强云。③

三岩过去叫作"热盖"，这里处处山峰雪岭、悬崖峭壁，道路崎岖、交通闭塞，长期处于"无法无官"的状态，也造就了当地人的封闭意识和骁勇彪悍的个性。他们半农半牧，居无定所，主要以劫掠杀人为生。外地人惧怕，称之为"三岩"，意指荒凉不毛之地。清朝政府因权力不能及，多以"野番"相称，甚至有军事行动路经该地时，也不得不绕道而行。

---

① 参见王炎《梅玉林事件发生地考实》，载《中国藏学》1996年第1期，第31～32页。
② "光绪七年九月初十四川总督丁宝桢等函"，见中央研究院近代史研究所编《教务教案档》第4辑（二），中央研究院近代史研究所1976年版，第857页。
③ 付嵩炑：《西康建省记》，中华印刷公司1932年版，第49页。

光绪六年（1880年）十一月，驻藏帮办大臣维庆由打箭炉入藏，当行至巴塘辖境大石包地方时，就遭到三岩野番数十人的拦路劫掠，甚至等该地方官带领土目前来查拿时，他们仍敢施放枪炮，肆行抗拒。① 事后，朝廷震怒，"饬该文武认真捕缉"②。但因这里地势险要、道路崎岖，加上三岩匪徒多深居山中，居无定所，一直难以得手。

旧案未破，又添新案。况且此案涉及洋人被杀，洋物被劫，关乎中外关系，引起清廷的高度重视。为了不"致洋人有所借口，别生枝节"③，同时也为了肃清川藏大道，方便商旅往来，光绪帝遂决定旧账新仇一起算，全力清剿三岩匪徒。

光绪帝的担心不无道理。自鸦片战争以来，清室日衰，对西方列强节节退让，洋人被中国人所杀，往往成为纠纷甚至战争的借口。④ 虽然在这次事件中，梅玉林没有知会地方衙门，纯属咎由自取，按理应与清廷无关，但"强者才有话语权"的道理，相信清政府在近代以来比谁都更有体会。于是，为防患于万一，清廷不得不予以主动配合。

针对此案，丁宝桢认为，"三岩野番本系另种野夷，向来不归汉官与土司管辖"，但"其地究属附近土司辖境，似未便以无人约束稍从宽有"，命令摘去巴塘土司等人顶戴，以示薄惩，并勒令嵇志文"督率所调土兵六百名，刻日深入番巢，悬立重赏，务将滋事首伙凶番四面兜拿，并设法购捕栓获，追赃给领，尽法惩办"。又恐土兵不能得力，另饬"阜和协副将况文榜，挑选该营兵丁二百名，泰宁营兵一百五十名，饬派得力都守一员管带起程，以资兜拿"。同时，还命令打箭炉同知李忠清驰往巴塘，督同嵇志文、土司人等，赶紧查拿，追赃惩办，以期迅速，而慰远人。⑤

为速破此案，法国传教会不断向清廷施加压力。他们打着"抢夺银钱有数可清，杀毙人命无价可偿"的旗号，借机要挟清政府，甚至旧事重提，"务使夷藏一路通达，敝传教毫无阻滞"⑥，希望以此为机，由康入藏，建立教

---

① 参见吴丰培、曾国庆编纂《清代驻藏大臣传略》，西藏人民出版社1988年版，第210～211页。
② "光绪七年九月初六日军机处交出谕丁宝桢片"，见中央研究院近代史研究所编《教务教案档》第4辑（二），中央研究院近代史研究所1976年版，第854页。
③ "光绪七年九月初六日军机处交出谕丁宝桢片"，见中央研究院近代史研究所编《教务教案档》第4辑（二），中央研究院近代史研究所1976年版，第855页。
④ 参见王川《西藏昌都近代社会研究》，四川人民出版社2005年版，第102页。
⑤ "光绪七年九月初六日军机处交出丁宝桢片"，见中央研究院近代史研究所编《教务教案档》第4辑（二），中央研究院近代史研究所1976年版，第854页。
⑥ "光绪七年十月十二日成都将军托克瑞等文"，见中央研究院近代史研究所编《教务教案档》第4辑（二），中央研究院近代史研究所1976年版，第862页。

会，完成多年来梦寐以求的大业。针对这一企图，该地方官都表示属难办到，成都将军托克瑞曾上书予以辩明：

> 毕监牧（即毕天荣）所呈情节，其明知梅司铎冒昧轻行，致有疏失之意，已见于言外。至中国办理命盗案件，向系缉拿赃贼迅办偿命追赃给领。此件业经照案严饬速办，照约亦别无异议。兹该监牧来文以人命无价可偿，意近居奇，属难照办。至夷（岩番）藏（西藏）各有疆界，岩番实系一种野夷，历无统属。梅司铎在巴塘传教多年，应知岩番野夷向无管束。当日如果知会台员及土司选派弁土各兵护送前行，断无此失。且夷、藏疆界各分各办各案，安能以彼例此。今毕监牧因此案而欲使夷藏一路通达，毫无阻滞，其用意既属勉强，其情势亦万有不能。①

唯有尽快破案才能消除法国人的非分之想。为此，嵇志文丝毫不敢懈怠，处处留心，连日暗查走访。终于，一个异常的细节跳入了他的眼帘。

嵇志文留意到，近段时间每天都有岩番借贸易之名来往于丁零喇嘛寺，形色怪异，大有可能是打探消息。八月初六，乃是丁零喇嘛寺演跳布扎②的日子。这一天，巴塘民众会聚集于此，载歌载舞。嵇志文认为在这个当口人员混杂，利于那些番匪来此探听消息，但也更容易让他们放松警惕，所以正可抓住时机将其一网打尽。当天，嵇志文便以弹压为名，点兵拨将开往该寺。但不知是提前走漏了风声还是其他原因，结果却一无所获。

后又经巡查暗访，逐步缩小了侦破范围。

八月十九日夜四更，巴塘土司于下喜松工噶玛地方擒获夹霸工布曲批、策珠二人，并收缴洋钱37元、蓝布6尺、茶7包，询明确系梅玉林丢失的赃物。次日带回审讯，二人对同抢分赃供认不讳，并揭发说还亲眼见到丁零寺喇嘛降巴纳小、毅热根堆等人也参与其间。丁零寺闻言，速派该寺铁棒、头人等来台署衙门，细说详情，声称与此事并无瓜葛。但嵇志文对此颇有怀疑，在给成都将军托克瑞的禀文中，他如此说道：

> 该喇嘛降巴纳小等既被人供出行劫得赃，自应送案质讯，何得饰词迫获。该喇嘛等总以策珠诬蔑为词，而降巴纳小等现仍禁寺中，尚未送案……虽据八家公项喇嘛等坚供并无其事，而细核该喇嘛供词，降巴纳小等既与夹霸相处一日，随行马匹镰刀一物未失，并与夹霸策珠携带什物回

---

① "光绪七年十月十二日成都将军托克瑞等文"，见中央研究院近代史研究所编《教务教案档》第4辑（二），中央研究院近代史研究所1976年版，第863页。

② 藏传佛教的一种舞蹈。

家。岩番已将伊释放，该降巴纳小等何以不急速奔回，仍敢在被劫地方守候。迨营弁土司均在喜松工地方捕拿夹霸，驻扎该处二十余日。降巴纳小等即系喜松工之人，又何不向土司禀诉？种种情节，均属可疑。①

丁零寺因此案涉及西方传教会，不敢轻易献人。而嵇志文等人也担心追剿过急，必滋疑惧，别酿事端。此时，又恰逢大雪封山，进兵剿办已非最佳时期。因拿捏不定，嵇志文就将此情形禀报川督丁宝桢及成都将军托克瑞，请求指示。

丁、托认为，问题的关键应该是，一方面赶紧"传集八家公项等妥为谕导，令其交出降巴纳小等，提同策珠等与之质讯"，另一方面"就现获各匪研讯，当日伙劫之实在人数果有若干？首伙系何姓名？迅即督饬兵役设法严捕凶番惩治"。同时又提出两点意见：①此事涉及喇嘛教，切不可操之过急，另肇事端；②以获犯追赃为第一要务，不得以山深雪大稍涉延迟，而致法国传教士有所借口。②

然而，丁零寺却还是迟迟不愿交人，唯恐一经交出，穷追根源，遭受株连之罪。十一月十五日，各处喇嘛数百余人，齐聚该寺，意图抗拒官兵。嵇志文本着"切不可操之过急，另肇事端"的指示精神，将该寺堪布、铁棒等招至三霸地方，"开诚布公，再三晓谕"，并最终说服了他们将降巴纳小等二人交付归案。到案后，提同工布曲批、策珠二人质讯，并召向天顺前来指认。经审讯得知，工布曲批曾于当日白天在洋人帐房外带刀走过，其余三犯亦均系同行上盗，确切无疑。③

至此，案件情由已属明朗。嵇志文主要采取了两方面措施：第一，严惩凶犯。案件审理至此，暂告段落，虽其余岩番仍在逃未获，但上述四犯据证言实，自应照章惩办。于是，嵇氏先将情罪重大之工布曲批、骰热根堆这一俗一僧就地正法，以示惩戒；而策珠、降巴纳小等二犯，即刻押回，拘禁打箭炉厅待质，等在逃余番捉拿归案，再行讯供拟办。第二，照价赔偿。据教堂估计，除追回赃物外，尚欠白银 1 935 两 7 钱 1 分。嵇氏认为，此案虽系岩匪为首，但竟有多名僧俗参与其间，是该正副土司与丁零寺堪布约束不严所致，均难辞

---

① "光绪七年十月二十日成都将军托克瑞等函"，见中央研究院近代史研究所编《教务教案档》第 4 辑（二），中央研究院近代史研究所 1976 年版，第 865 页。
② "光绪七年十月二十日成都将军托克瑞等函"，见中央研究院近代史研究所编《教务教案档》第 4 辑（二），中央研究院近代史研究所 1976 年版，第 866 页。
③ "光绪八年二月初八日成都将军岐元等函禀"，见中央研究院近代史研究所编《教务教案档》第 4 辑（二），中央研究院近代史研究所 1976 年版，第 871 页。

责，所有赔赃银两"应饬令该土司及丁零寺堪布分别赔缴，以为约束不严之戒"①。

毕天荣主教见凶犯既经正法，赃物又失而复得，心悦诚服，遂由现驻巴塘司铎毕天祥亲手领银，并出具了案切结。法国公使宝海也于是年三月初九日（1882年4月26日）致函总理衙门表示感谢，还假惺惺地说道：

> 现在我两国友谊往来无事，能令互相亲近，有彼此相信之同心……当日本国（法国）饬派本大臣（宝海）来中国办理紧要事件，遇事时，本大臣所能为，即可尽力而为，可显明两国笃厚之情……今视四川大吏相帮法国人之事，本大臣较前明晰深知，所有好处系在国政友邦相同往来之内。贵国国家相待友邦之臣甚优……贵国之所为，亦如本国前之所为。由此，两国生有帮助之好法，比和约为胜，再一年深似一年，不能更改，何也？此两国互有益处也。除现今之事，嗣后本大臣视将来之事，两国日亲日近。②

丁宝桢等认为此案办理甚为妥速，并取具毕天荣主教了案切结，尤为结实可靠。但考虑到三岩野番频年越境抢劫滋事，若不将此案逸匪悉数拿获，严行究办，实不能做到以儆效尤、警示他人的目的。于是，又"批饬粮务嵇志文，督饬巴塘正副土司随时购线，设法密捕，务将在逃余匪上紧弋获，尽法惩办"③。

为彻底解决三岩匪患，嵇志文亲赴竹巴龙，查看岩番历年出行抢劫各处，并调派泰宁营兵丁逐段驻扎，实力严拿。同时，驻藏帮办大臣维庆亦奏请选带汉藏官兵驰往查办，与嵇志文部遥相呼应，成两面夹击之势。不几日，维庆所率分部便将紫打团团围住，番民见如此阵势，均有投顺之意。然恰在此时，维庆被调职赴京。番民见状又思反复，并派人到上、中两岩乞求援助，以抗清廷。嵇志文速用汉、藏二文书写告示，派遣熟悉三岩环境之藏民，遍贴上、中两岩各地，晓谕"各清各界，毋得听人唆弄，自罹自戾"。威慑住上、中两岩后，嵇志文便命令前军速为进攻，后路随时带队入山搜捕。然而，东打岩番却纠合纳洼、尾角、暮洗等族共900余人，前来紫打寨前郎隆拉山会战，以解紫打之围。

---

① "光绪八年二月初八日成都将军岐元等函禀"，见中央研究院近代史研究所编《教务教案档》第4辑（二），中央研究院近代史研究所1976年版，第871页。
② "光绪八年三月初九日法国公使宝海照会"，见中央研究院近代史研究所编《教务教案档》第4辑（二），中央研究院近代史研究所1976年版，第877页。
③ "光绪八年二月初九日军机处交出丁宝桢抄片"，见中央研究院近代史研究所编《教务教案档》第4辑（二），中央研究院近代史研究所1976年版，第874页。

嵇氏指挥若定，分路迎击，番匪势力不支，四散败逃。官兵乘胜追击，杀死各族20余人，受伤逃回者不计其数，后又击毙紫打贼首霞朵一名。于是，寨中男女老少均哀哭求饶，情愿投诚，发誓以后再也不敢抢劫大道。擦纳寺喇嘛汪根亦代各族再三恳求，希望嵇志文能网开一面，从轻处罚。嵇氏认为，此次攻克贼巢，斩擒首要，已足以寒贼胆而快人心，为免兴师动众、劳民伤财，即决定除了在紫打一村查明不法之家，将其房屋尽行烧毁、田亩分赏他人外，其余东打、纳洼、尾角、暮洗、宗巴各村一概准其投诚，但必须各献有身家之头目前来巴塘做人质，而押质之人是否真实可靠，则有擦纳喇嘛出结担保，若以后川藏大道稍有劫掠，查出系何族夹霸所为，即拿该族在押人质是问。

因畏惧官兵声威，各族纷纷纳质请降。至于在逃余匪，均责成归顺各族设法擒献。法传教会见清廷如此办理，心悦诚服，表示毫无异议。光绪八年十一月二十日（1882年12月29日），巴塘教堂、丁零喇嘛寺和巴塘土司三方具结，冰释前嫌，历时一年零四个月之久的梅玉林事件终得平息。

第四章　此起彼伏的佛耶博弈（下）

> 昂着头出征，夹着尾巴回家，
> 是庸驽而好战的人的常态。
> ——摘自冯雪峰《雪峰寓言》①

顺承上文，本章将接着讲述过往在澜沧江谷地发生的另两起重大教案，即1887年巴塘教案和1905年凤全事变。与前面几次教案相比，这两起斗争更具新特征：一是规模大，都一度超出了事件爆发点——巴塘的地界，波及滇西北地区；二是起事僧俗对晚清政府有了更清晰的认识，在反洋教的同时也把反封建提到了一定高度（这在1905年的凤全事变中表现得尤为明了）；三是成案后交涉历时时间长，如1887年巴塘教案，前后绵延逾十载，在巴塘乃至中国教案史上都具有重要地位。

第一节　1887年巴塘教案

一、鹬、蚌、渔翁：严峻的西南形势

把历史的指针拨回到19世纪后半叶，正是从这个时候开始，西方列强掀起了一场瓜分中国的狂潮。若聚焦至西南藏区，则主要呈现出英俄鹬蚌相争、法国伺机而动的态势。

缘于其特殊的地理位置和宗教文化，西藏早早就成了西方列强觊觎的目标。这对英俄两国而言，尤为如此。"西藏者，英俄必争之地也。英人得之，则可以固印度之门户而为之屏藩；俄人得之，则可以拊印度之背而扼其吭，以

---

① 冯雪峰：《雪峰寓言》，人民文学出版社1980年版，第63页。

为高屋建瓴之势。"① 1875 年，英国人纳尔萨海在与不丹部长欧拄汪曲会晤时，就曾用威胁的口吻要求从噶尔萨岭一带租地修路，以通西藏。及至 1885 年秋，英国政府更是巧寻借口，一举吞并了缅甸。当时，缅甸与中国存在"宗藩关系"，但在英国的威逼利诱下，清廷不但承认了既成事实，还应允了在中缅边界通商问题。次年，英军在藏哲（哲孟雄——今锡金）边境步步进逼，西藏地方则在热纳宗隆吐山设卡自守，双方剑拔弩张。

在英国人加紧侵略西藏的同时，沙皇俄国也没闲着，接二连三地以"探险"、"游历"、"学术研究"为幌子，派人潜入西藏进行阴谋活动。如 1871—1888 年间，沙俄军官普尔热瓦利斯基上校曾带领"探险队"先后数次到达中国，从新疆南部翻越祁连山，在新疆、青海、西藏等地进行长期活动。与英国向以武装威慑为手段不同，俄国则主要以宗教笼络为主，极力在藏族僧民中培养亲俄观念，共同抵制英国。"吃软不吃硬"是大多数人的本性，放在政治关系中亦是如此。英国人赤裸裸的做法，只会激起西藏僧俗的强烈反对，而俄国人的和缓手段则收到了一定的成效，影响了一些僧俗人士，使其产生了亲俄倾向。而这愈加引起了英殖民者的不安，同时也刺激着他们采取进一步的侵藏计划。

法国在西藏争夺战中企图扮演"得利渔翁"的角色。1846 年，正是在英俄两国的压力下，法国传教会不得已退出西藏，蛰伏于川滇康区。但这一耻辱法国从未忘记，他们在这里"卧薪尝胆"，依托有利地形建立教堂，传播教义，发展教徒，伺机而动。19 世纪 80 年代，法国也加快了侵略我国西南地区的步伐。其中，《中法新约》的签订，不但承认了法国对越南的统治权，而且同意在云南、广西两省的中越边境开辟商埠，并给予特殊待遇。法国势力的介入，使英法矛盾大大激化。这种矛盾的发展，在国家独立自主和正确政策路线的指导下，是可以拿来利用，并会产生良好效果的。遗憾的是，在半殖半封和清廷事实上已经成为洋人政府的情况下，这种矛盾反而成为英国加紧侵藏的动力。② 就这样，西南形势变得越来越严峻，藏洋矛盾也跟着步步升级。本文所要讲述的这次教案，正是这种矛盾激化的表现。

二、忍无可忍：教案的全面爆发

19 世纪 80 年代初，巴塘自然灾害频发，"暮春即酷暑难耐，麦苗枯槁；

---

① 卢秀璋：《清末民初藏事资料选编（1877—1919）》，中国藏学出版社 2005 年版，第 297 页。
② 参见段楚英《每日一史》，解放军出版社 1988 年版，第 91 页。

七月山莜未刈，即遇严霜"①。在藏洋矛盾的刺激下，当地僧俗便以"洋人具有妖术"所致为借口，开始向传教士发难。光绪十三年（1887年）闰四月及五月间，巴塘等处教堂就多次遭到藏族僧俗前来攻打。只不过地方官都及时赶来，予以弹压，未酿成巨祸。然而五月三十日（7月20日），"巴塘以外人民受西藏喇嘛之赂，直冲该处教堂，焚毁一空"。教堂被毁后，所有奉教之人，也都被驱逐出境，其田地、庄稼、牲口、衣服等件，也均被纷抢无余。就连已故传教士梅玉林及教民7人棺木也被藏民刨挖，尸身弃沉于河中。② 此为"巴塘教案"。

滇西北毗连川、藏，教士、教民易潜逃至此。为彻底把洋人教士赶出藏区，噶厦政权于稍后不久即发布"饬驱洋教"文书，传至滇西北土司手中，阿敦子土弁和定邦在后来的案件审理中，回忆称"墩境昆连川藏，前屡接藩泽藏书饬驱洋教，不准窝留在境，彼属已将洋教驱逐墩地，若不遵依，定即率兵前来，地方必受藏属骚扰"③。维西通判翟继廉竭力调兵弹压，"而夷众蓄恨甚深，始终不听劝谕"④。七月份，见形势越来越严重，和定邦旋将此事通告驻阿敦子传教士顾德尔（Goutelle Jean Baptiste）与任安守（J. Jevestieg），劝其暂行趋避。在他们两位撤离的同时，茨菇天主教堂传教士余伯南（Jules Eienne Dubernard）、毕天祥以及驻小维西天主教堂传教士李雅敬（Antoine Leard）、毕天荣等也收拾行装，锁闭教堂，将行李杂物等存放于当地伙头（小土官）赵喃家中后，逃往叶枝、大理等处。八月，阿敦子教堂被该地方喇嘛寺堪布、土千总旺堆、土把总三德买服百姓，抢劫焚烧，酿成"阿敦子教案"。

三、往返周旋：绵亘十载的教案议结

事件发生后，法国公使苏阿尔即照会清廷，并提出四点要求：①安置外逃教士；②赔偿教会损失；③限期追凶治罪；④约束西藏僧俗。⑤ 清政府马不停蹄，一边命令打箭炉厅前后两任官员周溎、石光照协同教士丁盛荣奔赴巴塘，

---

① "光绪二十五年五月十四日成都将军恭镗文"，见中央研究院近代史研究所编《教务教案档》第5辑（三），中央研究院近代史研究所1977年版，第1248页。
② "光绪十三年八月二十二日法国公使苏阿尔照会"，见中央研究院近代史研究所编《教务教案档》第5辑（三），中央研究院近代史研究所1977年版，第1419页。
③ "光绪十七年十月初九日云贵总督王文韶函"，见中央研究院近代史研究所编《教务教案档》第5辑（四），中央研究院近代史研究所1977年版，第2269页。
④ "光绪二十五年四月二十八日云贵总督崧番函"，见中央研究院近代史研究所编《教务教案档》第6辑（三），中央研究院近代史研究所1980年版，第1822页。
⑤ "光绪十三年八月二十二日法国公使苏阿尔照会"，见中央研究院近代史研究所编《教务教案档》第5辑（三），中央研究院近代史研究所1977年版，第1419页。

会同查办；一边委任刘存义、马保山二人，率领兵丁16名前赴云南阿敦子、中甸、维西、叶枝等地，探寻传教士下落。然而次年，英军发动了侵藏战争，西南形势风云突变。这也使得教案议结一拖再拖，无太大进展。光绪十七年（1891年），清廷颁布了速结各省教案的上谕，给这次教案重新得以解决提供了契机。因这次教案波及滇省，实为案中案，且两案焦点各有侧重，故下文分而述之。

（一）巴塘教士：返？不返？

整体上看，巴塘教案的议结，并未在赔偿银上纠缠不清。光绪二十一年（1895年）七月，2万两索银即由川省悉数付清，但双方却在教士返堂问题上各执一词。川省认为，教士刻日返堂"地方民情不愿，势难勉强"，"若教士定愿前往，倘有参差，地方官断难保护"。① 而法国公使施阿兰却声称："现当赔款既已付清，亟应教士速即送回安置，以全其事，而恪遵成议"，同时，还把中法《天津条约》搬出为其证明，要求总理衙门"将教士按约保护……送回安置于护照注载巴塘等地方"。② 在那个危机四伏的年代，清廷也毫无办法，遂行文川督妥为筹办。

命令下达后，巴塘粮员陈溥会同都司吴以忠分别传唤当地正副土司及喇嘛寺堪布等人到署，告诉他们教案已结，赔银已交，同时也不再追究焚烧教堂之事，但在教士返堂问题上，希望能予以理解并尽力保护。众喇嘛听后愤愤不平，沉默不语。正副土司以众怒难犯为借口，一再相求，希望能容他们私下商议后再予以答复。陈、吴二人应允了他们的请求，众人当即散去。稍后，正副土司便召集各头目人等进行商议。其结果是，参与人员口径一致，教士返堂，万不可能：

> 以前洋人在巴时行为诡逆，以致连年干旱、五谷不熟、牛瘟流行，神人之所同嫉，天地之所不容。因而众百姓歃血为盟，将该教堂焚毁。以后如有洋人教士复行来时，我等愿将彼杀毙，各逃一方，或有容留居住者，灭其满门。自毁之后，稍可年丰。忽今又闻该洋人教士复归原堂，我等宁可与彼决一死战，断不能容。况我巴塘又无教堂，彼非岩上传教？昨闻既蒙大皇上施天高地厚之恩，赏赔彼银二万两。彼尚不足，犹复包藏祸心，辄欲复归原堂，可见虺蜴为心，豺狼成性，狡诈多端。明为传教，暗行邪

---

① "光绪二十一年八月初一日给法国公使施阿兰照会"，见中央研究院近代史研究所编《教务教案档》第5辑（三），中央研究院近代史研究所1977年版，第1731页。
② "光绪二十一年八月初三日法国公使施阿兰照会"，见中央研究院近代史研究所编《教务教案档》第5辑（三），中央研究院近代史研究所1977年版，第1732页。

恩，实伤风坏俗，深堪切齿。若不早除，实为地方之大害。此番累尔要来，我等邀恳上司妥为阻止。如能阻挡得住，我众百姓等沾恩不浅，如其阻止不住，倘遂一人之私心，贻万民之深害，情可远逃别方。请大皇上或安洋人教士在此传教，或留小民当差，惟命是听，我等势不两立，死且不休。①

禀文内容可谓情词恳切、态度坚定，"宁可与彼决一死战"，也"断不能容"。正副土司见状，实有骑虎不能下背之势，他们认为当地百姓均系差民，生活已非常贫苦，今若勉强，只能徒增怨气，而且他们一旦逃至远方，往来差使便无人支应，当地管理也将会陷入混乱。为此他们提议，希望朝廷能查照禀文，转嘱法国驻京大臣，饬令其教士教民暂缓前往，等这边设法开导，众喇嘛醒悟悦服后再护送返堂。总理衙门也认为，在此民情未平之际，教士贸然前往，定会别酿事端，况且，传教士劝人为善，随时随地皆无不可，何必急于冒险，徒令地方官为难，遂采纳了上述建议，暂缓教士返堂。

陈、吴二人继续耐心劝说、反复开导。但情况却不容乐观，起初只要一传唤，众人便立刻到署，接着，当众人知道每次都为了讨论教士返堂问题时，便屡传不至。再后来，陈溥等官员亲自前往，也闭门不纳，即使偶尔至署，也是三言两语，一哄而散。光绪二十二年（1896年）五月十八日夜，当地民众聚集多人，齐声呐喊，攻打官署衙门，一时间乱石横飞、枪子如雨。过了许久，吴以忠闻信带兵前来，闹事百姓才始行散去。经查看，头门以外全部被打坏，所幸的是，没有造成人员伤亡。

劝谕不成反而被攻打衙署，教士返堂问题也就一直悬而未决。为了尽快结束这种僵持局面，法公使施阿兰命令驻重庆领事哈士（F.Haas）出面，亲自过问此事。哈士得令后毫不迟疑，在短短20天内［光绪二十二年（1896年）九月二十七日至十月十七日］，就5次前往川东道署衙，同赖鹤年进行交涉。为深入了解其间的明争暗斗，摘录若干对话如下：②

双方第三次交涉

地点：川东道署衙；时间：十月十二日

……

哈云：贵道聪明才具如此，何难办结此事？只恐故意扯皮推诿。

---

① "光绪二十一年十二月初二日成都将军恭寿等文"，见中央研究院近代史研究所编《教务教案档》第5辑（三），中央研究院近代史研究所1977年版，第1 773～1 774页。

② "光绪二十一年十二月二十四日四川总督鹿传霖文"，见中央研究院近代史研究所编《教务教案档》第5辑（三），中央研究院近代史研究所1977年版，第1 229～1 241页。

赖答：我辈办事既欲其速，尤欲其妥，速而不妥，不如不速。

哈云：该处不过一二喇嘛作难，应按律治罪，何必好言相劝？

赖答：诛之不难，然如此一来，彼必更仇教士，不能久而相安。

……

哈云：该喇嘛之所以敢抗拒，定有人暗中帮助。同样，作为朋友，我方亦可助尔，必使喇嘛人等不敢滋事。

赖答：既为朋友，就更不敢冒昧（将教士）送去，此非待朋友之道。以问路之人譬之，一有交情，一无交情，同欲至一豺狼盗贼之区。无交情者问之，必不计其死活，听之任之；若有交情者问之，则将据实以告之，多方劝阻，或让其中止前行，或改道以相避。今劝教士暂缓返堂，其为讲交情乎！

……

哈云：如不速回，恐藏之有变，更难成行。①

赖答：藏之有无事变尚不可知。倘如贵领事所言冒昧前往，则巴塘必然有事。且藏之有事有中国主之，巴之因送教士以致有事，势必累及贵国。贵领事实虑巴有事，不必虑藏有事也！

……

双方第五次交涉

地点：川东道署衙；时间：十月十七日

……

哈云：贵道前云，先派委员开导不听，再为设法。何妨今即设法使贵国主权一振？

赖答：我国主权自在，非巴番之不认主人，实巴番之不认客耳。

哈云：藏事日变，必须早送教士回巴。倘藏不能支，他国干预，敝国尚可帮中国说话。缘我国通商传教均无在藏境临近地方，只有巴塘一处，相去不远，如教士并不在巴，我国即欲说话，他人也必谓与我无关，无从帮助。故此举关系两国甚大，不可拖延也！

赖答：诚意甚是感人，然未免过虑矣。藏事我国自有经营，岂容外人干预？！况巴塘教案现已派员开导，以定行止。藏即有事，断不能在教士未回巴之前。中法两国睦好，既愿帮助，何事不可仗义执言，岂必借一巴塘以为说话之地？

……

---

① 档案文献中并无此问，可能是疏忽遗漏所致，但根据下文赖氏所答，亦可揣测一二。

引文中部分文字的加重是笔者所加，从中我们可以很清楚地了解到法国之所以催逼教士遣返甚紧是何居心。

十一月，法外交部听闻英国"欲由滇藏开道，以通四川后路，而踞长江上游"，分外担心和焦虑，他们认为英国这种行为是在图谋西藏后进一步攫取康巴，严重威胁自己的利益，于是旋即电饬驻重庆领事官哈诺德就近查探。哈诺德将此事交与哈士，令其亲赴巴塘，一则就教士遣返问题给清政府施压，一则就地查探英人动向。清政府恐哈士赴巴突发意外，特派出使大臣庆常与哈诺德进行谈判。同时又重新起用前任巴塘粮员、已革雅州知府嵇志文速往巴塘从速处理。谈判中，哈诺德这样直白地解释事件起因：

> 外部本无他意，只探英人动静……法国不愿侵占中国土地，而亦不愿他国有所侵占。法国前因辽事①出力，中国稍给利益，尚有可说，若英国坐视中国危难不救，而事平之后，转欲有所要求，殊属不合情理。中国若能却之，则名正言顺，否则各国不平，从此多事。②

哈诺德所言，虽然从"狗咬狗"中揭发了其对手英国的侵略野心，同时也欲盖弥彰地暴露出了自己同为一丘之貉的丑恶面目。

光绪二十三年（1897年）三月，嵇志文抵巴后，采取了"胡萝卜加大棒"的策略。首先，他将"大棒"对准了土司及寺院头目，除十年来亡故者不计外，将曾经参与巴塘事变并还存活于世的土司、寺院头目人等，按治边惯例，"断以罚服银两各示薄惩"③。接着，嵇志文投掷"萝卜"，他动情地说：

> 尔等须知巴塘虽有夷赋，朝廷尽留为本地之用，并未解回内地，更每岁因在本台安设台站，年年耗用数万金。遇有灾异，拨款赈恤。待尔巴番之恩，天高地厚，何以不知感激，反造酿教案，耗费国帑，上劳圣虑，尔等是何居心？④

这一招果然奏效，"僧俗人等愈知忏悔，甘愿出具重设教堂、清还地亩，

---

① 指的是《马关条约》签订后，俄、德、法三国逼迫日本放弃对辽东半岛占领的事件。俄、德、法三国出面干涉还辽，并不是出于友善、同情的目的，而是根据各自利益的需要与日本发生的一次正面冲突。

② "光绪二十三年二月初六日出使大臣庆常函"，见中央研究院近代史研究所编《教务教案档》第5辑（三），中央研究院近代史研究所1977年版，第1 245页。

③ "光绪二十三年五月十四日成都将军恭镗文"，见中央研究院近代史研究所编《教务教案档》第5辑（三），中央研究院近代史研究所1977年版，第1 249页。

④ "光绪二十三年五月十四日成都将军恭镗文"，见中央研究院近代史研究所编《教务教案档》第5辑（三），中央研究院近代史研究所1977年版，第1 249页。

遵办切结"①。稍后，副主教倪德隆协同司铎苏烈、常保禄等，在汉藏兵丁一路护送下，于是年四月十四日返回巴塘，其中，常保禄留巴，苏烈被派往亚海贡。二十五日，巴塘各教堂也开始破土动工，原有地亩，除盐井地方仍归教士自行雇人耕种外，其余已悉数交清，并补交了十年租息。倪德隆见教士返堂且凶顽被惩，甚为合意，旋于六月十二日出具了案切结。至此，跌宕绵延十载之久的巴塘教案终宣告完结。

（二）滇省偿银：给？不给？

与巴塘各教堂议结状况恰恰相反，在阿敦子一案中，教士早早返堂，但却一直在赔偿银问题上纠缠不清。

光绪十九年（1893年）十一月，候补提举彭国桢领命前赴维西厅议结此案。途经大理时，彭氏会晤了还滞留于此的法籍传教士顾德尔和李雅敬，并最终商议三人共赴维西，协同操办。5个月后，即光绪二十年（1894年）三月初九日，一行三人抵维西。谈判伊始，顾德尔就提出：在阿敦子教案中，茨菇和阿敦子两地教堂被焚毁，传教士在茨菇村下澜沧江江面所建造的绳子桥也被破坏，要求赔偿白银5万余两。

对此，阿敦子及茨中两处土弁和僧俗头人各发表了自己的看法。阿敦子方面说，其破损教堂实系土掌房，因年久雨淋雪压，以致坍塌，并非烧毁。况且，此间僧俗民众异常贫困，无力赔修，希望能在退还教士外逃时所遗留17只箱子的基础上，了结此案。茨中方面则言，自余伯南率教民返堂至今，民教相安，故无可议之处。对此勒索，云贵总督王文韶也曾照会法国领事，发表自己的看法：

> 顾教士要求银两万五千两，实为苛求。查阿敦子一案，教堂虽已坍塌，而地基犹存。当日顾德尔去买，价银一百二十两，系土掌房三间，耳房两小间，两边两小间，大门一道。即议赔修，尚可代为设法。其顾教士对封寄箱子十七只，查明尚存赵伙头家，亦可照数交还。此外，本无应赔之款。若该教士意在索赔，则此案竟无了结之法……绳子桥系本地居民于同治年间建制溜绳，以渡行人，并非教士所造。十八年（1892年）间，因江边两村人民与教民争讼拆坏，现在差催筹修。如教案早日议结，则绳子桥不难修复。②

---

① "光绪二十三年五月十四日成都将军恭镗文"，见中央研究院近代史研究所编《教务教案档》第5辑（三），中央研究院近代史研究所1977年版，第1 249页。

② "光绪二十年九月初九日云贵总督王文韶函"，见中央研究院近代史研究所编《教务教案档》第5辑（四），中央研究院近代史研究所1977年版，第2 285页。

当彭国桢把上述意见转述给顾德尔时，他连连摇头说，茨中虽未出现焚教堂、逐教士的恶性事件，但阿敦子却实有其事，然考虑到"邦交睦谊"，减半赔银 25 000 两。彭国桢据理力争，"辗转辩论"，但顾德尔咬口不放，谈判陷入僵局。光绪二十一年（1895 年），法国政府见清廷对赔款一节意见很大，为减少阻力，便又虚情假意地把赔银数额再降至 2 万两。同时，又利用中日战争期间清廷急需外援之机，迫使光绪皇帝颁布谕旨，命令滇省速结此案。

是年六月，顾德尔病故。他的去世，使谈判中的法国一方少了一个偏执的索赔狂。此时，云贵总督崧番提议，如法使不提赔款，便筹银将教堂及绳子桥代为照旧修复，并听从教士回墩领箱设教，以后仍饬该地方官随时约束居民，妥为保护。清廷处理此案的态度不可谓不积极，让步也不可谓不大，但法使馆仍抓着赔款一项死死不放，并大做文章：

> 现今病故之顾教士，于十八年十一月，提到赔款亦须补给。在教士用表和平之谊，易于了结此案，所以减半二万五千两等语。嗣经本大臣与贵衙门商妥，此项赔款银再减至二万两。查该教堂受害至今，已阅八年之久，亏累甚巨。虽经中国修复教堂，未能补偿所亏。是以本大臣相应援照前者与贵署商议办法，再为酌定，是为切要。至赔款一节，拟将中国修复教堂所用之费若干计算扣除外，下余多寡付清，方能销案。①

从照会内容即可看出，法国教会设堂布道的目的，并不像他们自己所宣扬的那样是为了传播福音、拯救万民，而更多地在于敲诈勒索，收取教徒奉献。

对于这种无理要求，清廷也颇为愤慨。总理衙门认为，阿敦子教堂不过区区草屋数间，且已经饬令云贵总督崧番着该地方官照样修复，以旧易新，这对教士来说已获天大好处，至于所存赵家箱只，毫无损伤，并已下令如数交还，滇省所言无可赔偿，确系实情。为此，在照会施阿兰的文书中，总理衙门称："除本衙门催促迅速修复教堂，俾教士仍回居住外，贵大臣（施阿兰）所拟赔款一节，应请毋庸置议。"② 为彰显诚意，总理衙门旋即扎行云南善后局酌筹银两，并委派熟悉工程之试用巡检陈家镛，会同维西通判周文镐，并约同教士任安守驰往阿敦子，先行照旧修复教堂。

十一月二十四日，修复工作正式启动。十二月初五日，任安守在阿敦子伙头等人的陪同下，清点查收了所存赵喃家箱笼 18 只，"计天平一架、洋号一

---

① "光绪二十一年九月初四日法国公使施阿兰照会"，见中央研究院近代史研究所编《教务教案档》第 5 辑（四），中央研究院近代史研究所 1977 年版，第 2 293～2 294 页。
② "光绪二十一年九月十九日给法国公使施阿兰照会"，见中央研究院近代史研究所编《教务教案档》第 5 辑（四），中央研究院近代史研究所 1977 年版，第 2 296 页。

样、供十字亭一架，当同开箱验明，约值银四百两之数"。十四日，茨菇绳子桥修理完毕。十七日，教堂修复工程告竣，"照旧修复土掌房一所，计上房三间、厢房二间、厨房一间、马房一间、槽门一道"。教堂翻修后，"阔大华美有过于前"，任安守见状甚为喜悦，次日即搬进新堂居住，并称："蒙中国感慨，教堂照旧修复。敝国钦使函件亦云何幸如之。箱笼等件均亲收清楚，溜绳亦蒙修复。教堂房屋实与前相似。现已搬进堂驻。欣跃沾威，民教相安。"①

看到这里，大家或许会发现一个细节，就是所存赵家箱只数量与前文不符。原说17只，清查时却有18只，甚至还有人不着边际地说成30来只："在这座城中，八年前传教士有三十来个宗教饰物箱被盗。以前维西的官员说只有十七个，现在确认为十九个，神甫问官方是不是'这些箱子又生了小箱子'，中国人从来不讲信用，到处都是如此。"② 这句话出自法国亲王亨利·奥尔良之口。1895年，他率领一支探险队在云南澜沧江流域进行了为期一年的考察活动，可能道听途说闻知此事，才有了上述言论。查档案资料，在之前的反复交涉中，对于箱只数量（当时认为17只），双方均无异议。查收时，对多出的一只箱子，任安守用调侃的语气问："这些箱子又生了小箱子？"要知道，任安守是寄存箱只的事发当事人，按理说，箱只到底有多少他应该比谁都清楚，在这里他为何只是只言片语地调侃一番，而不准确地说出箱只数量？引文中，亨利·奥尔良更为夸张，说是30来个，30来个到底是几个？自己都没有搞清楚，为何硬说别人是错的？退一万步讲，若果真是30来个，那便与实际清还数相差甚远，而当时正值法使索银步步紧逼之时，若果系实情，他们为何不拿此事作为索银2万两的筹码，而却顺利接收并出具单据？答案不言自明。

按理说，教堂复修，教士送返，此案结案。然施阿兰认为"教堂前八年以来受累损失，非修复教堂、交还箱只所能酬足"，再次提出赔款一节。接着，新任公使吕班也不断向清廷发出照会，索逼赔款。为使清政府就范，还一度捏造事实，说什么云南猛卡、亚本、朗補三处产业应交还天主堂，拆毁梅（梅玉林）、白（白义思）二司铎坟墓之凶犯应予以查办，等等。云贵总督崧番对法方伎俩有过很准确的揭露，他说："查云南并无以上三处地名产业，亦无梅、白二司铎坟墓。谅非云南境内之事。乃死灰复燃，又欲索银二万两。窥其意在外既已词穷，是以数年不便向滇中理论，不如一面与钧署饶舌，由京饬

---

① "光绪二十五年四月二十八日云贵总督崧番函"，见中央研究院近代史研究所编《教务教案档》第6辑（三），中央研究院近代史研究所1980年版，第1822页。

② （法）亨利·奥尔良：《云南游记——从东京湾到印度》，龙云译，云南人民出版社2001年版，第206页。

办，希冀可得巨款。"① 崧番的分析不无道理，查资料知：梅玉林于1881年被三岩夹霸所杀，葬于巴塘，而白义思于1894年也死于巴塘盐井，二者与滇省均无干系。如硬要讨回"公道"，则目标也应该是川省而非滇省。但在巴塘教案议结时，法使馆只字未提，缘何此刻又向滇省兴师问罪？或许正如崧番所披露的那样，无非是他们理屈词穷时的最后一搏。认清他们的意图后，清廷照会答复，"已销之案，不至复翻"，不予理睬，赔款一节也就不了了之。

整体上看，这是一个案中案，不仅规模大，而且历时久。综观这次事变的解决，依然没有跳出特定历史背景下"百姓怕官僚，官僚怕洋人，洋人怕百姓"②的怪圈。尤其是在巴塘教案议结上，清廷虽据理力争，但最终还是不得不交了偿银，送返教士。当地百姓忍气吞声，但未必心悦诚服，尤其事关教士教务，在反洋反教之激昂情绪下，一时屈服，只为下一次更大的冲突埋下引线而已。③ 事实的确如此，几年之后这里便爆发了又一次教案，即"凤全事变"。这是一次把反洋教和反官府糅合在一起的案件，具有新的严重性。

第二节 1905年巴塘教案

要弄清这次教案，须从"凤全之死"说起，而在讲述凤全事件前，有必要对当时清廷的治藏理念做一番概述。

一、治藏必先安康

19世纪末20世纪初，英俄两国各施浑身解数在西藏你争我夺。在藏事日危急需中原王朝为之撑腰的时候，清廷却泥菩萨过河自身都难保，因而西藏上层统治集团不可避免地表现出了分裂倾向。连带受影响的是，位于川藏交界带的理塘、巴塘、瞻对（新龙）、察雅、察木多（昌都）等地时有骚动，"各处土司、喇嘛，只知有西藏，不知有朝廷"④，反叛事件时有发生。更为严重的是，西藏地处高原，对四方皆有建瓴之势，此处一旦不保，川滇等地顿失屏障。正如张荫棠所言："藏地东西七千余里，南北五千余里，为川、滇、秦、

---

① "光绪二十五年四月二十八日云贵总督崧番函"，见中央研究院近代史研究所编《教务教案档》第6辑（三），中央研究院近代史研究所1980年版，第1823页。

② （美）弗里曼、毕克伟、塞尔登：《中国乡村：社会主义国家》，陶鹤山译，社会科学文献出版社2002年版，第29页。

③ 参见孙子和《西藏史事与人物》，台湾商务印书馆1995年版，第73页。

④ 吴丰培：《赵尔丰川边奏牍》，四川人民出版社1984年版，第503页。

陇四省屏蔽。设有疏虞，不独四省防无虚日，其关系大局，实有不堪设想者。"①

一些有识之士见形势严峻，出谋划策，上书朝廷："西藏为川滇之外藩，欲固滇蜀，则必固西藏……然则谋西藏者，内固滇蜀之形势，外杜英俄之狡谋，此二者缺一不可也。"② 有鉴于此，清廷决定实施"经营川边"以"固川保藏"的战略，在川边（康区）试行屯垦、练兵、招商、开矿等新政，并将驻藏帮办大臣由拉萨移往察木多，居中策应，以为藏援。

1904 年，英国远征军在荣赫鹏的带领下第二次入侵西藏。驻藏帮办大臣桂霖见藏事又起，形势严峻，便借口身体抱恙请求退职。正是在这种情况下，凤全接桂霖之职，加赏副都统衔，出任驻藏帮办大臣。同年六月，英军进驻拉萨，十三世达赖喇嘛也在积极抗英失败后出逃库伦（乌兰巴托），欲求俄国援助，西藏局势遂陷入一片混乱之中。面对这一动荡局面，清廷一方面派唐绍仪为专使赴印与英方办理交涉，一方面则督促凤全迅速入藏，经营川滇藏边。在给凤全的谕令当中，光绪皇帝特别强调：

> 所有西藏各边，东南至四川、云南界一带，着凤全认真经理；北至青海一带，着延扯认真经理。各将所属蒙番设法安抚，并将有利可兴之地，切实查勘，举办屯垦畜牧，寓兵于农，勤加训练；酌量招工开矿，以裕饷源。目前所需经费，着会商崧蕃、锡良妥筹具奏……务即尽心筹画，不避艰难，竭力经营……③

二、凤全与巴塘教案

凤全，字弗堂，满洲镶黄旗人，举人出身，同治十二年（1873 年）捐官入四川，历知县、州、府及道员。凤全在晚清被称为"干员"，"直法行治，虽豪必夷"④，深得岑春煊赏识，一再论荐。但另一方面，他为人傲慢，刚愎自用，不善听取他人意见，即使同僚、上司亦常顶撞，意见稍有不合即拍案而起，还大大咧咧骂道："你请凤老子回家去。"⑤ 他的这种性格特征，为后来其在巴塘遇难埋下了伏笔，注定了其人生悲剧。

---

① 张荫棠：《致外部丞参函详陈英谋藏阴谋及治藏政策》，见许广智、达瓦编《西藏地方近代史资料选编》，西藏人民出版社 2007 年版，第 226 页。
② （清）单毓年：《西藏小识》卷 1，光绪三十四年（1908 年）手抄本，第 4 页。
③ 吴丰培、曾国庆：《清代驻藏大臣传略》，西藏人民出版社 1988 年版，第 250 页。
④ 吴丰培、曾国庆：《清代驻藏大臣传略》，西藏人民出版社 1988 年版，第 250 页。
⑤ （清）查骞：《边疆风土记》（手抄本）卷 2，"凤都统被戕始末"。

光绪三十年（1904年）八月，凤全由成都启程踏上了赴任之旅。自出打箭炉，一路上"冰霜荆棘，满目荒寒"，直到十一月十八日行抵巴塘，"气候稍为和煦，近台数十里，土地膏腴"，凤全很喜欢，遂决定在此驻扎下来，实施屯务，并兼办"练兵"、"饬收三瞻内属"等事。按清廷指令，凤全的驻节地点应为藏东的察木多，但他认为"巴塘屯垦，远驻察台，恐难兼顾"，于是上奏朝廷请求变通，希望能让他分驻两地，半年巴塘，半年打箭炉，"以期办事应手"。① 虽然清廷不准所请，命他仍驻察木多，但其倔强性格使然，仍滞留于此。

凤全初入藏区便对势力很大的喇嘛寺深感不满，曾有言：

> 十室九空，僧多民少；大寺喇嘛多者四五千人，借以压制土司，刻削番民，积习多年，驻防营汛单薄，文武相顾，莫敢谁何，抢劫频仍，半以喇嘛为逋逃薮；致往来商旅，竟向喇嘛寺纳贿保险；即弋获夹霸，辄复受贿纵逸。②

他认为，只有使喇嘛寺的僧人权力受到一定的限制，才能换来这一地区的安宁。于是上奏朝廷，提出了四条限制喇嘛寺人数的措施：①设置喇嘛寺人数上限，"凡土司地方大寺喇嘛，不得逾三百名"；②以20年为期，暂停剃度，且"嗣后限以披单定额，不准私度一僧"；③其年在13岁以内喇嘛，饬家属领回还俗；④将大寺喇嘛令其各归部落，另建小寺散住梵修，以此分散人数。③ 此言一出，立刻遭到了包括十三世达赖喇嘛在内的所有喇嘛教徒的强烈反对。

巴塘有一喇嘛寺，名曰丁零寺，内有僧侣1 500多名，辖有四乡小寺16座，在当地很有影响力。凤全到巴后不久，即与该寺发生了摩擦。整个事件大抵如此：在推行垦务的过程中，凤全看中了巴楚河谷七村沟茨梨陇一带广阔地方，于是便从内地招来汉民进行垦种。丁零寺深感利益被侵，指其地为"神山不可犯"④，并暗中唆使七村沟民众集体上访凤全，请求停止开垦。凤全不但不听，还"笞责其代表"，强行将该处划作农场，并委派粮员吴锡珍及都司吴以忠兼垦。

该寺的嚣张气焰使凤全更加清醒地认识到，要顺利推行垦务，施展自己的满腔抱负，就不得不对其予以打击。因而，在朝廷还未批准其限制喇嘛寺奏议

---

① 参见张云侠《康藏大事纪年》，重庆出版社1986年版，第319页。
② 吴丰培：《清代藏事纪要续编》，西藏人民出版社1984年版，第171～172页。
③ 参见吴丰培《清代藏事纪要续编》，西藏人民出版社1984年版，第172页。
④ 吴丰培：《赵尔丰川边奏牍》，四川人民出版社1984年版，第2页。

的情况下,凤全就"时常当堂对众言道,每寺只许住喇嘛三百名,余则一千二百名即行还俗,如不遵允,定行诛戮"①,想以此为手段打压该寺气焰,巩固政府权威。凤全的言行引起了该寺严重不安,喇嘛们便开始利用民众排外的情绪谋求驱逐凤全,"谓凤全办事悉为洋人而来"②。就这样,凤全和巴塘喇嘛的冲突与当地民众和西方传教士的矛盾被交织在了一起。③

光绪三十一年(1905年)二月中旬,大约有三四百人啸聚巴塘,声称要阻止练兵开垦、攻打教堂和衙署。当凤全派兵前往捉拿时,这些人又遁入丁零寺。二月二十一日,官兵追至丁零寺外,喇嘛从墙内掷石打伤兵勇,兵勇随即开枪打伤喇嘛,局势开始无法控制。

二十一、二十二日,七村沟群众在丁零寺喇嘛们的煽动下聚众寻衅,先是在附近各处劫抢,继而又至茨梨陇,焚烧垦场,驱杀垦夫。初尝胜果后,群情更加激愤,几日下来,人数愈聚愈众,不下三四千人。凤全见形势危急,特派吴锡珍与正副土司及丁零寺喇嘛商议,答应从优犒赏,让闹事群众散去,但却丝毫没有作用。二十八日夜,当地百姓和丁零寺喇嘛们串通一气,四处扰乱:一路将法国教堂放火烧毁,司铎牧守仁与其助手逃至副土司郭宗扎保官寨中避难;一路截断了上下街道,见到有结怨的汉兵、汉民就进行报复;再有一路直冲凤全行辕所在的粮台衙署,守卫士兵和骚乱的民众彼此枪击,都司吴以忠、委员秦宗潘不幸阵亡。凤全见势不妙,不得已乃向空中抛撒卢比,闹事百姓哪见过如此阵势,遂相互争抢,捡拾卢比,凤全等人则趁机逃往正土司罗进宝寨中。④

此时,吴锡珍也被困在罗土司的业坝(即大管家)家中,身边只有20余人。然巴塘城中,街头巷尾都被骚乱的民众挤得水泄不通,无法去见凤全,只好拜托房主阿登代其向凤全请安,并传话罗进宝速设法将众人劝散,不要再如此地闹下去。

罗进宝以"限日离境、不得逗留"为条件,一面说服闹事者后撤,一面劝说凤全立即动身,前往成都。凤全无奈之余只好答应。后来得知,罗氏要凤全离巴,纯粹是他和副土司郭宗扎保勾结丁零寺喇嘛设下的圈套。⑤ 三月初一

---

① (清)刘延恕:《不平鸣》,引自任新建《凤全与巴塘事变》,载《中国藏学》2009年第2期,第9页。
② 卢秀璋:《清末民初藏事资料选编(1877—1919)》,中国藏学出版社2005年版,第251页。
③ 参见吴彦勤《清末民国时期川藏关系研究》,云南人民出版社2007年版,第57页。
④ 参见杨铭《〈美国蓝皮书〉中有关"巴塘事件"的若干文件》,载《档案史料与研究》1995年第1期,第92页。
⑤ 凤全所推行的复兴川边的措施,尤其是改土归流,很大程度上侵害了川边土司的既得利益。

日，凤全及其随从开始出发，离开巴塘。当行至距离巴塘20里路远的鹦哥嘴①时，被早已埋伏好的闹事者截杀。凤全连中数刀倒在血泊之中，与他同行的陈式钰、王宜麟、李胜贵、何薄臣，以及卫队戈什哈等50多名官兵全部遇难，无一人幸免。粮员吴锡珍因临行时被马踢伤，留在城中，故并未受到伤害。第二天，吴闻知凤全被杀，赶紧请房主业坝阿登转请正副土司传集头人，设法遣散群众，将凤全、吴以忠、秦宗藩等人尸骸运回城内，棺木装殓，暂放昭忠祠及城隍庙内，其卫队戈什哈50余人分埋数处。当日午后，僧民代表还向吴锡珍递交了四份"公禀"，内容除了控诉凤全一切为洋人，全然不顾百姓外，还略带威胁地宣称：

> 此番原为国除害，实出无奈，求乞恩有善办，无生兵衅。如再有差派官兵勇丁进来，则众百姓发咒立盟，定将东至里塘，西至南墩十余站差事撤站，公文折报一切阻挡。甘愿先将地方人民尽行诛灭，鸡犬寸草不留，誓愿尽除根株，亦无所憾也。②

从"公禀"所述不难看出，在凤全被杀后，巴塘僧民反官府和反洋人、洋教的集体意识达到了顶峰，竟敢用威胁的口吻和清廷对话，这足见他们对西方传教势力的严重不满，但同时也从另一个侧面反映出当时川边土司的离心倾向，更加说明了"经营川边"以"固川保藏"战略的重要性。

递交"公禀"后，他们派人扼阻要塞，封锁消息，并决定一不做二不休，将所有还滞留于此的西方传教士擒拿致死以泄公愤。三月初九日晚，丁零寺喇嘛格桑吉村率领闹事群众前赴盐井，捉拿驻彼教士蒲德元（Pierre Marie Bourdonnec）和魏雅丰（Andre Alphone Vignal），二人闻悉，趁夜逃往阿敦子。闹事群众一路追踪至此，并与维西官兵展开激战，后又波及整个滇西北地区，酿成历史上所谓的"维西教案"。（此属后话，下文将详述。）这就是当时震惊朝野的"凤全事件"，其间，巴塘教士牧守仁、苏烈被打死，教民多人被杀，巴塘、亚海贡及盐井三处教堂亦遭焚毁，已故贝姓、姜姓二教士之坟墓也被刨挖，引起教案争端，故又被称为"巴塘教案"。

凤全被害的消息报闻京师，朝野震惊。要知道，在此之前，整个藏区出现戕害朝中大臣的案件仅有一例，即乾隆十五年（1750年）珠尔默特之乱时，

---

① 凤全被害地点，不同文献有着不同的记载，一说鹦哥嘴；四川总督锡良在《锡良遵旨查明巴塘起衅缘由派兵剿办折》中说是在"红亭子地方"；而《美国蓝皮书》中所附《镇北营管带杨建勋关于巴塘暴乱事件的报告》中又有"吉苏塘"之说。

② （清）刘延恕：《不平鸣》，"巴塘粮员吴锡珍向炉厅禀巴变经过"，转引自任新建著《凤全与巴塘事变》，载《中国藏学》2009年第2期，第8页。

驻藏大臣傅清、左都御史拉布敦不幸遇难。凤全被杀是第二次出现这种状况，且有清一朝也仅此两件而已。这一突发事件强烈刺激到了清朝政府的神经末梢，使当时朝野对治理西藏和川边康区有了更清醒的认识。为速平此事稳定西南局势，清廷遂饬派四川提督马维骐带兵先行前往镇压，后又续派建昌道道员赵尔丰添募兵勇，会同剿办。

马维骐广施方略，剿抚兼施，先进攻二郎湾山之头殿喇嘛寺（六月十八日），然该寺地势高峻，久攻不下，且致多人受伤。第二天，马氏亲往增援，击毙数十人，余众逃散，趁势又进击三坝山顶，斩获甚众。二十日，副中营马德又在喇嘛寺击退300骑，于是闹事民众皆退据大所关，高筑寨门以死守。大所关石壁峭峙，终年积雪，马维骐恐仰攻难以奏效，便密遣马德及帮带江定邦、马荣魁等绕道60里以突袭其背后。二十三日中午，各营前后夹击，毙众数百，克取雄关。自此，连战连捷，迭破要隘。二十四日，各营克复巴塘。喇嘛先据丁零寺为巢穴，后见势不能支，举火自焚。余众渡河拆桥，遁入西藏境内。二十六日，马维骐抵巴，调查事件本末，安抚受难商民，立将正土司罗进宝、副土司郭宗札保从严拘禁。后马氏又分派营员，带队四出，搜捕到杀害凤全之喇嘛阿泽、藏人隆本郎吉，以及首犯阿江、格桑洛米、阿松格斗等，均予正法。叛乱平息后，马氏酌留所部，率余众回川休整，由赵尔丰军留驻于此，以为善后。①

赵尔丰，字季和，汉军正蓝旗人，祖籍山东蓬莱。史书载，其人明敏廉洁，办事公正，但性情残忍，"尝杀数百人无反顾"，故有"赵屠夫"之称。赵氏抵巴后，不顾肇事首领对凤全事件的陈说，一意主剿，将历年戕官、撤站之喇嘛、土司一一惩处。是年（1905年）冬，赵尔丰又派兵进驻巴楚曲河两岸，杀戮七村沟藏民数百人，后又残酷镇压乡城、稻城、贡嘎岭等地群众和寺庙的反抗活动，为其后来在川边大刀阔斧地实施"改土归流"奠定了基础。

伴随着巴塘事变的逐步平定，教案议结遂提上了日程。光绪三十年（1905年）十月间，倪德隆主教亲赴巴塘，赵尔丰就烧毁教堂，打死教士、教民等项与之面商。倪德隆同意就地议结，但一上来便狮子大开口，不仅索款10万两，还要求划拨巴塘、盐井等处基地多片。由于赵尔丰此前已派员对教堂损失状况作过调查，因此在会商时拒绝了倪德隆的土地要求，最后议定赔银44 500两，其中，又以副土司官寨抵银1 000两，还曾因赈济教民给过教堂青稞，抵银500两，计算下来，实赔银43 000两。然而，对于杀死教士一事，倪德隆认为事关法国人命，情节重大，需到省会同领事商办后才能议定。十二月初间，倪德隆到成都，会同法国驻成都领事何始康，与四川洋务局官员开

---

① 参见吴丰培《清代藏事纪要续编》，西藏人民出版社1984年版，第173～176页。

议。何领事初索银 10 万两，以抚恤被杀二教士，且贝、姜二教士坟墓被挖等赔款尚不包括在内，并再次索要巴塘、盐井土地以修造养济院。四川洋务局认为，"土地尺寸当重，撕端一开，恐滋流弊"，故对划拨土地一项力驳不允。双方往复相持，耽延数日，最后议定：划拨土地一项在此不允，但以后倪德隆主教可按照条约自行购买，到那时候，"既于条约相符，自可允许"；至于赔偿二司铎命价及被挖坟墓等项，亦经屡次磋商，减至川省通用九七平银 78 500 两，其中包括挖毁贝、姜二教士的赔偿及修造养济院的费用。后来，何始康又要求"贝、姜两司铎坟墓应立碑序文，将来如别国享受利益，法国应一体均沾"。四川洋务局觉得"立碑序文"无关紧要，可以照允，但对"利益均沾"之说，虽表示"非办理教案所应议及，决不能允"，但又同意在合同中写入"以后如有别国教务在川属享有何等优待，天主教亦一体办理"。

以赵尔丰和四川洋务局前后两次所议赔款合计，须赔九七平银 121 500 两，案内应赔款项一切在内。双方议定分五期付款：自光绪三十二年（1906 年）二月为始，每年以二月、十月这两个月为交银关期。第一、二、三、四等期，每期交银 25 000 两，第五期交银 21 500 两。至于交付赔款一项，则由打箭炉茶关按期就近拨发，以为便利。十二月十五日，双方在合同上签字画押盖印，此案了结。①

三、殃及池鱼：维西教案

接上文巴塘事变说起。光绪三十一年（1905 年）三月初九日晚，蒲德元和魏雅丰二人在巴塘僧俗的追赶下，趁着夜色仓皇逃至阿敦子，在这里他们得到了清朝驻军的保护，并被送往茨菇教堂暂住避难。二更天时，首批巴塘、盐井僧俗 200 余人追踪而至，他们举着火把气势汹汹地包围了阿敦子天主教堂。驻阿敦子清军镇北营哨弁木崇华听到消息后率兵出营，双方一照面即爆发了冲突，驻军营兵开枪打死打伤僧众 3 人，余众逐渐退出城外。稍后不久，巴塘、盐井后援的 500 余僧众相继赶到，两股势力汇合后又与驻军展开激战。

云贵总督丁振铎闻报后，即饬派丽江知府李盛卿率镇北、达字、建威三营，督同维西通判李祖祜（率土百姓为一营）前往弹压。来到这里后，李祖祜发现，土千总禾文耀在整个事件中与巴塘起事僧俗有勾结，罪不可赦，遂将其拿获就地正法，并把其头颅悬挂于德清寺内，以达杀鸡儆猴之效。可惜的是，这一招不但没有达到预期的效果，反而更进一步地刺激了闹事民众的愤怒情绪。在这里要补充的是，说禾文耀勾结起事仅是其中的一种说法，另有记载

---

① "光绪三十二年二月初一日四川总督锡良奏文"，见中央研究院近代史研究所《教务教案档》第 7 辑（二），中央研究院近代史研究所 1981 年版，第 903～907 页。

说，巴塘僧民追蒲、魏而至后，禾文耀对他们进行了劝阻，为使他们退去，并补偿了他们劳师动众之费。然而，李盛卿到来后，艳羡僧民财物，便暗中授意李祖祜将其杀害。①

两种说法，到底哪一个是事实呢？一说禾文耀勾结起事，这是有可能性的，要知道滇西北不论是从民族成分还是从地缘关系上都与川边藏区有着千丝万缕的联系，清政府经营川边的种种措施，尤其是改土归流，不仅仅对川边土司构成威胁，对滇西北土司来说，情况也一样。所以，说禾文耀勾结起事，不是没有可能。一说禾文耀不但没有对外勾结，还及时进行了劝阻，只不过是李盛卿贪慕钱财，授意李祖祜将其杀害。这种说法也很有可能，据档案记载，禾文耀"居心仁厚，夷众悦服，事亲孝顺，爱悌诚挚"，这说明禾文耀在当地是出了名的"大好人"，深得百姓拥戴。可以想象，如此宅心仁厚的一个人，怎么会不计后果地做出反清、反洋人洋教的举动？巴塘土司参与变乱还可理解，因为这里是凤全开展经营川边举措的大本营，尚属不得不反，然阿敦子地方在当时并未受到任何真正的冲击（就连巴塘也只是刚刚试办而已），禾文耀在做出辨别前也肯定有所掂量。当然，这只是推测。然而，从后来丁振铎上奏朝廷处死李祖祜的文书中可以窥见一丝端倪：

> 本年（1905年）三月间，川境巴匪倡乱，扰及维西厅之阿墩地方，业经击退，诳通判李祖祜带团前往该处，率将土千总禾文耀正法，并有勒索供应情事，以致众情激怒，酿成重案；复委咨幕友汪如海、通事赵天锡，竟将两人处斩，请将该员革职。命将李祖祜即行正法，以昭炯戒。②

上奏文书中，丁振铎罗列了李祖祜的几条罪状，其中就包括处死禾文耀一项。如果禾文耀勾结起事，证据确凿，果系实情，想丁振铎也不会把它作为处决李祖祜的罪状之一。以此来看，两种说法都有记载，也都能讲通，情况到底如何，还要靠第三方史料以为佐证。先把这个问题放一放，不管原因如何，最终的结果是禾文耀被处死了。这一下子连带点燃了滇西北地区僧民的反抗情绪，德钦林、东竹林和羊八景（今红坡寺）三大寺与巴塘、盐井过来的起事僧众纠合在一起，达一万余人，与清廷公开对立宣战。

在捣毁阿敦子天主教堂后，他们分两路进兵攻打清军：一路往奔子栏，该

---

① 参见（清）段鹏瑞《剑川诗》，载国家民委《民族问题五种丛书》编辑委员会、《中国民族问题资料·档案集成》编辑委员会编《中国民族问题资料·档案集成·第5辑，中国少数民族简史丛书·第94卷：〈民族问题五种丛书〉及其档案汇编》，中央民族大学出版社2005年版，第198页。

② 云南省历史研究所编：《〈清实录〉有关云南史料汇编（卷四）》，云南人民出版社1986年版，第595～596页。

处全哨官兵50余人全部阵亡，哨官杨桂珍甚至被扒皮抽筋，悬挂于东竹林喇嘛寺内；另一路则沿澜沧江南下茨菇与清军作战，围困维西土守备和清朝官兵达3个月之久。六月十八日（7月20日），羊八景僧众数千人占据要地，围攻茨菇，清军哨弁李谷安不幸阵亡，茨菇教堂也遭焚毁，教士蒲德元、余伯南亦被戕害。现任茨中天主教会会长一职的吴谷底的爷爷曾经保护过神甫逃离喇嘛追捕，但后来和神甫一起被杀。吴谷底回忆到：

  当时，余伯南一直逃至吴易边境的傈僳族村庄。有个当地的傈僳人，穿着以前当地人的麻布衣服，他把神甫比较华丽的衣服和自己的换了，让神甫穿自己的麻衣服，把神甫藏在山洞里面，用石头挡着。但后来，在利益的驱使下，那个傈僳族村民又把实情告知了土司及寺庙喇嘛。就这样，余神甫被捕。杀神甫的地方就是现在位于澜沧江上的罗马河电站，傈僳文叫作"古都"（gudu）。余伯南将要被杀时，他说等一下，然后把圣经拿出来说要再念一遍经文。他把经文念一篇就撕一篇，念到最后说你们可以杀了。但那几个人又不敢杀了，土司说："不该杀的时候要杀，该杀时候又都不干了，我来！"手里的大刀一挥，神甫就被砍了头。然而，伤口没有流血，而是流出了白色乳状物。神甫被杀之后，那个杀害余神甫的土司到哪都躲不住，有一对鸽子一直撵着他。后来，他跑回家躲在放粮食的柜子里，但那对鸽子还是一天天地啄那个柜子的盖子。一天晚上，他出来方便时，被四处搜寻他的教友捉住并将其杀害。为泄怒气，教友们甚至将他的心、肝、腰子全炒着吃掉，每人分一点。

此外，在战乱中，法国传教士彭茂德（Jean-Theodore Monbeig）和一名来茨菇作考察的英国植物学家傅礼士（George Forrest）逃散，不知所踪。是月二十二日（7月24日），李盛卿亲督靖、御、翼字各军驰抵叶枝，在拿下换夫坪、燕子岩后，直逼黄龙关。但该处"崖险路窄"，清军被滚木礌石伤亡颇多，久攻不下。稍微值得"庆幸"的是，傅礼士和彭茂德相继被找到。李盛卿见黄龙关一时难克，便一面分派营员土弁将傅、彭二人竭力保护出险，送至大理府城安置，一面率军返还，仍退扎叶枝。

在教案风潮的影响下，整个滇西北，酝酿成一团愤恨帝国主义分子的怒火，虽无统一组织，但是此呼彼应，声势浩大。①

贡山丙中洛各族人民在这个时候也组织起来，他们推选藏族青年高玛昂珠

---

① 参见国家民委《民族问题五种丛书》编辑委员会、《中国民族问题资料·档案集成》编辑委员会编《中国民族问题资料·档案集成·第2辑·中国少数民族简史丛书》第13卷：《民族问题五种丛书》及其档案汇编，中央民族大学出版社2005年版，第423页。

和怒族青年甲旺楚匹为首领，决心发动一场驱逐洋人、洋教的斗争，保卫自己的家园。当时，在白汉洛村驻有清兵一哨，约 80 人，负责保护传教士和天主教堂。当哨头杨玉林听闻周边地区爆发了声势浩大的反洋人洋教斗争后，心惊胆战，遂借口另有任务，逃之夭夭，只留下 2 个士兵作为任安守的贴身侍卫。七月二十日（8 月 20 日），普化寺僧众数百人，身背弩弓火枪，手持大刀长矛，浩浩荡荡地向白汉洛教堂杀去。任安守闻讯，在两个清兵的保护下，带上一群教徒，仓皇逃往附近山林中躲避起来。等闹事群众呐喊着冲进白汉洛教堂的时候，却不见了任安守的踪影，于是，愤怒的人们在一阵翻箱倒柜后焚烧了白汉洛教堂。

任安守逃出白汉洛村后，收买了一个名叫段廷瑞的人作为他的保镖，一路将他护送至维西厅。守备李学诗忙令逃兵杨玉林将功赎罪，折回当地镇压起事民众。杨自知闯了大祸，赶紧调集枪炮原路返还。任安守仍不甘心，又至昆明，通过法国驻昆领事馆，向云贵总督丁振铎提出抗议，要求迅速镇压贡山和维西的起义群众，并赔偿教会损失 30 万两白银。

清廷见事态越发严重，一怒之下，将疏于防护且在战事上毫无进展的丽江知府李盛卿革职留营，戴罪立功，并调集大理府提督张松林、鹤庆总兵谢有功率重兵、携火炮前赴维西镇压。为了抵御从南路杀来的新到之军，起事民众只好从阿敦子处抽调力量，结果被围困于此达 3 个月之久的李祖祐一队及镇北、达字、建威三营等部趁势突出重围，他们沿澜沧江一路南下，于七月二十五日（8 月 28 日）进抵叶枝，以待新到之军再图进剿。七月二十八日（8 月 31 日），张松林部行抵鲁甸，仔细考察地势敌情后，决定兵分三路进剿：张松林亲率信军炮队，并姜德兴所部为西路；谢有功率领新军、益以杨发旺一营，并靖武等营为东路；土司木汝诚，同建威左营扼守中路。

八月二十二日（9 月 20 日），西路军行抵小燕子岩江边，僧民隔江死力抗拒。清兵冒着炮火匍匐前行，架炮展开攻击，守江僧民伤亡惨重而溃退。后拖拉土目王福投诚，退出大燕岩、红坡各要隘，张松林率兵趁势进剿羊八景寺，"寺僧二百余，夷匪千余，相与震慑，各携辎重，分头溃窜"，一部分逃至澜沧江边，其余匿藏于东林寺内。二十九日（9 月 27 日），张松林进驻羊八景寺。当时连日下雪，天气酷寒，将士们簇拥在一起还是冻得瑟瑟发抖。更严重的是，部队挺进过深且军粮也即将告罄。张认为"非涉险出奇，无以自存"，于是每兵各发五日粮饷，背水一战：一路冒雪由红坡山开道，披荆斩棘，潜赴到东林寺之背；另派兵追剿逃往澜沧江边之僧众，一路由张亲率，赴白蟒山进行夹击。九月初六日（10 月 4 日）中午，出其不意，进驻东林寺。双方短兵相接，清军杀死僧民 7 人，生擒管事喇嘛老梭直实等 9 人，其余人等由寺后溃逃。逃往澜沧江边之僧众，或斩或投诚，也基本上被剿平。① 木汝诚一军扼守中路，曾遭僧民的多次猛烈攻击，势颇难支，东路谢有功驰往增援，奋力击退。中路解围后，谢有功又复率各营，节节进取。八月二十六日（9月24日），谢有功率军抵洛沙，"决荡数次，毙贼甚多，生擒五名，溺死者尤不可胜计"，并夺获枪炮多件。谢有功乘胜进剿，连克孔多、匡多、补牙坪等寨，最后进驻东竹林与西路张松林军会合。②

至于白汉洛一案，在哨头杨玉林领命前往镇压的基础上，维西厅又派出前任哨官木崇华带兵来到腊早增援杨玉林。两哨官兵沿江北上，进攻喇嘛寺，但到达达拉村前即被起义群众堵在山下。起义群众凭借天险封住江边山口，依靠滚木礌石、弩弓、火枪，打退了官兵数次进攻，两军对峙相持半个多月。无奈之下官兵只得撤退，沿途焚烧民房以泄愤。退至腊早后，杨玉林即因镇压人民不力而被撤职。这时，被任安守收买的当地商人段廷瑞，拉起一帮结义弟兄，收买了一批亡命徒，利用熟悉本乡本土地理的优越条件，为官兵打头阵，猛烈攻击起义群众把守的山头。经过三天三夜的浴血奋战，终因火力相差悬殊，起义群众被迫放弃了达拉山口，从小路退到丙中洛。官兵追到丙中洛，起义群众溃散逃到山林。③

"仇教抗官"的民众斗争刚刚有所平息，英法两国政府便迫不及待地照会清廷进行教案议结。法国驻云南领事罗图阁将教会损失开单递呈滇省，英国公使萨道义就傅礼士在逃亡中丢失物件一事也照会清政府，要求赔偿。为此，云贵总督丁振铎饬令已革丽江知府李盛卿，与法教士任安守议办教案，并会同新任丽江知府彭继志将善后及教案分别妥办议结。至于英国植物学家傅礼士一案，由于人无大碍，且损失物件为数不多，便与英国驻滇务总领事言明，等李盛卿与法国议定后，再行分案议办。

同以往涉外案件一样，维西教案议结的谈判也并不顺利。谈判一开始，任安守就漫天要价，提出赔偿白银30万两的要求，并威胁如不答应即请法国政府出兵干预。清政府见状，一面委任丽江知府彭继志的红笔师爷（秘书）夏瑚为阿敦子弹压委员，并兼怒俅（独龙江）两江事宜，追剿余"匪"，以防教案再起；一面饬令已革丽江府知府李盛卿细查阿墩子、丙中洛等处教堂被毁、教民被害情形，核实呈报，作为与法方谈判的有力证据。

夏瑚到任后，首先以"治民不力"的罪名处死了维西厅守备李学诗，接

---

① 参见吴丰培《清代藏事辑要续编》，西藏人民出版社1984年版，第177～178页。
② 参见吴丰培《清代藏事辑要续编》，西藏人民出版社1984年版，第177～178页。
③ 参见国家民委《民族问题五种丛书》编辑委员会、《中国民族问题资料·档案集成》编辑委员会编《中国民族问题资料·档案集成·第2辑·中国少数民族简史丛书·第13卷：〈民族问题五种丛书〉及其档案汇编》，中央民族大学出版社2005年版，第424～425页。

着到了丙中洛，又将高玛昂朱、旺丙初、恒初、色差、永宗此理、龙公此理、农布桑匹、喜勒甲木车等9名起事群众领袖抓入维西厅，几年后，除高玛昂朱放回外，其余8人均遭杀害。

如果说夏瑚的"弹压委员会"主要采用"武"的手段预防教案再起的话，那么丽江知府彭继志在中甸、维西二厅"办理军务、安抚各事"时则主要运用"文"治策略，为此他曾广贴告示，晓谕当地僧俗多读汉书、懂汉礼，试图从文化上拉近与内地之间的差异。在这份告示中，他还特别叮嘱当地群众不得仇教：

他们洋人，到我们中国传教，不是他们自己来的，是他外国王子与我们中国皇帝主子讲相好，讲人情，承认保护，载在条约，他才来的。那洋人就是我们中国皇帝主子的客人一样，官长、百姓都要好生款待他，岂可轻慢得的么？……这个道理，你们僧俗都是知道的。何以皇帝主子请些外国客人到中国传教，你们当百姓的，并不以客礼款待他，反要恨仇他，杀害他，掳抢他的什物，烧毁他的教堂，这岂不是找人得罪么？自罹法网么？你想，你们寺里、家里的客人被小喇嘛、丫头娃子得罪了，你们知道跟究，要为客人出气，皇帝主子的客人被你们杀害烧抢了，岂有不跟究的么？……官长跟究的时候，杀了的洋人要抵命，还要命价银两，烧了教堂要赔修，抢了东西要赔价，都在你们身上跟究。现在教你们所摊之粮食五百石，均系分给教民吃食。如你们不闹事，你们的粮食，他们教民拿着银子向你们买，还要看你们愿不愿。愿卖才卖，不愿就不卖，教民不能把你怎样，哪有白白拉拉驮着背着送与他吃的道理呢？闹来闹去，总闹在自己头上，这岂不是自杀自、自烧自、自抢自么？官长如父母，百姓如儿女，父母岂有不爱儿女的么？只因你们儿女闹了大事，犯了大法，做父母的替你们包涵不下来，看着你们可怜的样子，心中扎实的难过。所以我这第二样，就教你们不要仇教，从今以后，你们弁目、僧蛮，都要以此为戒。洋人自外国带着银钱，吃的用的，都是他自己的银钱买的，愿从教的从，不愿从教的不从，他亦无强逼之事。我不惹他他亦不得惹我，平时相遇，存一个主客之心，自然相安无事。如教民欺压你们，尽可到衙门控告，厅官自然秉公讯断，不能袒护教民冤屈你们的。若因洋人相貌、种族不同，心中有些不乐，你们奉的如来佛祖，原说过"无人无我，无人相，无我相，无寿者相，无一切等等相"，这就是教你们"天下一家，中外一人"的玄秘大道理，何以于洋人，遂分彼此呢？佛祖能知过去未来，早知数千年后，外国人当入中国，传教通商，怕你们看不得，听不得，闹到灭亡的地步，所以于数千年前，说下这几句话，要你们体会，方得保全。何以你们朝朝暮暮都在礼佛念经，没把这几句话体会出来，以致糊糊涂涂遭此大祸。①

告示的内容浅显易懂，总结一个字，就是"忍"。彭继志在告示中把洋人比作"客人"，说他们是跟我国的主子（皇帝）"讲好"后才进来的，可要知道，这个"讲好"是他们通过枪杆子逼来的。虽然他又说，忍无可忍之时可到衙门控告，但在那个"民怕官，官怕洋"的年代，这就是一句空话。下面将要讲述的"魏雅丰杀人案"即是明证：

光绪三十一年（1905年）十一月，教士魏雅丰在变乱刚刚有所平息后不久，便从维西出发率教民返回盐井，一路上飞扬跋扈。当时，丽江知府彭继志正在阿敦子办理教案议结等善后事宜，见魏雅丰大摇大摆，安稳行走，为防激起民变，再出意外，特派兵丁予以保护。是月十二日，在行抵阿敦子纳姑村时，魏雅丰诬指藏族老汉茨称及藏族妇女四郎珠玛参与抢劫了盐井教堂的财物，命令教民赵树芳将二人抓去，捆吊了一夜，严刑逼供。二人大呼冤枉，全村老少也都跪地求情。魏雅丰还是不信，于次日临行前，将两家洗劫一空，但并无发现任何教堂物什，一怒之下竟将茨称斩首挖心，四郎珠玛也被割去右耳。② 次年（1906年）春天，茨称的妻子格苴珠玛、女儿女婿及四郎珠玛的丈夫令青等前赴丽江府击鼓鸣冤。清廷虽然迅速将魏雅丰拘押在案，但却在与法国公使的交涉中同意将魏雅丰从丽江府押往蒙自，交与法驻蒙领事审理。其结果也可想而知，法领事公然宣布魏雅丰"无罪"，并护送回国。

由此可以看出，"为民撑腰"这句话在当时是多么的站不住脚。

就在清政府"文武"兼施以靖边民的时候，教案议结也在唇枪舌战中进行着。中方代表李盛卿与教会代表任安守先将教民身命、房屋什物各项议赔恤银9 000两。此款由倡乱各寺摊缴，以示惩戒。又经该地方官筹给教民籽种500担。丁振铎认为，教民被害、物件丢失等项可就地议结，但教士命价、教堂赔款事关重大，非就地所能办结，于是电饬李盛卿偕同任安守赴云南省城，留办教案。到省后，丁振铎则饬派新授贵州按察使司兴禄率李盛卿与罗图阁、任安守开议。罗图阁坚持按照原来单据所列赔偿白银225 000两，并声称这是驻京法使所能接受的最底线，不得再商，谈判陷于停滞。后来，清朝政府采纳了剑川木匠施永春所提出的"赏他一官半职，赔银可以减半"的建议，给任安守"四品顶戴"的官爵。在此基础上，双方最终议定赔偿余伯南、蒲德元二教士命价库市文银65 000两，作为修墓建碑，设立养济院、医院、学堂之

---

① 李汝春：《唐至清代有关维西史料辑录》，维西傈僳族自治县志编委办公室编印1992年版，第321～323页。

② 参见云南省档案馆《清末民初的云南社会》，云南人民出版社2005年版，第17～19页。

用；被毁所有教堂及财务，赔款库市文银85 000两，共计15万两。双方订立合同，于光绪三十二年（1906年）六月初三日签字，与法方议结即告结束。①为更加详细地了解双方议结等项，现将合同摘录如下：

维西教案议结恤款合同②

一、滋乱首犯二名已诛外，其孥获到案禁押维西厅监者，应饬现署丽江知府彭继志速行讯办。其司铎单开交彭守指名缉拿未获各匪，仍饬彭守认真缉拿。俟拿获到案时，再行质审，得有犯罪实据，按中国例惩办。

二、余、蒲二司铎被戕，滇省大吏殊深惋悼，已将全体清获埋葬，将来尚须由教会自行起立坟柱、墓碑，并设养老院及种种两有裨益之件。彼此议定由滇省交给天主教会库市文银六万五千两，将来再有应办好事时，教会中便以此款创办各事，为民间有益善举，如设立学堂、医院等项。

三、滇省允筹库市文银八万五千两交天主教会，作为赔偿损坏茨菇、白汉罗（洛）等处共十余处教堂、经堂、房屋、公私银物之款，所有一切损失由教会自行修建制备。

四、以上第二条、第三条内所载赔恤二事，法员原请赔教会损失银十五万两，余、蒲二司铎恤银七万五千两，共二十二万五千两。现经和平议定以上两项，共赔银十五万两，并议签押后，先交银四万两，其余十一万两，分四年清还。光绪三十三年六月初一日交银二万两，三十四年六月初一日交银三万两。按期交清，声明并无息银，各允立案。

五、茨菇等处教民九十五户，共四百二十九丁口，内中房屋被毁六十二户，教民被害九名，所失财物一切经李盛卿于光绪三十二年三月十二日，西历一千九百零六年四月五号，在茨菇与司铎任安守商定赔恤银六千两，粮食五百担，又白汉洛教民戕、溺四命，房屋被毁四十余处，给赔恤银三千两，作为完结，先画草押，所议各节，滇省大吏允准办理。

六、法员议请：云贵总督再于维西一带出示晓谕汉、夷人等，俾知教士传教为约章所许，应听自行传播。又饬各地方官，再遇民教，无论何事，均照约章办理，不得稍存偏袒。天主教会应再常喻教士约束教民，专意行善，以后收纳投教之人，务必访系平日安分良民，并非现有讼案，方准收入，以期教民永弭猜嫌。

---

① 参见中国第一历史档案馆、福建师范大学历史系编《清末教案》（第3册），中华书局1998年版，第905～906页。

② 转引自怒江傈僳自治州文物志编纂文员会编：《怒江傈僳自治州文物志》，昆明：云南大学出版社2009年版，第98～99页。

七、夷民昂贵地基、茨菇溜绳桥旧案既经李盛卿在茨中与司铎任安守办结，其一切关涉此次教会、教民之争，复经省议，一概完结，允准销案，并依照面议，委李盛卿再往维西，给予办理善后事宜之权，以资熟手，庶使民、教、僧日久相安。

八、此次合同彼此核对无伪，缮写华文、法文各六份，俱各亲笔画押签字，盖用印信，两相互换，各执华文、法文各三份，以昭信守。由大法国驻滇正领事罗详报大法国驻扎北京大臣核准销案。大清国云贵总督部堂丁奏明大清国国家，并咨请外务部查照备案。

光绪三十二年六月初三日
西历一千九百零六年七月二十三号在云南省城同订

还在与法国议结时，英国就喋喋不休，要求速办傅礼士一案。傅礼士，英国植物学家，英文名称为乔治·福瑞斯特，1904年受爱丁堡皇家植物园派遣来到我国云南采集标本，次年三月至维西厅。当时巴塘变乱已全面爆发并波及滇西北地区，维西厅担心会出意外，竭力劝诫，并托法国教士彭茂美挽阻，但都未奏效。傅礼士刚到茨菇后不久，就因战乱逃避，途中丢失若干标本、花籽等物件。在这次事件中傅礼士不听规劝坚持前往，应该说是咎由自取，但英国公使萨道义仍就此事理直气壮地照会清廷，要求偿银4 100两，还威胁说要按期归还，不然就"按一分索取利息"[①]。滇省认为英使所要银两其实并不算多，但当时正在和法国议结教案，如果对英使所提赔款全额照付的话，"法当比照"，教案议结便难以进行。[②] 于是电饬腾跃道与英使相商，不认赔款，酌情送川资2 000两，以示体恤。后又经双方再三磋议，以偿银3 600两完结此案。

---

① "光绪三十二年二月二十三日收英国公使萨道义照会"，见中央研究院近代史研究所编《教务教案档》第7辑（二），中央研究院近代史研究所1981年版，第1 043页。
② 参见"光绪三十二年二月二十九日收滇督函"，见中央研究院近代史研究所编《教务教案档》第7辑（二），中央研究院近代史研究所1981年版，第1 044页。

上编小结

地理环境，包括自然与人文，是考察人类社会历史发展的一大面向。如果把人类社会历史看作是个大系统，那么地理环境就是这个系统中的一个要素，或者说是一个子系统，它与其他要素，尤其是人的活动，相互影响，相互制约，并最终影响着社会历史这个大系统。同样，这种观点也适用于解释天主教的区域传播史。以本书为例即可发现，天主教进驻康区从一开始就特别注意对自然、人文地理的利用及适应，正是三方的合力才导致了早期传教格局的最终形成。若再深究而言，天主教在康区对人文环境而不是自然环境的利用与适应更弱一些，这也正是传教会虽能进得来但却一直不甚发展的关键所在。因前文第一章已对本书的考察区域——澜沧江谷地的地理概况（包括自然与人文）做了概述，故省去这一环，下面直接从自然、人文地理两重视野出发，对天主教在这里的早期传播进行探讨，看看他们是如何利用环境，又如何适应环境，希望能从一个侧面窥视天主教的区域传播史。

一、自然地理层面的考察

缘于特殊的地理位置和宗教文化，藏区很早就成为西方列强觊觎的目标。正如前文所述，早在17—18世纪初，就有天主教徒在西藏阿里、日喀则及拉萨等地进行传教活动，并一度产生较大影响。然而，西藏复杂的政教合一局面、深厚的宗教土壤，以及传教会自身存在的财政、传教方式、方法等问题，使它在断续百年之后仍被清理出高原。鸦片战争后，国门洞开，以此为契机，天主教士又开始前赴后继地奔赴藏境。若从自然地理的视角对其进行宏观考察，可以发现：天主教在康区的传播充分利用了"走廊"的便捷。

1846年，罗马教皇格列高利第十六世将原附属于印度亚格那宗座代牧区的西藏地区分离出来，以拉萨为中心单独成立教区，即西藏教区，地辖西藏、锡金和康区，同时为了避免教内纷争，特委托法国外方传教会全权负责该区教务。

1847年，外方传教会即派遣法国传教士罗勒拿从四川崇庆出发，进驻巴塘，为下一步进藏做准备。次年2月，当他行至察木多（今昌都）一带时被清军截获，予以扣留，押至四川，后又经琦善奏明"解回广东"①。这次挫折并未让罗勒拿就此放弃，为重返西藏，他差不多利用了3年的时间来认真研究和仔细考虑他的计划。1851年，罗勒拿协同另一名法籍传教士肖法日，从广东出发进入云南西北部，他沿金沙江东岸逆流而上，先到丽江，后辗转去了中甸，在这里，他以商人的身份住进松赞林寺（归化寺），还获得了在寺中学习藏语的机会。一年后，他从中甸南下再西北上，渡过金沙江和澜沧江，翻越碧罗雪山，并试探着到了今贡山县秋那桶等地，后来，再溯怒江峡谷北上，行至察瓦龙（今察隅县察瓦龙乡），以崩卡谷地为中转站建立了他们的第一个传教据点。据说，当地头人为了繁荣地方经济，想不要任何回报地将崩卡谷地赠予罗勒拿（这可能跟他假扮商人身份有很大关系），但罗勒拿并未接受，而是以每年100法郎的价格租借了这一谷地。

可以看出，罗勒拿两度进藏都注意到了"走廊"的便捷。第一次探路，罗勒拿选择由川藏大道直通西藏，但当时内地并未弛禁天主教，不久即被抓获。第二次入藏时，罗勒拿吸取了经验教训，不再去走完全置于清廷严密警戒下的四川、打箭炉（今康定）那条线路，而选择了由云南入藏。② 之所以会选择滇西北地区作为突破口，不单单因为这里是民族杂居靠近边境，容易逃避清朝官吏的监督，③ 还在于这里也有便捷的"走廊"可以利用：他们从大理出发，沿金沙江谷地这条天然走廊一路向北，而所经过的丽江、中甸及阿敦子等，也都是自古以来茶马交易的必经之地，最后，他们溯怒江峡谷走廊北上至崩卡，才拥有了一个稍微稳定的落脚点。丁盛荣神甫曾述及在此建立传教点的有利之处，他认为除当地头人允诺外，顺此谷地便可深入西藏并直达拉萨的便利路况也是其重要因素。④

一开始，地方头人出于经济目的出租了崩卡谷地，但罗勒拿他们在这里却大肆传教，收洗教徒，而且强行购置和霸占房产与地产，激起民众仇恨。1859年，罗勒拿、肖法日遭到三岩藏人劫掠，被迫退至江卡（今芒康），后不得已又返回内地。⑤

1858年，中法《天津条约》签订，其中列入了法国长期以来梦寐以求的

---

① 吴丰培：《清代藏事辑要》，西藏人民出版社1983年版，第447页。

② 参见（法）弗朗索瓦·巴达让《永不磨灭的风景：香格里拉》，郭素芹译，云南人民出版社2001年版，第137页。

③ 参见国家民委《民族问题五种丛书》编辑委员会、《中国民族问题资料·档案集成》编辑委员会编《中国民族问题资料·档案集成·第2辑·中国少数民族简史丛书·第8卷·〈民族问题五种丛书〉及其档案汇编》，中央民族大学出版社2005年版，第284页。

④ 参见何岩巍《京韵西风：北京历史文化与法国人笔下的中国》，线装书局2006年版，第128页。

⑤ A. Launay. *Histoire de la Mission du Thibet*. Desclle, de Brouwer et cie, 1903：318.

派遣传教士进驻中国内地的条文。① 接着1860年，中法《北京条约》订立，不但再次肯定了传教士有进入中国内地传教的特权和自由，而且规定清廷有义务对其进行有效保护。更甚的是，当时担任翻译的外方传教会教士艾美利用中国官员不懂法文之便，在中文约本中私自加进"任法国传教士在各省租买田地，建造自便"的条款。② 这一规定以巨大的权力武装了天主教士，便于他们扩大宣传到内地去，并注定引起未来的很多摩擦。③

法国在第二次鸦片战争中的轻松胜利，助长了外方传教会的嚣张气焰。他们与罗马教廷商议，决定趁热打铁，派遣一名主教率领教士们，取道川藏大道，到拉萨去建立教区。于是，外方传教会首次开列了7个传教士名单，分别为罗勒拿、肖法日、顾德尔、杜多明、毕天祥、吕项及丁盛荣，要求清政府颁发护照，准许入藏。

有了条约保护，这批传教士公然沿川藏大道，经理塘、巴塘、江卡，于1862年到达察木多。在拉萨三大寺的支持下，当地居民首先起来进行抵制，采取了不与法教士往来，不卖给粮食草秣，不供给驴马运输的手段，使这批教士在察木多困顿达半年以上，一筹莫展，不得不从原路退回。后江卡居民也积极响应，以断粮为威胁，迫使传教士又撤至博木噶。④ 鉴于川藏大道处处受阻，顾德尔、丁盛荣等则沿金沙江、怒江谷地走廊南下至云南，策划建立向西藏传教的另一个据点。情况摸透之后，余伯南、蒲德元二人带领6户四川教徒奉命前来，进行传教活动。⑤ 据说，他们用两包烟草"购买"了茨菇村的一块地皮，建成了茨菇天主教堂。

罗勒拿等人憎恨西藏官民不令其入藏，四面出击，大肆进行各种非法活动，甚至假传圣旨，捏造谣言，制造民族分裂。这不但激起了藏族民众的反抗，也造成清廷的严重不满。同时，法国借宗教势力插足西藏的行为也引起了英俄两国的极力抗议。在其压力下，法国传教会不得不放弃崩卡传教点，兵分三路撤至康区：第一路沿澜沧江南下茨菇（今茨中）谋求发展；第二路赴巴

---

① 参见王铁崖《中外旧约章汇编（1689—1901）》（第1册），生活·读书·新知三联书店1957年版，第107页。

② 参见（法）卫青心《法国对华传教政策——清末五口通商和传教自由（1842—1856）》（下卷），黄庆华译，中国社会科学出版社1991年版，第591页。

③ 参见（美）马士《中华帝国对外关系史·第1卷：1834—1860年冲突时期》，张汇文等译，上海书店出版社2000年版，第695页。

④ 参见国家民委《民族问题五种丛书》编辑委员会、《中国民族问题资料·档案集成》编辑委员会编《中国民族问题资料·档案集成·第2辑·中国少数民族简史丛书·第8卷：〈民族问题五种丛书〉及其档案汇编》，中央民族大学出版社2005年版，第286页。

⑤ 参见迪庆藏族自治州民族宗教事物委员会编《迪庆州宗教志》，中国藏学出版社1994年版，第187页。

塘开展教务；第三路则东退打箭炉（今康定）。①

明显看出，这次调整经过深思熟虑，充分体现了对"走廊"的完美利用。先以第一路传教士为例，他们南下茨菇后便以澜沧江"走廊"为轴纵向发展：1872年北上阿敦子（今德钦县城）；1881年南下小维西（今维西县白济汛乡统维村）；接着又将传教点推至吉岔村（今白济汛乡吉岔村）、花园箐、保和镇以及巴东等地，以澜沧江中段流域为活动区。再看第二路，巴塘地处川滇藏交通要冲，进可入藏退可据守，地理位置重要，他们自然不会放过。第三路传教士东退康定，一面利用大渡河这条纵向"走廊"，西南推至泸定、汉源，东北进到丹巴、懋功等地，一面顺横向的茶马驿道（即川藏线）传至道孚、乾宁及甘孜等地。

自此以后，法籍传教士便以康区为活动大本营，利用传统的"走廊"地理特点，建立教堂，滚动发展，步步为营地向拉萨挺进。② 但在康区这种谷岭纵横的地方，"走廊"的便捷也只是相对而言，除此之外，他们还要忍受极高、酷寒、缺氧等各方面的环境压力。鉴于此，1929年外方传教会总会长光若翰（Guebriant, Jean Baptiste Marrie de）向教皇庇护十一世求援，强调在藏区传教十分困难，缺乏足够从事危险工作的神甫，希望能派相关人手。教皇马上想到了瑞士的伯尔纳铎会（St. Bernard），遂建议光若翰与该会领袖布尔热主教商讨此事。最终，在对传教可行性进行仔细分析的基础上，伯尔纳铎会同意了外方传教会的请求，决定正式派遣传教士赴云南藏区援教，这才有了后来擅长高原作业的伯尔纳铎会修士们的到来。③ 由此看来，天主教在康区的传播一直都很注重对自然地理条件的利用与适应。

---

① 参见（法）弗朗索瓦·巴达让《永不磨灭的风景：香格里拉》，郭素芹译，云南人民出版社2001年版，第44～45页。

② 参见秦和平、张晓红《近代天主教在川滇藏交界地区的传播——以"藏彝走廊"为视角》，载《西南民族大学学报·人文社科版》2009年第2期，第245页。

③ 1933年1月13日，第一批伯尔纳铎会传教士——梅赖、考阔之、修士公以正（Louis Duc）及俗人自愿者普勒特（Robert Chappelet）离开马赛前赴中国。入滇后，外方传教会就将维西保和镇、小维西及不远处的吉岔三个堂点移交给他们，进行合作。1935年，由于法国政府的资助问题和在藏区冲突流血不断发生的处境，巴黎外方传教会在教宗的命令下将西康教区管理权正式转交伯尔纳铎会。1936年2月，为进一步充实这一新的传教区域，伯尔纳铎会又向云南铎区增派了第二批传教士，分别是赖昭神甫（Guell Lattion）、杜仲贤神甫（Maurice Tornay）及修士罗维义（Nestor Rouiller），同年5月抵维西。然彼时恰逢中共领导的工农红军长征途径云南，第一批伯尔纳铎会传教士早已闻讯外出躲避，直到10天之后两批传教士才得以在维西城会面。接着，1947年，第三批伯尔纳铎会传教士——傅光荣（Frangois Fournier）、艾正理（Loujs Emery）及沙维尔（Acphonse Firmin Savioz）3人赴云南传教。

二、人文地理层面的考察

在人文地理学中,"文化区"是一个重要概念,其范畴主要包括语言、生活习惯、经济特色、社会组织、民族心理及宗教信仰等方面的内容。① 康区在长期的历史积淀中,也形成了自身独具特色的文化区,在这个文化区内,天主教的传播受到了来自不同层面的制约。

来这里传教,首先便会碰到语言不通的问题。所以,来康天主教徒,为了传教的需要,无一不把学习藏语作为首务。② 如上文所提及,罗勒拿在第二次入藏时就曾混迹于中甸归化寺学习藏语近一年时间。当然,他们学习藏语的目的非常明确,那就是更加方便地抨击喇嘛教,宣传天主教义。谈到这一点,罗勒拿就无不得意地说过:"这位正直的人丝毫没有料到,我在他的铁砧上锻造,用他的铁制武器去攻打他的教会。"③

然而,语言的学习并非朝夕之功。所以,他们便会经常利用一批能说汉话、藏语的汉康游民,到处宣传洋人东西如何好,国家如何强盛,民族如何优良,交往如何守信,上帝如何慈善、为众生受苦,等等。但这种做法亦有弊端,传教士拉普特塞(Rapetersom)曾说:

> 我在边区接触到的几乎所有的汉人拒绝学习野蛮人说话,特别是藏民没有文字,导致汉人用藏语阅读和表达出的思想里面,是汉人而不是藏民的想法,除非一个人终生生活在他们中,否则很难掌握藏民的心理,也不能用藏民的生活背景去吸引他们信教。④

其次,饮食习惯对传教士也构成威胁。藏人之食品不易消化,均不适合于外国人。⑤ 为解决口粮问题,传教会不得不开垦大量荒地,引进土豆、玉米、葡萄,并试种蔬菜、水果等作物。以道孚为例,该县虾拉沱地方于光绪二十七八年间(1901—1902年),有法国神甫田养莜者于此设立教堂,招夫开垦,得良田4 000余亩,教种大头、花生、玉蜀黍、马铃薯等,产量甚丰,由此人烟辐辏,成为该县之重镇。⑥ 再如茨中等地,因天主教圣事需用葡萄酒,所以传教士们便千里迢迢从法国老家带来种子,教藏民们如何种植,然后又教他们如

---

① 参见金其铭等编著《人文地理概论》,高等教育出版社1994年版,第184页。
② 参见刘君《康区外国教会览析》,载《西藏研究》1991年第1期,第93页。
③ 参见李旭《众神聚会在山谷》,载《中国国家地理》2004年第7期,第98页。
④ Rapetersom. "Call of Tibetan Borderland". *The Chinese Recorder*, 1930, 61 (4): 226.
⑤ 参见中华续行委办会调查特委会编《中华归主:中国基督教事业统计(1901—1920)》(中),中国社会科学院出版社1987年版,第565页。
⑥ 参见(清)刘赞廷《道孚县图志》,民族文化宫图书馆1992年版,第19页。

何酿制葡萄酒。至今，在这些地方仍保留有当时遗传下来的酿酒工艺。

虽然语言、饮食等方面的困难传教士还勉强能应付，但是喇嘛教所表现出来的抵制态度却让他们无可奈何。众所周知，喇嘛教信仰是康文化区的基石，它不但影响当地人的衣食住行，还对伦理道德、民众心理等各个层面产生作用。有关这方面的论述颇多，在此不赘。

天主教进驻康区，作为一个外来的闯入者，以一种新的世界观和新的话语表述方式，形成了对当地社会的冲击。而地方僧俗则以审慎的眼光考量着"洋喇嘛"们的到来，并在现实宗教利益、政治利益以及经济利益的主导下，对冲击进行着回应。以巴塘为例，自1963年巴布埃（Bourry）来此设堂传教开始算起至1905年凤全事变止，这里就爆发大小教案6次，平均7年1次，其中有的教案前后绵亘十余载，你来我往，纠缠不清；亦有的教案甚至超越巴塘边界，影响波及滇西北地区，其爆发频率、激烈程度都实属罕见。

在这种疾风骤雨般的"回应"面前，传教士则主要依靠清朝政府的支持与保护。清廷在处理这些案件时软硬兼施：一方面，临之以威，以求速结教案，不致"洋人有所借口，别生枝节"①；另一方面，又多方晓谕，反复劝导，甚至把这些传教士比作客人，要以礼相待，希冀从内心感化当地百姓，叫他们不要仇教。②其结果可想而知，都没能跳出特定历史背景下"百姓怕官僚，官僚怕洋人，洋人怕百姓"③的怪圈。地方僧俗屈以兵威，一时屈服，但他们未必心悦诚服，尤其是在每一次教案的解决都会让传教士们显得更加肆无忌惮的情况下，反而使得反洋人洋教的情绪步步高涨。④以1887年巴塘教案为例，在这次事件中，地方民众把教堂及附近田庄、房屋烧毁后，又将该处所有奉教之人悉数驱逐出境，甚至梅玉林等教士教民7人棺木也被藏民刨挖，尸身弃沉于河中。⑤在法国政府的威逼下，川省照付了2万两赔银，但在教士返堂问题上，巴塘僧俗口径一致："宁可与彼决一死战"，也"断不能容"。

可以窥见，当时天主教与澜沧江谷地社会之间的矛盾至深。1894年，阿敦子（德钦）土弁就曾这样说道："查顾教士同任司铎在阿敦子设立教堂十余年，并无居民从教。其左右伺应供役者，仅川民数名，该处蛮夷人等，大都皆

---

① "光绪七年九月六日军机处交出谕丁宝桢片"，见《教务教案档》，第4辑（二），中央研究院近代史研究所1976年版，第855页。

② 参见李汝春《唐至清代有关维西史料辑录》，维西傈僳族自治县志编委办公室编印，1992年，第321页。

③ （美）弗里曼、毕克伟、塞尔登：《中国乡村：社会主义国家》，陶鹤山译，社会科学文献出版社2002年版，第29页。

④ 参见孙子和《西藏史事与人物》，台湾商务印书馆1995年版，第73页。

⑤ "光绪十三年八月二十二日法国公使苏阿尔照会"，见《教务教案档》，第5辑（三），中央研究院近代史研究所1977年版，第1 419页。

格格不相入者。"① 在这种情况下,天主教在此虽握有种种传教特权,但还是举步维艰,出现了较为奇特的"虚假繁荣"——教堂硬件大发展②并未带来信教人数同步增长。数字显示,1920年前后,整个打箭炉教区共有教徒3 541人,其中四川藏区1 221人,云南藏区1 544人,西藏地方仅为776人。③ 即使如此,其中又包含了很多因一时困难被迫入教但却一直心不在教的人。甚至有学者通过相关资料对比发现,上述教会统计数字存在夸张之嫌。④ 20世纪30年代,陶云逵先生途经重丁教堂,司铎任安守谈到"偌大教堂,且已开办三十年,至今教友十余人"时,也不禁哑然了。⑤

伯尔纳铎会在这个时候临危受命,接替了外方传教会在西康教区的管辖权。他们吸取先前的经验教训,对传教策略做了微调,不但注重惯用的诊病救人手段,而且加大了教会学校的投入,以图培养本土初级神职人员,扩大教会在当地的影响。1936年,梅赖在维西县城天主教堂开设预修院,招收学童20名,因教授拉丁语课程,被当地人称为"拉丁学校"。1940年,花落坝备修院开办,由杜仲贤任院长,课程设置以讲授拉丁语为主,并兼修神学等。修生主要来自维西、贡山、德钦和西藏盐井等地,最多时达39人,毕业后一般返回原籍教会协助工作。在田野调采访中,老教友肖杰一对担任教师的杜仲贤印象尤为深刻:

> 1943年,维西县境内遭严重旱灾,土地失收,大闹饥荒。我们一日三餐,饭里要拌三分之二的蕨菜当饭吃,做主粮,可是身负重责的杜神甫却不许炊事员给他开小灶,坚持与学生同吃大锅菜。杜神甫很关注神修,每天除了做弥撒、念经祈祷外,还效法耶稣用皮鞭抽打自己,住在楼下的学生每天早上都能听见阵阵皮鞭声。作为教师,杜仲贤神甫还甘当学生,拜外地派来的汉语老师为自己的教师,恭恭敬敬地学习中文、学习汉语。他总是精神抖擞、热情饱满、斗志昂扬,但又慈祥善良、和蔼可亲。

为了加深藏族学生的记忆,杜仲贤还把所教内容谱曲后教给学生唱,并且

---

① "光绪二十年九月初九日云贵总督王文韶函",见《教务教案档》,第5辑(四),中央研究院近代史研究所1977年版,第2 285页。
② 据资料记载,1906—1910年,法国传教会先后扩建或新建了巴塘的巴塘、盐井和亚海贡三所教堂,阿敦子的阿敦子、茨中和巴东教堂,维西的小维西教堂,贡山的白汉洛、查腊、重丁和秋那桶教堂等,并且还在几个教堂分设了男女学堂、养老院和施药点,还在茨中教堂开设了一所女修院。
③ 参见中华续行委办会调查特委会《中华归主:中国基督教事业统计(1901—1920)》(下册),中国社会科学出版社1987年版,第1 064页。
④ 参见杨学政《云南宗教史》,云南人民出版社1999年版,第405页。
⑤ 参见陶云逵《俅江纪程》,见中国人民政治协商会议怒江傈僳族自治州委员会文史资料研究组编《怒江文史资料选辑》,第4辑,1985年版,第91页。

对《诗经》的描写赞不绝口。记得有一次杜仲贤在教学生背诵《诗经·蓼莪篇》后深有感触地说："这首诗与天主教第四诫很吻合，就是教育世人不可忘记父母生养照顾之恩，要孝敬父母。"杜神甫离开迄今已经60多年了，但他的一言一行在许多曾经接受过其教育的学生心目中仍栩栩如生，犹如昨日。他们认为杜仲贤神甫的一生可汇集成16个大字：生活圣洁、行为正直、虔诚事主、终生不渝。

这一阶段，虽然天主教会留意到了神职人员本土化对天主教未来发展的巨大作用，但鉴于教区、铎区、修会、教堂逐级负责的严密的组织体系，神甫以上的职级仍然仅由外国传教士担任，中国的神职人员仅充任司门员、诵经员、驱魔员、襄礼员、助祭、副助祭等工作，所有教堂的中国神职人员仅有施光荣、和致祥是神甫，其余均为助祭以下及次级神品，其中又以汉族教徒占大多数。① 但是，这毕竟是天主教在藏区的本地化进程迈出的重要一步，对1951年以后天主教在藏区的继续发展奠定了不可或缺的基础。1945年，根据康定教区的安排，小修院停办，在校修生大多被送往昆明、大理继续修习，部分遣返回家乡，② 院长杜仲贤则被派往巴塘盐井，并最终命丧于此。下面将对杜仲贤殉教一案做一番概述，以更清晰、明白地理解本地人文环境对天主教传播所起到的阻挠和抵制作用。

三、案例：西藏殉教者——杜仲贤

清末民初，盐井地方最大的寺院是格鲁派的腊翁寺（今拉贡寺）和岗达寺，前者有僧侣300多人，后者亦达70余人。此外，本地尚有热浪、硕和二寺，但规模稍小。刚达及腊翁二寺分别坐落于澜沧江东西两岸，历史上大体以江为界有属于各自的传教范围，西岸之加达、达雪、木许（欧曲卡）、阿东、曲孜卡等村主要为腊翁寺教民，而江东岸的上盐井、下盐井、觉龙、拉觉秀，以及云南的必用功、巴美、纳古等村则主要是岗达寺的信徒。

---

① 这一时期见诸记录的中国神职人员有：施光荣，维西县小维西村人，汉族，1946年由杜仲贤推荐，曾在昆明天主教堂大修院进修，1948年返回；和致祥，德钦县燕门乡茨中村人，藏族，1950—1953年在昆明路南县海邑天主教堂任神甫，1954年返回茨中天主教堂；赵瑞珍，汉族，自幼领洗入教，13岁入维西保和镇天主教堂，曾在德钦天主教堂修女院学习，后入小维西天主教堂担任修女；肖国恩，汉族，四川人，1949年曾在越南河内大修院进修，1950年迁入德钦，茨中教堂负责人；徐树林，汉族，师宗县人，住茨中，曾任茨中教堂管事、助祭之职；梁曾刚，汉族，原籍保山县人，住德钦巴东村，巴东教堂管事；施光华，汉族，男，维西县小维西村人，曾任小维西教堂助祭；刘永泉，汉族，男，维西县小维西村人，曾任小维西教堂管事；赵连芝玛，女，曾任吉岔教堂管事；刘有禄，德钦燕门乡茨中村人，曾任教会管事，1957年后任过州、县政协委员。参见《迪庆州志》"天主教部分"，第197～198页。

② 参见马廷中《民国时期云南民族教育史研究》，民族出版社2007年版，第121页。

然而，法国传教会的进入打破了这一平衡。在地方衙门的保护下，传教士凭借雄厚的经济实力，较先进的医疗技术，通过为村民免费看病、救济家庭贫寒者等"慈善"手段拉拢附近居民入教。由于传教士的"聪明才智"和不懈努力，尤其是采取因地制宜、因人施教的策略和方法，天主教在盐井得以立足并有一定程度上的发展。这自然引起当地喇嘛寺，尤其是传教范围被挤压、直接利益遭受损害的岗达寺的不满。双方你来我往，冲突不断。在1905年的巴塘教案中，驻盐井教士蒲德元、余伯南二人正是在以岗达寺僧人为首的民众的驱赶下逃至维西，并命丧于彼地。次年，因征收盐税等问题，腊翁寺叛乱，他们纠合僧民，不但扬言要"劫盐局"，还疾呼"打教堂"，后被赵尔丰镇压下去。

1932年，康藏《岗拖协议》签订，盐井归属西藏地方政府。为拉拢人心，噶厦政府对盐井喇嘛寺极尽怀柔之意，在降低寺庙负担的基础上，又进一步扩大他们的权利，规定：

> 凡喇嘛寺佃户与人民发生争执时，应由喇嘛寺处理，地方长官不得越权干涉。如有重大事件，喇嘛寺不能解决时，亦由喇嘛寺报请处理，地方长官始得受理，希望借此手段"笼络人心，免生反感"。①

在这样的支持下，盐井喇嘛寺的势力迅速得以提升，并开始屡屡向当地天主教堂发难。其中，以岗达寺最为积极主动。它认为天主教堂离它最近，瓜分了它的势力范围，为此曾特派专人到拉萨，请求噶厦政权看在寺庙收入减少的份上将教堂佃户拨发归己，并允其驱逐传教士。② 噶厦素与天主教有仇，同时也为了安抚喇嘛寺，便默许了这一要求。自此，喇嘛寺更是有恃无恐，持续出现烧教堂、逐教民并迫令其改宗的行动。1940年，驻盐井司铎吕薄（Victor Nusbaum）自茨中教堂开年会后返回，在行至德钦巴麦村时，被岗达寺派来的僧民斩首于河边。后卜尔定神甫（Burdin）入驻盐井，力图重振教会，然遗憾的是，到任不及一年（1945年2月）就因病去世了。这时候教会决定，遣杜仲贤前赴盐井，接手教务工作。

当杜仲贤领命第一次踏上盐井地界时，岗达寺喇嘛便蜂拥而至，要将他驱逐出境。无奈之下，杜只好向噶厦求救。藏方闻讯，担心喇嘛寺行为出格致事态恶化，特派驻防江卡甲当代本赴盐井查办此案。囿于材料所限，有关该代本如何处理此案及杜仲贤又如何重返盐井等细节，我们不得而知。然而，在他被

---

① 四川省档案馆藏1946年4月11日龚长信关于盐井寺庙势力扩张至余思静的报告。
② 四川省档案馆藏1945年10月26日张唯一为盐井岗达寺驱逐盐卡隆天主堂司铎杜仲贤并将教堂佃户拨给喇嘛寺管业致展华报告。

逐返还后不久，这样的事情再一次发生了。为了给喇嘛寺施加压力，杜仲贤曾动员信徒们与他同行赴云南，另寻定居之所。但是，教徒们却反应迟缓，至于其中原委，《西藏殉教者》一书有这样的解释：

> 当地官员禁止盐井新教群众外迁。因为少一个人，就少一份差役及粮赋。在边疆地区，人的重要性不亚于土地。其实，深层次的原因还有，在盐井从事晒盐行业者，有天主徒。倘若他们背井离乡，与杜仲贤南行德钦、维西等地，他们又能从事什么职业呢？同样，他们离境后，盐业生产可能下降，税收会减少，故地方官员禁止教徒离境。①

1946年年初，岗达寺准备对杜仲贤实施第三次驱逐，宣称"我们把地卖给了法国人，并非瑞士人，所以我们有权收回来"②，要求杜即刻出境，否则将其杀死。杜心高气傲，或是已经做好了殉教的准备，他回复喇嘛道："我奉主教命，住此勿得擅自离动，纵你等将我凌迟碎割，我也不能走。"硬话说归说，问题还是要解决。为此，杜仲贤请来县长阿秋主持公道。但阿秋却很遗憾地告诉他说："岗达寺奉有藏府令，我也不能违抗，唯一能做的就是设法帮你们和解，至于岗达寺能否遵从，我也无权强迫。"岗达寺在前面已得藏方默许，自然不会接受调停，岗达寺喇嘛们天天去天主教堂，逼迫杜仲贤离境。迫于无奈，杜仲贤答应离开，但条件就是教堂内一切物什要有人接收并出具证明。然而县长阿秋与岗达寺均不承认接收，就这样双方又僵持了若干时日。岗达寺见杜仲贤一拖再拖，丝毫没有离开的意思，于元月二十一日由该寺堪布率领喇嘛、佃户及壮丁约20余人全副武装赴天主教堂，打算将杜仲贤捆绑出境。阿秋县长恐事态恶化，当即派人去天主教堂予以制止。杜仲贤见岗达寺决心已定，很难再继续坚持下去，于是在教堂什物由岗达寺保管的基础上，被迫又退至德钦地界。③ 在驱赶杜仲贤之后，岗达寺僧人逼迫天主教徒在其教堂后坡上修建山神庙，每月朔望必须斋祭进香，每户屋顶筑烧香台，每晨烧香，并要求派出十多名儿童赴拉萨学习经文，试图以这些方式为手段逼迫天主教徒放弃原有信仰皈依佛教。

尽管杜仲贤屡来盐井屡遭驱逐，但他仍不退缩，积极斡旋其中。当时，康定教区为了能使杜仲贤驻留盐井，特别向西康省主席刘文辉反映，请求上报国

---

① （瑞士）卢柏：《西藏殉教者——杜仲贤神甫传》，侯鸿佑译，光启出版社1965年版，第168页。

② （瑞士）卢柏：《西藏殉教者——杜仲贤神甫传》，侯鸿佑译，光启出版社1965年版，第161～163页。

③ 四川省档案馆藏1946年1月24日军统巴安组关于杜仲贤盐井被驱逐情况报告。

民政府转饬噶厦，允许其在盐井继续活动，但均无效果。5月初，杜仲贤又试图从德钦北上，返回盐井。同前几次一样，刚至该地，民众就聚集至县府恫吓，"情势汹汹，莫可阻遏"，杜仲贤被迫再次离开。杜仲贤见盐井一时难以进驻，只好留驻德钦八美等地，等待时机。而岗达寺则派人坚守滇藏交界带，以防杜仲贤再次闯入，就这样双方一直保持对峙状态。在僵持阶段，盐井的教徒曾不断向喇嘛们交涉，但结果却受到喇嘛们更多的迫害。杜仲贤费尽周折，但也无济于事，沦为"巴（八）美村的孤独人"，下面这段话充分描述了他的窘境：

> 杜神甫自觉受了委屈，差不多六个月的工夫，他呼号，呼号就是他的本分，就是他唯一的武器，他自卫如雄狮，他以英勇和炽热的抵抗应付攻击。他使临近的长官、头目、地方政府都动摇了，他试图赢得胜利或大家的同情……答复？没用的话、无结果的承诺，虚伪的交涉。成果，零？①

1948年年初，杜仲贤专程到南京觐见了罗马教廷驻华公使黎培里（Antonio Riberi），黎劝告他要不避艰险动身去拉萨见行政长官，陈述教友们的要求，并赠送了杜神甫相当数目的款子当作路费，予以支持。当杜仲贤回到德钦后，继续受到黎培里等人的"鼓励"，要他返回盐井工作。1949年，内战结束，国民政府逃到了台湾，西藏上层也人心惶惶，更无人过问此事。7月，杜仲贤仅带了一个名叫独西的教徒踏上了通往拉萨的路。他们沿着茶马古道，一路翻山越岭，日夜兼程。岗达寺知道他们要去拉萨告状，连忙派人追赶。到了第7天，岗达寺的武装喇嘛们在舒拉雪山垭口追上了他们，杜神甫和独西在猎枪之下失去了生命。茨中村天主教友吴公底的伯伯若望，曾经参与了护送杜仲贤前往拉萨投诉，亲眼看见杜氏被杀的情景。吴公底回忆到：

> 杜仲贤（Tornay）只身一人历尽千辛万苦去寻找"国民党南京政府"告状，然而此时正值人民解放军大举反攻，国民党节节败退之际，杜神甫只好乘兴而去、败兴而归。回到茨中教堂后杜神甫仍然坚持要亲自去西藏寻找达赖喇嘛告状。古纯仁神甫劝杜神甫认清当前局势，不可冒失，但是杜神甫执迷不悟。于是率领有名望（肖杰一父亲的长兄）及自古溜索渡江处居住的阿土的父亲马天强一共6人前往西藏申诉。杜神甫身着藏装打扮成藏族模样，从盐井出发到舒拉山山口的时候，遭到喇嘛派遣的枪手伏击。第一枪击中杜神甫的盐井村人保镖独西，独西从马背上滚落在地。杜

---

① （瑞士）卢柏：《西藏殉教者——杜仲贤神甫传》，侯鸿佑译，光启出版社1965年版，第171～172页。

神甫急忙从马背上跳下来给独西做临终圣事，埋伏的藏传佛教徒连发数枪将他们一块击毙。若望与马天强等4人躲进丛林里逃跑回家里，之后古纯仁和罗维二位神甫组织教友，把杜神甫和独西遗体寻回来带到德钦葬在教堂园里。后来盐井教徒们又把杜、独两位的尸体移回盐井安葬在圣地里。

险峻高远的舒拉雪山上的弥漫风雪曾经一度掩盖了这一段宗教悲剧，我们不知道那个去国万里的瑞士神甫和他的教民独西面对武装喇嘛的双叉猎枪时，目光是惊恐还是凄凉，他们是否在心中呼唤万能的主助他们一臂之力以逃脱厄运。①

直到今天，还有少许年迈的老人记得几十年前的杜神甫和他的教徒们，每当谈及他们，虽听者有些恍若隔世，但老人们却津津乐道，仿佛一切就刚刚发生。在天主教堂旁边，也就是滇藏公路之侧，有一座天主教徒的墓地，走近发现这是一片近乎荒凉的地方，许多坟墓上的十字架都已残缺不全，坟头荒草过膝，缺乏修缮。杜仲贤和教友独西便安息在这荒草间，碑文仍清晰可见：

（杜仲贤碑）主仆杜仲贤，圣名茂利士，1936年来华传教，1938年晋铎维西县花落坝小修院院长，1945年在西藏盐井传教，1949年在舒拉山口因荣主益人为主牺牲。1988年由德钦天主教堂院内迁葬于盐井。

1992年立。

（独西碑文）独西圣名多明，生于热心教友家庭，其祖父曾于1905年为主作证牺牲。独西自幼受父母良好的圣教教育，尽力圣教广扬，随从杜神甫于1949年于舒拉山口为主牺牲。

1992年立。

主仆二人之死，若从世俗的眼光看，纯属咎由自取，但站在宗教立场上理解，并非如此。杜仲贤在盐井几进几退，多次被逐，他并非不了解盐井喇嘛寺在捍卫自己权益时所展现的势不两立的态度，但最终他还是踏上了赴向拉萨的路。虽然他的行为多少受到了一些鼓动的成分，但根本原因仍在于他对天主的信仰，或许他在出发前就已经抱着必死的决心。正如有个别传教士所强调的那样："我渴望殉教，我常常祈祷能得到这一荣耀。这就是为什么我过去想、现在还想去一个最危险的地方的原因。"② 杜仲贤虽未能成功进驻盐井，但他的行为感染了教友，影响了当地群众，这或许就是盐井天主教堂一直保存至今的

---

① 参见范稳《藏东探险手记》，新蕾出版社2001年版，第196页。
② 转引自（德）余凯思《宗教冲突：德国传教士与山东地方社会》，载苏位智、刘天路编《义和团运动一百周年国际学术讨论会论文集（上）》，山东大学出版社2002年版，第616页。

主要原因。

现在上盐井许多热心教友家都收藏着 20 世纪 80 年代通过外地教友的帮助找到的杜仲贤神甫照片，照片正面是一名身着汉族长衫，戴圆形眼镜，眼神温和的西方青年男子的半身像。背面用红色字体印着如下这些祷文：

> 主之仆人杜仲贤神甫圣名茂利士（Maurice Tornay），公元 1910 年 8 月 31 日，生于瑞士国华利省玫瑰园村。青年时，负笈求学于圣茂利士学校。毕业后（1931 年）进入圣奥斯定咏礼会（Canons Regular of St. Bernard）初修院，1935 年 9 月 8 日发典原。翌年（1936）奉修会准许，追随其神昆来我国西藏边境，1938 年 4 月 24 日晋升司铎于河内（安南），此后七年，任云南维西县花落（土巴）（坝）小修院院长。1945 年，奉命进"禁地"、西藏盐井区传教。在职六年期间，饱受当地喇嘛压迫，并在彼等枪火威胁之下，被逐出境，神甫虽四方奔走，请求各国领事相助而无效，又因不忍坐视其"羊群受豺狼之吞噬"，乃恳求其神长辈，允其亲赴西藏首都申请入境准许，经过十七天路程之跋涉，终于在往拉萨路上为藏人认出，被缚并逐去边境，最后于 1949 年 8 月 11 日，在舒拉山口，为预先埋伏之四武装喇嘛所杀，遗体安葬于德钦天主堂之院园。祈求天主显扬主之仆人杜神甫"耶稣善牧，你既赐予杜仲贤神甫，足够精力，效法你的榜样，为他所牧的神灵而牺牲生命，求你赏赐我们所求于你仁慈的恩典，以显扬你的仆人，亚孟。"（三次天主经，圣母经，圣三光荣经）

这些语句虽多溢美之词，但也基本符合当时的境况。上盐井正是有了一批像杜仲贤及独西这样对天主教信仰十分虔诚，虽屡经磨难也不言放弃的信徒，才使得这里的天主教堂一直遗留至今，成为目前西藏地区唯一的一座天主教堂。杜仲贤死后，瑞士籍教士沙智勇领命前来，但当时局势已十分混乱，他沿着茶马古道只走到德钦就再也进不来了。据说，后来他去了台湾。就这样苟延残喘至新中国建立，康区天主教作为帝国主义的帮凶基本上被清除殆尽，直到 20 世纪 80 年代宗教信仰自由政策重新贯彻，天主教才重新恢复起来。这个时候，他们吸取了经验教训，更加注重和地方社会、文化的适应与融合，加大了自身本地化和世俗化的力度。现今，多元宗教共存已成为康区的一大景观。在当地人心里，天主教、基督教与喇嘛教等并无根本不同，或者说是一回事，借阿怒人常讲的一句话结尾："喇嘛教、天主教、基督教一样嘛，一家人一样嘛。"

下编　步入田野

——以盐井天主教的本地化为中心的考察

田野调查和个案分析是文化人类学惯用的研究模式，通过它们能够较为深入地解析所设定的研究对象或范围内的真实情况，从而揭示事物的本质和发展演变规律。故下编我们将步入田野，以西藏盐井（兼论云南茨中）的天主教为个案进行考察。之所以如此安排，是因为盐井在西藏自治区是独一无二的天主教研究点，但同时不管在历史上还是在现实生活中，它与四川巴塘、云南德钦、维西、贡山等几座教堂都有着千丝万缕的联系，以此为切入点可以做到以点带面，达到一子全盘皆活的效果。在田野调查期间，笔者与村民同吃同住同劳动，不仅每天到教堂参加早晚弥撒，和信徒一起念经，充分融入到村民的天主教信仰活动之中，取得教徒的信任，而且还有幸参加了信徒的节日庆祝和婚礼，和信徒一起跳舞狂欢，感受信徒的喜乐。通过充分的参与观察，笔者收集到了丰富的原生素材，写出近10万字的田野笔记，同时笔者还运用了摄影、测量、作图和统计等辅助方法，拍摄了800多张照片，绘制了19张图表，这些都为行文中定性、定量分析打下了坚实的基础。

第五章　上盐井天主教堂

一种宗教得以存在，最基本的物质基础是传教的场所，对于天主教来说，就是教堂。上盐井所属的天主教西藏教区曾经存在过数座教堂，现在其中有些已经不复存在，有些已被挪作他用，还有些经过修复或重建，继续作为教堂履行着它们最初的职责。可以说，这些教堂的兴废史，就是一部浓缩了的康区天主教兴衰史，直观地反映了 19 世纪下半叶以来，不同时期天主教在康区的不同发展情况。上盐井教堂作为其中的幸存者，展示了一幅天主教由最初的外来宗教，逐渐染上本地色彩，最终融入本地文化的生动画卷。我们就从教堂开始，来认识天主教这一西方宗教，是如何在一百多年的发展历程中逐渐与上盐井村民的生活建立起水乳交融、难解难分的联系的。

第一节　藏区天主教堂概况

从建筑特点上看，天主教西藏教区早期的教堂只是当年的传教士出资请当地人修建的当地民居式的简单房屋，外观与当地民居毫无二致。西藏教区最初的教堂有两座，都是由巴黎外方传教会的法籍传教士所建，一座是清同治二年（1863 年）[①] 法国天主教传教士常保禄（又称圣保罗、巴布埃）、丁司铎（佚名）在四川巴塘县城城郊四里龙修建的巴安天主教堂，是一所带两间住房的中式建筑；另一座是清同治元年至三年（1862—1864 年）法国天主教传教士顾德尔在德钦县燕门乡茨菇村修建的茨菇天主教堂，是一座土木结构的中式建筑。据"云南交涉世增奏报云南教堂册"载：该教堂有"三台楼房五间，西楼三间，北楼房七间"。其后的 30 多年间，西藏教区内各地陆续建成数座这样的教堂。[②] 盐井旧教堂差不多也是这一时期建成的，同样也是当地藏族民居

[①] 一说为同治元年（1862 年）。
[②] 本段内容据《迪庆州志》《巴塘县志》《甘孜州志》宗教篇中天主教部分整理得出。

式样。

20世纪初，随着天主教在康区的发展，教堂的神职人员增加，收入增多[1]，各地重建或新建的教堂开始注重体现宗教建筑的特征，开始采用典型的巴斯利卡式教堂形状布局，吸收中国传统风格和罗马教堂建筑门窗风格，屋顶竖有十字架；教堂内部注重祭台，前设矮木栅栏，悬挂耶稣基督偶像、圣像，两侧壁上悬挂着《圣经故事》图画、装饰画等。

下面介绍一下西藏教区内有代表性的教堂由初次建造之时至今（或拆除时）的境况。

一、川滇藏三角地带云南境内的教堂

（1）茨菇天主教堂：位于德钦燕门乡茨菇村。始建于清同治元年（1862年），1861年至1905年是"云南铎区主教座堂"。清光绪三十一年（1905年），发生"维西教案"，被焚毁。

（2）阿墩子天主教堂：位于德钦升平镇，始建于同治十一年（1872年）藏族民居样式。清光绪十八年（1892年），在"阿墩子教案"中，被察瓦龙僧众与当地僧侣一道捣毁。清光绪二十年（1894年），清政府修复。清光绪三十一年（1905年），"维西教案"再次爆发，又被毁。清宣统二年（1910年），天主教会法国传教士彭茂美与德钦寺管事格规别、格兰香等协商立约，购买土地，重建教堂，民国二十七年（1938年）德钦地方变乱，教堂再次被毁，之后，迁址又建立。1958年，因升平镇基本建设拆除，现已无存。

（3）小维西天主教堂：亦称"圣心堂"，位于维西白济汛小维西村。建于清光绪六至七年（1880—1881年），1950年计已有教徒389人。1987年，经堂及前院经维修后重新开放，占地面积250平方米，到1989年有教徒130人。目前汉族神甫施光荣是这个教堂的神甫。

（4）茨中天主教堂：位于德钦县燕门乡茨中村。清光绪三十一年（1905年）发生了"维西教案"，民众焚毁茨菇教堂，其中茨中民众为数不少。教案结束后，教会对茨中提出土地要求，清政府应允，于是在茨中重建新教堂，占据约1/10的茨中土地。宣统元年（1909年）兴建，民国十年（1921年）竣工，历时12年，耗费了巨额的人力、物力、财力。教堂建成之后，即成为天主教西藏教区云南铎区主教座堂。曾先后办过一所学校和一所女修院。茨中教堂主体建筑坐西朝东，是中西结合样式的砖石结构建筑，教堂整体显示出典型的巴斯利卡式教堂特征，装饰上又兼有罗马式教堂特色。经堂正面建有高大钟

---

[1] 其中很大部分是通过维西教案、阿墩子教案等几次教案的赔款拨地取得的。

楼，这与罗马教堂相似。钟楼顶端及教堂尾部屋顶，各竖有十字架标记。钟楼上部为中式亭阁，所有屋面为中式飞檐瓦顶。建筑面积约600平方米。堂内可容纳数百人，是现迪庆州境内最大的天主教堂。整个教堂布局结构和谐统一。1984年经修缮后退还教会，1987年，云南省人民政府将茨中教堂列为"第三批省级文物重点保护单位"之一。1989年，拨出专款，再次进行维修。1989年底，茨中教堂共有教徒240人，包括茨中本村及附近村落教徒。

（5）维西天主教堂：也称"保和镇十字堂"。法国教士丁良于光绪三十年（1904年）在北门初建，民国九年（1920年）重建于西门。1950年有教徒51户、194人，继后逐年减少。

（6）落花坝天主教堂及小修院：落花坝天主教堂由瑞士传教士杜仲贤主持，修建于民国二十八年（1939年）。3幢主要建筑呈品字形格局，中西混合砖木结构。杜仲贤曾在这里办小修院，直到1945年。抗日战争胜利后，教徒逐年减少。现无教徒。

（7）巴东天主教堂：位于德钦县燕门乡巴东村，建于1905—1919年间，建筑面积约100平方米，1988年经修缮重新开放。有教徒320人。

（8）吉岔天主教堂：是小维西天主教堂的分堂。建于光绪八年（1882年），位于维西白济汛乡吉岔村。1951年有教徒200人，到1957年减少到7名教徒。

（9）花园箐天主教堂：当地人称"小教堂"，系保和镇天主教堂分堂。位于攀天阁乡花园箐村。早在1945年就已经关闭。

二、川滇藏三角地带四川境内的教堂

西藏教区自建立以来，主教驻地一直设在康定。1949年以前，西藏教区在四川境内共有教堂15座，其中总堂6座。现介绍各总堂情况如下：

（1）康定真原堂：位于今康定城沿河西路。清光绪末年（1908年前后）筹建，民国三年（1914年）竣工，仿欧哥特式建筑。经费源于清光绪二十三年（1897年）川边维西一带教案赔款，清廷以炉城三年边茶税和南北两关杂税作抵。真原堂主管康定县教务，内设教理传习所和女生院，下辖驷马桥分堂，设教理传习所，男女合班；鱼通长加山分堂；金汤汤坝分堂。1949年共有教徒914人，以城区、驷马桥、榆林宫最多。

另康定城区内还有：位于城北门的天主堂，为天主教初来时所建，人称"洋人公馆"；位于南门向阳街的天主堂，即康定教区总堂。

（2）泸定沙坝教堂：泸定地区总堂，位于今泸定城区沙坝地方。清光绪十五年（1889年）天主教会在该地租房传教，后购地建房。民国八年（1919年）建成教堂。新中国成立前夕有教徒454人，教堂神甫为衡昆冈（中国籍）。位于今泸定县冷碛镇的冷碛教堂有教徒170人，教堂神甫藏道东。位于今泸定县的磨西教堂，民国七年（1918年）修建，民国十一年（1922年）完成经堂，民国十五年（1926年）完成钟楼，有教徒560人，教堂神甫富德庆。此外还有沙湾分堂，受沙坝教堂管辖；新兴乡分堂，受磨西教堂管辖，有教徒50余人。

（3）丹巴教堂：于清宣统元年（1909年）由法籍传教士佘廉霭开办，初建教堂于今县城团结街（干桥沟东）下方。民国十年（1921年）迁至春杨坝一带。新中国成立前夕神甫为万类思。在半扇门乡的喇嘛寺地方设一分堂，均办有男女教理传习所，新中国成立前夕由李鉴廷、邓成彬负责，共有教徒200余人，多为城区无业人员及孤苦儿童，其余分布在岳扎坝、纳顶、卡桠、中路、半扇门、太平桥、革什扎等地。

（4）道孚教堂：位于道孚城区。清光绪二十九年（1903年），佘廉霭以康定教徒田尚昆为从，到道孚和汛署联系传播天主教和勘查教堂地址，在城东占地10余亩，修建教堂。之后，调谭敬修到道孚教堂主持教务。宣统三年（1911年），教堂被灵雀寺僧侣及当地民众焚毁，后得赔偿重建。设有公会办理慈善业和男女教理传习所。新中国成立前夕教堂神甫为赖渊仁，有教徒100余人。另在乾宁设有分堂1所，但仅有空房1座。

（5）炉霍教堂：位于今炉霍县虾拉沱地方，为熊德隆（中国籍）到炉霍传教时开办。第一任神甫熊德隆；第二任雅维善（法国人），死于民国十二年（1923年）炉霍地震；第三任明爷（名佚，法国人），于民国十三年（1924年）重建教堂，采用了汉式穿斗结构的建筑方式；第四任窦元楷（法国人），住虾拉沱十余年，会藏、汉语，在炉霍、道孚作过地质考察和社会调查；第五任傅载明（汉族，泸定人），1949年后傅回泸定，教堂由会长李致和负责。办有男女合班的教理传习所和修道院。民国二十四年（1935年）设小学1所，民国三十七年（1948年）有男生16人，女生8人。1949年以前有教徒115人，另在城区设分堂，但仅有一名教徒看守教堂房舍。

（6）巴塘教堂：系清同治元年（1862年）法籍丁司铎、圣保罗（又名常保禄）等人到巴塘传教时建，教堂位于县城附近四里龙。此为天主教传入巴塘之始，当时仅有藏民教徒17人。该教堂分别于同治四年（1865年）、光绪十年（1884年）、光绪三十一年（1904年）数次被当地民众焚毁，教堂神甫及传教士亦多次被驱杀。1949年时无神甫负责，有教徒50余人。[①]

---

① 本节内容据《迪庆州志》、《巴塘县志》相应章节整理而得。

第二节 上盐井天主教堂的位置和外观

在了解了天主教西藏教区教堂的基本情况后，本节将要介绍盐井教堂的基本情况。盐井教堂所在地是纳西乡上盐井村，上盐井是本书较为田野说法的汉语名字，按照西藏自治区民政局给这个村子规定的藏文名字是 Yar - stod（亚多），但是这个名字村民用得不多，最常用的是 Yarkalo，即"亚卡楼"，当是从藏语"产盐地"而来，省略"茶"（盐），代之以"亚"，即上部之意；或者用 Yarkading，即"亚卡丁"，保留"亚卡"，用"丁"代替"楼"；"丁"也是上部之意。而下盐井则称为布丁。上下盐井村所在的盐井乡位于东经 98°28′~99°06′、北纬 28°37′~29°30′之间，地处中国西藏自治区东部，昌都地区东南部（见图5-1、图5-2）。东与四川省巴塘县隔金沙江相望，南与云南省德钦县毗邻，西连碧土县，北接芒康县，横断山脉、宁静山脉南北贯通，澜沧江从中流过（见图5-3）。西岸江畔是盐井的加达村，东岸有一高一低两块高于江面的宽大台地，坡度平缓，梯田层叠，中间以天然形成的狭长河谷为界。这两块台地上的村子依照藏族以河流的上下游命名的习惯分别命名为上、下盐井，两村之间的角龙沟里延山谷向上绵延数里的则是角龙村。盐井乡的平均海拔在2 600米左右，下属的4个村海拔由低到高依次是加达、下盐

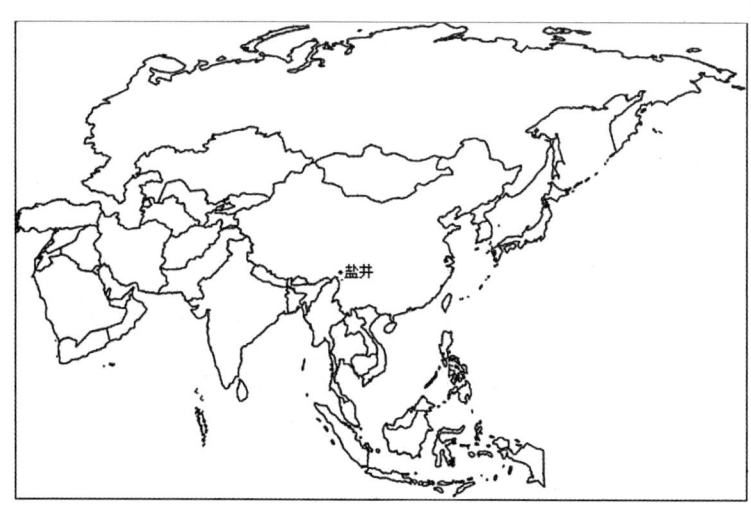

图5-1　盐井在世界上的位置

井、角龙①和上盐井,最大高差(加达与上盐井)约300米(见图5-2)。

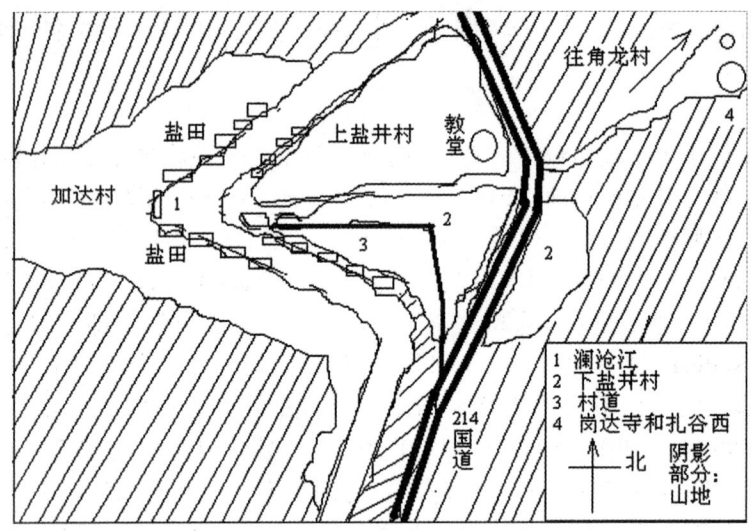

图5-2 盐井乡示意图

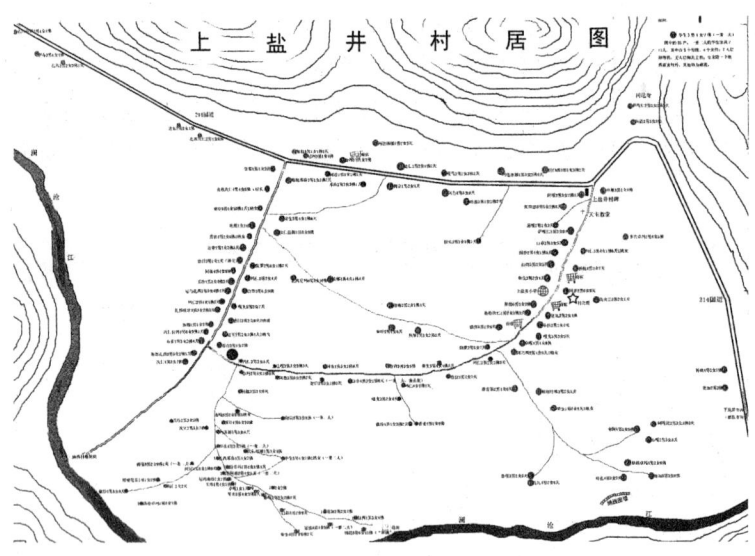

图5-3 上盐井村居图②

---

① 此处以下角龙海拔为准,角龙村分上、中、下三村,总长约5公里,顺201国道东侧、上下盐井村之间的角龙沟绵延而上。
② 此图系吴成立绘制,特表感谢。

上盐井天主教堂位于上盐井村村口，现在的教堂建筑始建于2002年，2004年建成，兴建者是本村神甫鲁仁弟。目前36岁的鲁仁弟主管这座教堂，他和家人以及来自云南茨中的角媒（当地藏语指女性出家人，即汉语"尼姑"）马达琳娜住在这里。教堂整体占地约3 500平方米，共有内外两进院子和三栋建筑，还有一个菜园。整体格局见图5-4。

从连接214国道的村道上前行约30米就可以看到白色的教堂，穿过在三角形尖顶上装饰有十字架的大铁门，走进去以后是一个长方形的水泥院子，右侧是教堂南翼住宿楼的背面和原来的篮球场空地。绕过南翼住宿楼就来到了内院门，院门前原来用作篮球场的空地成了停车场，经常停放着神甫的越野吉普车和大货车。空地的北头是一堵水泥墙，墙后是教堂的菜地和葡萄园，入口在教堂本堂北侧的厕所后面。

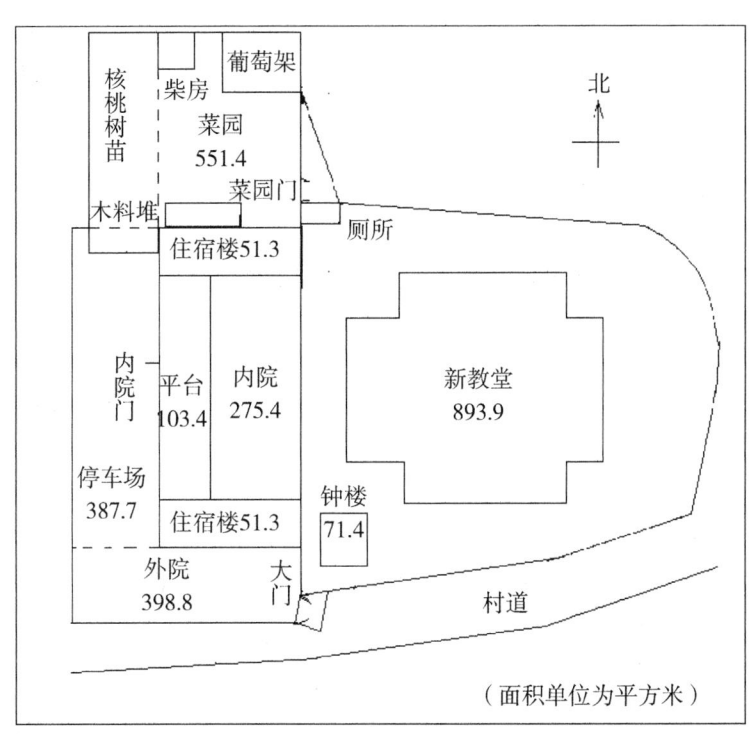

图5-4　上盐井新教堂图

内院门是典型的彩绘藏式木门，从来不关。走进内院门，头顶是连接两栋住宿楼的平台，依藏式民居的修建办法用木柱支撑，共有12柱。平台下的这个空间放了几张长椅，供来访的人们休息。两翼的住宿楼是两层楼的木制藏式建筑，栏杆、柱子和门窗上用鲜艳的颜色画着花果和鸟兽图案，虽然有些褪色，但依然不减雅致。尽管是藏式装饰风格，这两栋住宿楼的格局却与内地小学的两层教学楼类似，楼梯在楼的东侧，每个房间大小接近，互相不连通，门统一开向走廊。神甫和家人住北楼，南楼住的是目前教堂唯一的角嫫马达琳娜，她今年35岁，现在教堂的早晚课和礼拜都由她主持。两栋楼楼上住人，楼下是杂物间，南楼一楼窗户上挂有两块黑板，上面用汉藏两种文字书写着圣诞节的由来传说，自2006年夏天到2007年夏天都没有更换过。

两栋住宿楼的内部陈设和教堂宗教氛围不同，基本上是满足生活空间的需要的。神甫和角嫫待客的地方是住宿南楼的堂屋，这间堂屋的陈设和当地一般人家很接近，都有炉灶、橱柜、电视、藏式沙发、茶几和茶几上的小火塘。只是这间屋子跟一般人家相比，少了每户人家必备的菩萨柜（即神龛），多了几件天主教的摆设：在南边的窗棂上挂着一个基督受难十字架，在屋子中间的梁柱上挂着这一年的教历，教历上的图画是微笑着的教宗。堂屋西侧是角嫫的卧室，再过去一间是一个小会议室，里面放着一张圆桌和几把靠背椅，在中间的梁柱上挂着十字架。这间小会议室平时很少使用，有时会用来召开村民自发组织的天主教管理委员会的会议。

北楼是神甫及其家人的住房，一般外人无法涉足。神甫喜爱穿西装和喝台湾高山茶，他的房间采取的也是汉式家居装饰风格，各类家电一应俱全，整洁美观。

两楼之间的院子也是平整的水泥地，近似正方形。院子东头是教堂本堂所在的台地，台地与院子连接的部分是一堵高2.5米左右的石墙，用不规则的、直径在30厘米左右的石头砌成。石墙下方左右摆放着十几盆正在花期的红色和白色的凤仙花，凤仙花中间是一段20多级的水泥阶梯，取代了原来旧教堂的木制楼梯，通往教堂本堂。上了楼梯之后，正面处就是教堂本堂，南侧是钟楼。

教堂本堂由鲁神甫根据云南茨中天主教堂的形象构思，由西藏建筑设计院设计完成，是一座雪白的钢筋混凝土建筑，高约15米。本堂由主楼和两侧凸出的门厅组成，俯视时呈十字架形状，富于向天主致敬的寓意。此外门厅也有实际用途，可以在圣诞节等人多的时候打开侧门分流人群。教堂大门处的正门廊和屋檐铺着汉式的橙黄色琉璃瓦，飞檐斗拱，彩绘缤纷，全用当地人喜用的彩绘吉祥图案装饰；两侧的门厅，正面墙上位于大门上方的两扇圆窗也都是如此。这座教堂既具有藏族传统建筑装饰特点，又具有现代建筑结构，"藏族教堂"的身份一目了然。站在教堂本堂门前远望西方，澜沧江对岸的达美永雪山在云雾中若隐若现，十分壮观；住宿楼的屋檐作为这幅景色的前景，更是使人感到恍如置身人间天堂。

位于教堂南侧的钟楼有三层楼高，是中空结构，外观与教堂相仿，是模仿藏族房屋加以装饰的钢筋混凝土建筑。钟楼的每一层挂着一口青铜铸就的大钟，自从教堂修建好以后每天早晚各敲响一次，召集信徒来做礼拜，逢周日、节日和婚礼葬礼还会敲两次，一次是召集信徒来到教堂，一次是让来到教堂的人们就座，准备开始仪式。单独修建钟楼的做法其实不太多见，按惯例钟楼本应在教堂上方，与教堂一体，但为防止敲钟共振损坏教堂建筑而独立修建。由于资金问题，钟楼修建时间晚于新教堂，2004年才兴建并建成，而且本来计划修建4层，但为了缩短工期和节约资金而建好3层就封顶了。青铜大钟是日本横滨教友团体捐献的，其上铸有日文文字。它们的原产地在法国，是法国传教士带到日本去的，距今已50余年。在日本的教堂中为了防止几个钟共振使教堂建筑震动过大而只用了1个，剩下的3个被教友集体购买赠送给盐井教堂，这之后日本神甫还曾带领信教学生团体来参观走访过。

教堂北侧是厕所，厕所旁边的小门通往北住宿楼背后的菜园。菜园里是角嫫自己种的萝卜、辣椒、白菜等当地常见蔬菜，可以供神甫一家和角嫫日常三餐食用。还有一个葡萄架，结的葡萄用来酿造仪式用和日常饮用的葡萄酒，每年可产酒500多斤，这些葡萄还是当年法国传教士传入盐井的，信徒们一代代把葡萄酒酿造的技术流传了下来。菜地南侧住宿楼背后有一个狗笼，养着神甫的朋友送给他的牧羊犬，旁边还有猪窝和鸡窝。菜园尽头种着几百棵核桃树苗，在菜园凸进背后的停车场的一小方空地上堆着一垛建教堂时剩下的木料。

总之，教堂既是教徒们举行各种仪式的场所，也是神职人员的住处，还是游客参观游览的景点，它既有神秘庄严的部分，也有世俗日常的部分，来满足不同人对它不同功能的需要。

既然这座教堂是依茨中天主教堂为模板所建，那么在这里有必要对其建筑和装饰做一番概述，看看它在多元宗教势力相互交织的情境下，是如何利用本地文化元素使其本土化，来达到缓解同当地其他宗教尤其是藏传佛教之间矛盾的目的。[①]

茨中天主教堂坐落于澜沧江边、阿杜白丁山峰的半山腰处。教堂主体东西长31.2米，南北宽13.8米，以法式天主教堂风格为主，并点缀有大量本地建筑元素。例如，教堂外立面采兼有具象性罗马建筑线条与藏传佛教装饰图案，以多元的建筑词汇营造独特的光影效果，既反映了古罗马教堂建筑风格与传教士的宗教信仰，也反映了藏族、白族工匠的创作风格。从教堂门窗部设计来看，古罗马的圆弧形拱门与窗户构成教堂明显的天主教特征，拱形门廊用条石砌成，进深6米，宽3米，拱门中顶部的每块砖石都略微倾斜搭在下方砖石上，并旋转一个微小角度直到中间垂直位置。这种拱门和窗户的顶部由砖块拱

---

① 下面几段有关茨中天主教堂建筑与装饰的描述由魏乐平供稿，见已发表论文《文化交融与历史建构：茨中天主教堂的建筑与装饰艺术》，载《装饰》2012年第5期。

绕中心轴旋转一周实现，以提升结构强度，拱门与拱窗不需借助内部结构支撑而实现较大空间跨度，成为茨中天主教堂的外部特征。以圆弧为主旋律的窗户线条贯穿教堂正面，从地面到塔尖窗户跨度越来越窄，越来越轻盈，呈现出不断向上、直达苍穹的态势。（见图5-5）

图5-5　茨中天主教堂整体外观

拱窗分为墙面设计与木栏栅设计两种。墙面绘有藏式图案，大多以墨色手绘的藏八宝图案为主，结合部分手绘的山水、花草纹样。在屋檐和塔尖下部装饰了具佛教意义的雨搭。教堂雨搭借鉴了藏族碉房雨搭的构造，在墙身的梁下部用四层砖块做成。枋在上，椽在下，上下相扣逐层挑出，以便屋檐借助雨搭排水。茨中天主教堂外部设计的核心理念为天主教文化，不但反映了传教士强烈的宗教理念，还融合了当地强烈的祖先崇拜和图腾情结。教堂大门外如意踏跺总高1.3米，共7层，象征藏传佛教"七级浮屠"与"佛教七众"的宗教理念。（见图5-6）

除外部构造外，教堂内装饰也采取了"风格本土化"的做法。藻井图案把藏传佛教和东巴教对信仰、自然、祖先的图腾崇拜表现得极为明显，题材多为双鱼、宝瓶和法螺等。教堂壁画主要通过干式和湿式两种画法完成。干式主要是采用厚重矿物颜料直接绘制在廊柱柱头石块和教堂天花板等吸水能力差的材料上，湿式画法主要用几种当地植物提炼的粉末绘制于白灰内墙与教堂外

图 5-6　典型的藏屋外观

墙，这些颜料配方来自纳西族东巴教绘制经书使用的植物颜料①。井口天花②绘制有 100 多幅彩绘图案，其核心意蕴以传递天主教信念为主，展现当地自然物像为辅。教堂左右廊单列为 4 个部分，每部分有图案 27 幅。井口天花底纹为蓝灰色矿物颜料，27 幅图案用朱红木条间隔，中心为天主教徽标图案。与天主教精神密切相关的十字架、圣母圣心、JHS 字体等图形符号置于各个方格中心或视觉中心点，其中圣母圣心图案视觉效果尤其明显。天主教符号与本土图案融为一体，多彩而不紊乱，给人自然和谐的感觉。中心方格外一圈是 10 幅白族图案，以石榴、佛手、灵芝、菊花、蝙蝠为主，外二圈由 16 幅白族、藏族彩画构成，图案增加了藏族的太极双鱼和妙莲等纹样。

笔者在田野调查时，曾与姚飞神甫有过一次亲密接触。他说，这些大量存在的本土元素是保护教堂一直存留至今的最主要原因。为此，他还特意举了一个例子：某天，教坊里来的 8 位藏传佛教的喇嘛表示要参观天主教堂，神甫当时非常紧张，担心和他们会产生一定的摩擦，但他发现在整个参观活动中，喇嘛们表现得非常地友好，他们指出教堂里有许多设计来自于藏传佛教，给他们带来了很多亲切感。

---

①　根据迪庆地区访谈，东巴教经书使用颜料多为植物颜料，蓝色为 Ripie，红色 Chehi，黄色 Chike（苦黄连），纳西族画师认为白色颜料只能用羊骨烧制，不能用马骨制作。

②　井口天花与海墁天花是清代天花两种主要形式。井口天花由枝条、天花板、椿儿梁等构建组成。斗口仿木条组成井字格作为天花骨架，每一方格内镶一块厚约一寸的木板。引自吴卫光《中国古建筑的天花、藻井技术与艺术》，载《美术学报》2003 年第 2 期。

与茨中教堂一样,上盐井天主教堂之所以能延续至今而不衰,除了与过往清政府的镇压、喇嘛寺的屈服有关,也与天主教堂的本土化设计密不可分。

第三节 新旧教堂的更替

新教堂是在沿用了 100 多年、数次重建的旧教堂的原址上建立的。在 20 世纪 80 年代归还给天主教徒以前,旧教堂有 20 多年的时间用来充当盐井小学的教学楼。图 5-7 展示的就是用作小学教学楼时的上盐井教堂,占地面积比今天小 1/3 左右。

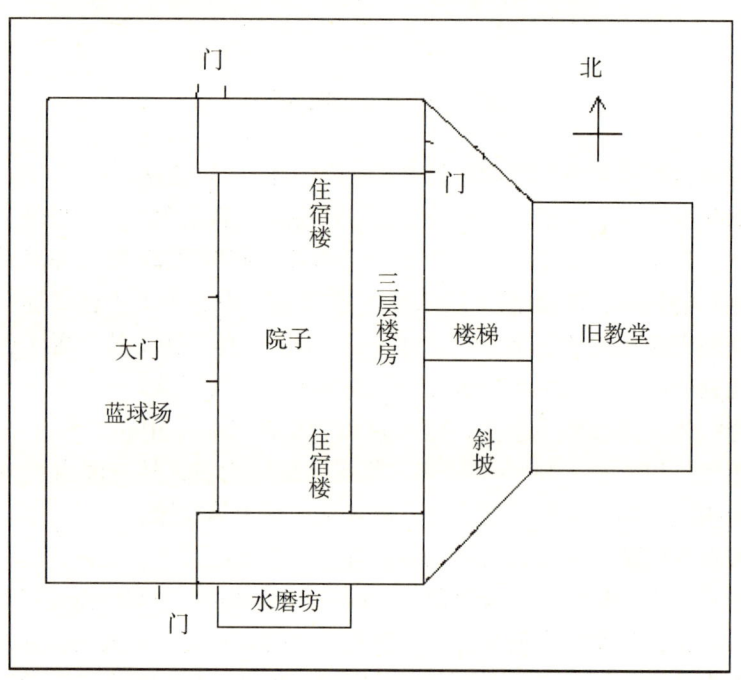

图 5-7 上盐井旧教堂示意图

旧教堂所有建筑都是藏式的,旧教堂是一层楼建筑,住宿楼是两层楼建筑,是神甫和角媭居住的地方。院子里的三层高的楼房原用来放杂物,现在已经拆除。右侧住宿楼背后的水磨坊是为了磨面粉做领圣餐仪式必备的圣体(极薄的小面饼)而修建的,也为有需要的村民服务。教堂门前的空地原来是学校的篮球场,现在改成了停车场。

1997 年,因为大雨那栋三层楼房垮掉了一部分,以前它可以完全把背后高出3米左右的台地上的旧教堂遮挡住。1999年夏天,由于地震,旧教堂又受到了新的损害,墙壁上出现了裂缝。这使得当时刚从北京神哲学院毕业返乡两年多的神甫下定决心筹款修建新教堂。2002年钱款到位以后,新教堂开始动工修建。原有建筑保留两侧住宿楼,拆除挡在旧教堂前面的三层楼建筑和旧教堂,主要工程是建造教堂主体和钟楼。筹集的款项和花费都以明细表的形式张贴在教堂本堂进门处,具体见表5-1、表5-2。

表5-1 上盐井新教堂各地教会捐款情况表

(单位:万元)

捐款单位名称	金额	捐款单位名称	金额
山东教区及教友	20	山东临沂教会	10
吉林教区	13	上海两会及教友	5
北京两会	5	浙江宁波温州教会	15.1
北京教区及教友	12.3	江西教会	25
广东两会及教会	27	湖南教会	20.3
海南教友	13	湖北武汉宜昌教会	23
黑龙江教会	4.5	天津教会	21
浙江教区及教友	22.5	山西运城教会	11.8
河北教区	7	山西大同教会	15
四川两会	2	河北信德室	37
成都教区及教友	12	河北保定教会	12
陕西三原教区	5.2	山西太原教会	11.2
陕西西安教会	12.2	合计	379.4

表5-2 修建教堂支出情况表

(单位:万元)

教堂主体	260
住宿楼	32
钟楼	58
围墙	22
院内坝子水泥地皮	15
教堂内部装修	22
灯具	6.4
大门	4.8

续表 5-2

教堂主体	260
总支出	420.2
尚欠	40.8

说明：表下注有"上盐井天主教堂 2006 年 1 月 1 日"的字样，表中金额单位为万元，据 2007 年 8 月采访神甫，说目前还有余款 27 万元未还清。香港的天主教刊物——《普世教会》第 3224 期（2008 年 4 月 25 日）上刊登了鲁仁弟神甫向外界教会求助以便还清建教堂余款 40 余万的通讯文章《西藏唯一天主堂遭追收施工费用》。

新教堂的筹款过程主要通过神甫在北京认识的同学和老师帮助对外宣传。从捐款表中可以看到这次筹款可以算得上是成绩斐然，全国各地的教会都有所贡献，而且数目不小，使得新教堂的修建可以在无须本村本乡的一分捐献的情况下开始进行。而在工程的兴建过程中鲁神甫也是亲力亲为，监督整个工程的流程。因此，新教堂的建成固然成了鲁神甫在神甫这个职位上最大的"政绩"，但由于本地教徒的参与程度较低，也为后来的摩擦埋下了一些隐患。

第四节　教堂的内部陈设

新建成的教堂本堂可能是除了下盐井的新建盐井中学以外全纳西乡最气派的建筑了，如果再考虑到它独具的民族和宗教特色，那么教堂无疑比中学更吸引人的视线。这一点除了体现在教堂的外观上，也体现在教堂的内部陈设上。教堂内大致的陈设见图 5-8。

和过去的简陋藏式一层楼房屋相比，不走进室内甚至看不出来新教堂与老教堂有什么不同，新教堂更接近城市里的教堂，空间更高耸，光源也更充足。进入教堂以后，可以看到脚下是暗红色大理石铺地，中间一条黑色大理石铺成的走道直通祭台。照明设备是穹顶上的 3 盏枝状吊灯和两侧墙上的小壁灯，走道两旁分别整齐地排列着共 4 排 16 列带靠背和跪凳的长椅，可以让约 560 人同时就座。

大门的正前方尽头处是高出主体地面三级台阶的祭台，祭台正中位置放置着一张对称地摆着一对烛台和白鸽、中间摆着一个插着绢花的花瓶、用绣有爱火白鸽十字架的桌巾罩起来的祭桌。祭桌后方靠墙处摆放着一张木制祭台，精细地雕刻着汉式的镂空松、梅、竹、鹤、鹿等吉祥图案，上面对称地摆着 5 支一组和 3 支一组的烛台各一组，以及 8 个插着绢花的花瓶。圣体柜和长明灯摆

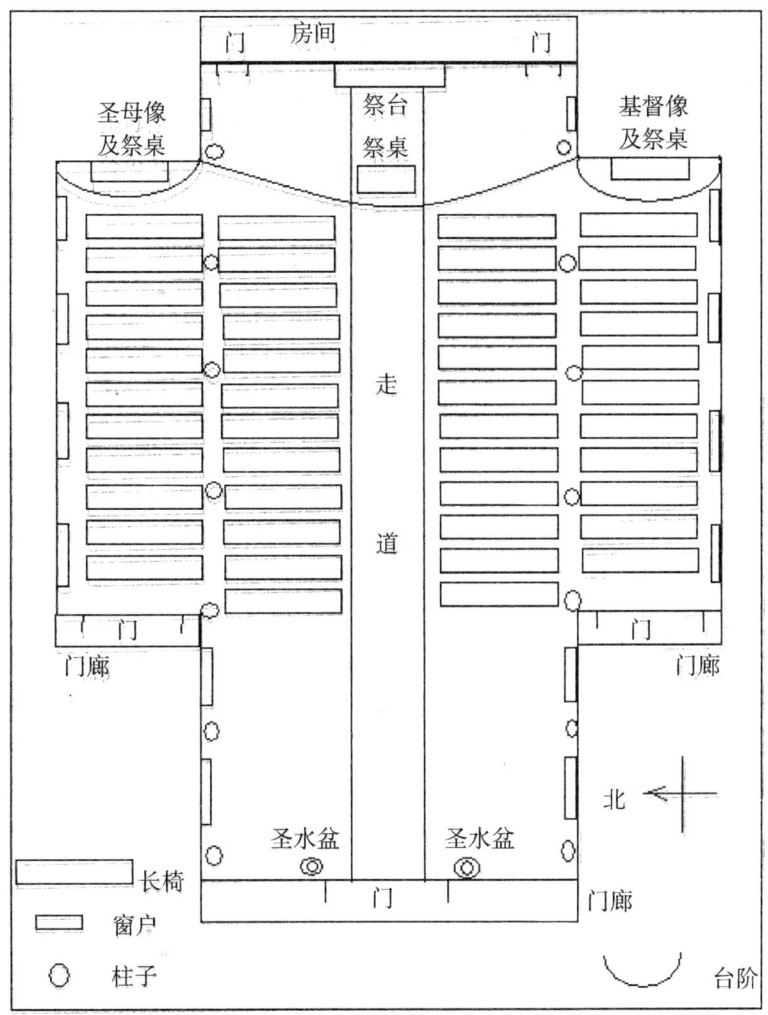

图 5-8 上盐井新教堂内部陈设

在最中间，两边还有呈阶梯形的两组矮屉。圣体台上方挂着耶稣基督受难十字架，彩绘的基督与真人等高。十字架两侧悬挂着对联"天主在天受光荣，良人于地享平安"，在对联外侧围绕着十字架的墙上镶嵌有 7 幅描绘神甫职责的彩图。这就是教堂祭台部分的主要情况了。

此外，在教堂两翼（两边凸出部分）还各有一个小祭台，也陈设着花瓶和一对长明灯，祭台背后的墙上挂着高 2 米左右的圣心圣母像和圣心基督像。左边是圣母像，挂着一幅对联"虽至洁不弃污者，虽全善不绝恶者"；右边是基督像，挂着的对联是"惟火生火冲爱火，以心体心发善心"。

教堂两翼的窗户之间的墙上和门厅天花板上都有色彩鲜艳的天主教图画，

墙上的画描绘的是左右连续的耶稣苦路上的14次受难情景；天花板上的是左右各8幅的圆形圣经故事场景图。门厅离门最远端进门处左右各有一个放置着圣水盆的半人高的铁架子，圣水盆里放置着吸满圣水的海绵，每当信徒进教堂朝拜时就会用右手中指蘸一点圣水画十字并施礼，所以常接触的海绵中间部分磨损得已接近见底，教徒来参拜的频繁从这里就可见一斑了。

总体上看，盐井新教堂的内部陈设具有教堂的一般特点，但缺乏藏族的本土特色。与旧教堂的内部陈设的对比可以看出，教堂的外来成分增加了，尤其明显的是汉字对联的出现。而且旧教堂受体积的限制，也没有新教堂这样巨大的彩绘基督受难十字架。另外，旧教堂中有唐卡和条幅，现在都被搬到南住宿楼二楼一角的小会议室去了，不再出现在新教堂中。旧教堂尽管天主教色彩不够鲜明，但非常富有地方特色，质朴、乡土，可以视为是教堂建筑和陈设的本地化；重修后的教堂装修得焕然一新，富丽堂皇，气派，但多了几分现代的俗气，少了当地的文化特色，与旧教堂的传承关系比较模糊。但是鲁神甫仍然坚持说教堂走的是西方宗教和本地结合的风格，教徒们也承认新教堂很大很气派，大家都有面子。

综观盐井教堂基本建筑的变迁，表面上看是一个从宗教色彩较淡的本地土木结构民居建筑到宗教色彩鲜明的现代钢筋水泥结构西式建筑的过程，似乎与"本地化"过程相逆，但实际上这是与天主教在盐井的发展情况密不可分的。在接下来的几章中，笔者会通过逐步深入的分析，呈现出盐井独有的天主教本地化过程。

第六章 天主教徒的世俗生活

恩格斯在《家庭、私有制和国家的起源》第一版序言中写道："根据唯物主义观点，历史中的决定性因素，归根结蒂是直接生活的生产和再生产。但是，生产本身又有两种。一方面是生活资料即食物、衣服、住房以及为此所必需的工具的生产；另一方面是人类自身的生产，即'种的蕃衍'。"[①] 生活资料和相关工具的生产是人类为了维持生命所必须完成的任务，而人类繁衍下一代的再生产则是人类为了延续生命所必须完成的另一个任务。以生活资料的生产为基础，衍生出了人们的休闲娱乐生活；以繁衍后代的再生产为基础，衍生出了人们的教育和社会事业。天主教徒也是一个人类群体，他们的生产和再生产也需要遵循同样的法则。下文就将先后从这两个方面分析盐井天主教徒这两种生产及其衍生事业的各种情况，以及这些情况对天主教在盐井的本地化产生的相应影响。

第一节 物质资料的生产

生活资料的生产离不开自然环境的限制，盐井位于藏东三江并流地区，当地特有的自然条件在很大程度上决定了当地农牧业生产活动的发展。

一、自然资源和经济产业

盐井的平均海拔是 2 600 米，区域面积 3 740.9 平方公里，其中森林面积 10 337 公顷。盐井境内自然资源丰富，其中盐泉资源格外突出，较集中于上盐井、下盐井、加达 3 处，共有盐泉 83 个，流量为每日 140～288 立方米。除盐泉外，还有大量水力资源以及森林，因此野生动物资源极为丰富。芒康盐井

---

① （德）恩格斯：《家庭、国家和私有制的起源》，中共中央马克思、恩格斯、列宁、斯大林著作编译局译，人民出版社1972年版，序言。

自然保护区位于东经94°48′～98°59′、北纬29°28′～30°01′之间，面积为1 853平方公里，保护区内属重点保护的珍稀动物即达近50种，如滇金丝猴、白唇鹿、马来熊、水鹿、黑鹳等。野生植物资源也相当丰富，原始森林中有松、杉、柏等树种，林下有贝母、虫草、灵芝、党参等多种药材，有木耳、松茸（俗称青冈菌，产在麻栎树下）、虫草、猴头菌等食用菌。

盐井的气候属典型的干热河谷气候，相对高原气候较为炎热；冬无严寒、夏无酷暑，作物的生长期长，年日照时数为2 200～2 900小时，光照资源十分丰富。年平均气温为10.3℃～12.6℃，6—8月平均气温为18.3℃～19.4℃，均在最适宜的温度范围内。最暖月平均气温为19.4℃～19.8℃，最冷月为0.4℃～3.7℃；≥5℃的积温在3 500℃～4 000℃或以上；其生长期间气温日较差在11.7℃～12.5℃。盐井一带雨量稍偏少，但雨热同季，年平均降水量为234～383毫米，9—10月雨季结束。这些气候条件使盐井盛产农作物以及水果。粮食作物主要有青稞、玉米、小麦；水果主要有苹果、梨、葡萄、桃子、核桃；特产有葡萄酒、虫草酒、藏盐、盐井加加面。全乡农牧业基本情况见表6-1。

表6-1 纳西民族乡2007年农牧情况概览

总人口（人）4112		劳力（人）1694		耕地（亩）3153.8				牲畜8756					
男	女	男	女	双季地	一季半	单季地	人均	牛（头）	马（匹）	骡（匹）	驴（头）	猪（只）	羊（只）
2039	2073	891	803	2324.8	284	471.3	0.77	2821	182	1072	208	4013	197

说明：资料来源于纳西民族乡乡政府。

由上表可见，全乡现有耕地面积3 153.8亩，人均占有耕地0.77亩，全乡管辖4个村委会，21个村民小组，738户，总人口4 112人，其中纳西族241户，1 192人；2007年全乡总收入达1 734.67万元，人均纯收入达3 059元，牲畜存栏头数8 756头（匹、只），粮食总产量达2 057.14吨，是一个农业为主、牧业为辅、多种经营初具规模的大乡。

二、经济产业与生计方式

上盐井村在纳西乡4个村中面积最小，人口也最少，但富裕程度却仅次于乡政府所在地——下盐井村。上盐井是一个经营农业为主，牧业为辅，盐业、采集并存的村庄，这和全乡的整体产业情况基本一致，是由土地的稀少和灌溉的困难决定的。村里种植的农作物主要是青稞、小麦和玉米，尽管种植蔬菜更加有利可图，但由于上盐井位于澜沧江边高于江面200多米的台地上，与江面落差较大，全靠从山上引泉水至村里的水渠和水池维持全村耕地的供水，不足以再负担需要大量用水的菜地。况且种植蔬菜还需要搭建大棚精心照顾，所以上盐井无人种植蔬菜。

由于盐井所处的高原干热河谷地区的地理环境和气候条件对传统农业经营而言条件并不优越，仅凭农业很难满足村民的生存需要，因此发展牧业以及其他产业作为农业的补充就是必不可少的了。因此，盐井村民中有相当一部分是历年来芒康和巴塘地区的牧民迁徙而来。牧业方面饲养的牲畜主要是牛（犏牛、牦牛和黄牛）、马和骡子，比起马来，骡子力气大，用处多，更值钱。自从1999年退耕还林以来，为了减轻生态负担，上盐井和盐井乡其他各村的村民已经很少养羊了。上盐井村民的基本经济情况见表6-2。

表6-2 (1)　　上盐井村2007年经济情况统计 (1)

耕地（亩）531.1				牲畜　909						机动车（辆）35		
双季	一季半	单季	人均	牛（头）	马（匹）	骡（匹）	驴（头）	猪（只）	羊（只）	货车	客车	拖拉机
531.1	无	无	0.69	589	15	191	36	—	78	13	2	20

说明：其中耕地全为水浇地；货车指卡车和家用面包车，客车指大中型长途客运车。

表6-2 (2)　　上盐井村2007年经济情况统计 (2)

(单位：人)

总人口　771		劳力　340		外出打工　200
男	女	男	女	
366	405	167	173	—

现在村中的农牧业经营基本以家庭为单位，家庭内部成员分别承担农业劳作、牧业活动和盐业劳作的任务，其中盐田劳作主要由女性承担，运输工作主要由男性承担，其他工作由男女共同分担。此外，许多家庭还以运输业和短期近距离打工作为部分收入的来源。所以很难统计出上盐井村民中从事各产业的具体人数各是多少，人们从事的劳动往往根据季节和工作机会（如211国道修缮工程）的变化而变化。

劳动力也就是18～50岁之间的健康青壮年，与村子的经济有着密切的关系。基本上所有创造经济效益的劳动都是由他们完成的，老年人在家颐养天年是当地的习俗。村民一般到了60岁左右就不再从事任何家庭以外的劳动,这一点与现在内地农村青壮年劳动力外流到城市中打工,老年人留守农村务农并养育儿童的情况完全不同。有机会到云南、四川等地的某位村民就曾对我谈起看到七旬老妇下田耕作一事,他对此既感奇怪又十分同情,认为在盐井绝不可能发生这种事情。

这样的风气是因为盐井纳西乡历来就是西藏东西部政治、经济、文化的对外窗口,是一处经济较发达、社会局势稳定、人民生活安定的藏东文明之乡。2003年,该乡人均国内生产总值7 973.63元;农牧民人均收入3 426.50元(其中现金收入65%);城镇居民人均收入为3 700元;农村人均居住面积22平方米;电视机普及率84.4%;适龄儿童入学率为95.6%,巩固率98%;人均寿命为62岁,婴儿死亡率为0.8%;教育娱乐支出比重为26%;通电比重为85%;通汽车自然村比重为71.4%;农村初级卫生保健比重为35%。2004年,上盐井村被选为"自治区小康示范村"。

三、天主教徒的经济生活

韦伯在《新教伦理与资本主义精神》中提出了一个重要观点:基督新教相对天主教而言更强调信徒的世俗义务,更注重通过勤劳工作创造并积累财富,从而实现宗教伦理与世俗职业道德的统一,为资本主义的发展提供了精神支柱。

天主教在盐井与藏传佛教相比,在世俗生活的指导上也有着类似的差异,但是程度比较浅,大多表现在天主教徒对佛教徒在丧礼等法事活动上的较高花费不以为然的态度上。而使得天主教伦理和佛教伦理在经济生产中的作用难以区分的更重要的理由,是佛教徒和天主教徒在上盐井村中的结合十分紧密:不仅信徒有着为当地文化所认可的至少三种情况下的改宗机会(到外地读书、当干部和结婚),而且在作为基本经济单位的家庭中,杂居家庭占总家庭数的1/3以上。在这样的家庭经济生活中很难说起作用的是天主教的伦理还是佛教的伦理,所以很难判断天主教是否比佛教更能促进信徒投入到世俗的劳作中,创造财富并积累财富。而实际上村民也认为,天主教和佛教的家庭都各有富裕家庭、中等家庭和贫困家庭,与信仰差异的关系并不大,决定一个家庭富裕与否的最大因素还是劳动力的多少以及在外担任公职的直系亲属的经济支持能力的大小。除了像鲁神甫这样因为天主教神职人员的身份而担任公职,获得外界资助的极个别人以外,天主教并不能在世俗经济生活中起到比佛教更积极的作用,这与盐井当地人对天主教伦理的认识与对佛教的世间法的认识处于同一个层级也有关系。这一点会在下文讨论,在此以天主教徒为例介绍村民的经济生活情况。

上盐井的天主教徒们是通过每年的辛勤劳作才能取得这样的在西藏地区比较富裕发达的经济水平的。每年藏历年过后，天主教徒们开始了一年的劳动。农耕、放牧和制盐仍然是他们最主要的生产方式，但采集和做小工也是农闲时重要的劳动内容。从藏历六月始至十月，天气多雨，停止晒盐，妇女加入采集行列。七月进入挖虫草的季节，至八月止，仅20来天。八月进入捡松茸的季节，九月止。接着开始挖贝母，又是20多天。这些采集工作是由男女共同完成的，唯独晒盐一项，专由妇女进行，而运盐过去专由村中男子进行，现在芒康县里也有人开大货车进村收购。

　　上盐井的天主教徒在一年当中，一月至四月最闲，五月、六月最忙。因为耕种两季地，在五月、六月要收青稞、割麦子、种玉米、捡松茸；七、八、九月也忙，玉米要田间管理，要收柑橘、苹果，继续捡松茸、继续挖虫草、贝母；九月底至十月底开始稍有闲暇，因为这些东西过季了；而到了十一月底又开始忙碌，要收玉米，收毕要种小麦、青稞。妇女的晒盐劳动在藏历五月至十月间由于江水上涨淹没盐井而基本停止。由于当地新建和翻修房子是在这段期间，村民们还要干建房的活。帮村人盖房不给钱，记明出了几天工，等到自己家盖房时他家会来人帮忙，这是互相帮助的事。七、八月的捡松茸、挖虫草也不是容易的活，一般早上不到6点就要起床，爬3个多小时山路上山，下午3点多才往山下走，运气好可以捡到三四斤，运气不好时空手而归也是有可能的。还有人骑骡子到邻乡徐中乡的山上搭帐篷住下，捡松茸、挖虫草，忙一个月才回家。此外，村里的年轻劳动力还不时到芒康和德钦甚至更远的地方打短工，自2007年年初214国道芒康段整修工程进展到盐井上下10公里范围，许多人到施工地修路或用拖拉机拉石头。还有部分村民常年在北边山上放牧，一年半载才回家一趟；两个客车司机，家里买了客车在昌都到大理这条线上跑长途。

　　这里特别介绍一下盐井在藏东特有的制盐业。全乡盐田总数2 655块，面积63 700平方米，分布在澜沧江两岸2 000米长的狭长地带。现从事制盐劳动的专业盐民有62户162人，兼营制盐的盐民有241户2 013人。其中，下盐井（纳西村）有制盐户115户，盐田666块，年产盐319吨；加达村有制盐户115家，盐田1 484块，年产盐669吨；上盐井村有制盐户75家，盐田505块，年产盐226吨，其中纯盐业户有17户，只有1户为纯天主教户，3户杂居户，其余都是纯佛教户，这可能与早年天主教传教士只购买了土地，没有购买盐田，因此在纯盐业传统的家户中比较缺少感召力有关，下文会对此再作讨论。

　　制盐晒盐是妇女的专职工作，各家的男人们只是在妇女们晒出小山一样的盐堆时，才赶着骡马来，将盐巴装袋上驮，运到盐井小镇的盐市上出售，再由盐贩子把盐巴卖到邻近的藏区，这样的日子延续了上千年。

由于地质、土壤等条件差异，江东的上、下盐井产白盐，市场价为每斤1.00元左右；江西的加达产红盐，市场价为每斤0.60元左右。现在白盐比红盐更有市场，而清末时却并非如此，"……东岸盐质净白，西岸盐质微红，故滇边谓之桃花盐，较白盐尤易运销，以助茶色也"。[①] 可见不同历史时期对盐的品质区分有不同的偏好，在汉族饮食习惯影响康巴地区以前，藏民食用盐的主要方式是在喝酥油茶时加入盐巴，为了使褐色的酥油茶颜色更美观，红盐的销路比白盐好；而在汉族的农产品进入这一地区以后，藏族人的饮食习惯也发生了一定变化，开始接受汉族的饮食习惯，盐的食用方法也增加了一种——在炒菜时放入菜里，这时汉族偏爱的白盐就更有优势了。由红、白盐价格的变化可以看到，农产品的引入可以改变饮食习惯进而影响当地盐业的发展。

外来农产品不只由汉族引入，也由法、德、瑞士等国的传教士引入。当年的传教士不仅带来了欧洲的宗教，也带来了西方的植物和酿酒技术。传教士带来的板栗和葡萄至今仍在盐井生长着。最初由法国传教士古纯仁引进茨中和盐井的名为"玫瑰蜜"的法国葡萄在与当地野生葡萄嫁接以后，兼具法国葡萄的纯正味道以及当地葡萄生命力强、不易生病生虫的优势。这种葡萄小而圆，颜色紫得发黑，味道较酸，不是直接食用的品种而是酿酒佳品。传教士最初引进这种葡萄的目的就是酿造圣体圣事所需的用来表示基督的血的红葡萄酒，但随着后来教堂管事和角嬷们以及他们的亲族将葡萄和酿酒技术传遍了村里的所有人家，葡萄酒就成了青稞酒以外的人们在日常生活中饮用的佳酿。现在上盐井几乎家家都有葡萄架，家家都酿葡萄酒。过去，法国传教士在茨中专门请当地人打制了一套酿造葡萄酒的铜制器皿。在茨中村的藏民家里，每年都按照法国传统的方式酿制干红葡萄酒；现在村民已经用日常家用的盆和桶代替了铜制器皿。这主要是由于酿酒方法普及以后，各家各户经济状况和酿酒量各不相同，不可能都使用专门的器具。而且当佛教徒也开始酿造并饮用葡萄酒时，葡萄酒在盐井当地已经从天主教仪式用品变为了人们日常饮用的饮品，褪去了宗教色彩。

各家酿造葡萄酒的方法是：把葡萄摘下，去梗，放入大盆中，用手尽量揉碎，之后用手将残渣尽量清理出来，用塑料薄膜封好放置1～2周让其自然发酵，视各家喜好决定发酵时间长短，时间越长酒精度就越高。经品尝合适以后用纱布将残渣过滤2～3遍之后倒入桶中密封，放置2～3周后就可以饮用了，但是最好还是多保存几个月，这样会让葡萄酒更香醇。通常人们每年夏末

---

① （清）段鹏瑞：(宣统)《盐井乡土志》，见《中国地方志集成·西藏府县志辑》，巴蜀书社1995年版，第401页。

用当年的葡萄酿了酒以后才打开上一年酿的酒,用啤酒瓶装好,玉米芯当瓶塞,有时还放进适量白糖,随时准备用美酒来招待客人和自家人。

以上只是最基本的酿造葡萄酒的方法,老角嫫德仁撒在1997年把自己从传教士处学来的玫瑰蜜葡萄酒酿造秘方传授给茨中的远房侄子——天主教徒吴公顶(也作吴公底)以后,后者酿造的葡萄酒大受欢迎,供不应求。到了1999年,吴公顶的酿酒作坊干红葡萄酒的产量达5 000公斤。①

除了与其宗教活动与生活习俗不可分割的葡萄苗、葡萄的栽培技术以及葡萄酒的酿造技术以外,法国传教士还把种树的习俗、技术经验带到了茨中和盐井,使村民掌握了一套本地经验技术与外来经验技术相结合的栽种果木技术。如今茨中树龄近百年的树木,如茨中兰桉、茨中月桂、茨中油橄榄等珍贵名木都是当时传教士从法国引进种植的,传教士还修建了果园、苗圃、葡萄园等。在盐井,也有传教士用从家乡带来的种子种植而成的板栗树。

一个世纪过去了,如今在茨中教堂院墙外还有2亩多当时法国传教士种植的法国葡萄,这个葡萄园现在已成为茨中的葡萄苗基地;盐井教堂菜园里的一架葡萄,年产葡萄酒500多斤,也是从传教士时代生长至今的。

从这里我们可以看出,传教士不仅带来了天主教,也带来了西方的果木和一些先进的生产技术。他们的本意是为了为天主教仪式进行必须的物质准备,但是当这些果木进行大范围种植,生产技术得到大范围推广之后,它们的影响就不再局限于天主教仪式用品这样的狭小范畴里了,而是成为当地居民生产生活的一部分,甚至是重要的增收手段。而且这些果木和技术跨越了宗教的限制,在佛教徒中也得到了同样的推广应用。这应该被视为天主教为当地作出的贡献,是天主教调和与佛教关系的重要途径,而且也是天主教在当地树立了正面形象的重要证明。

四、消费娱乐

有了积累,自然也会有消费。首先介绍上盐井村民在辛勤劳动之余的一些娱乐活动。除了藏历年这个佛教徒和天主教徒共同的最大节日以外,两教教徒还有各自的宗教节日:佛教徒有藏历九月二十八日的跳神节,天主教徒有8月15日的圣母升天节和12月25日的圣诞节。节日时村民们欢聚一堂,载歌载舞,尽情享用美酒和美食。在非节日的日常生活中,按照年龄和性别的差异,娱乐活动也有所不同。中小学生的娱乐和内地农村的同龄人相比没有太大差异,夏天都会在村里的水塘里戏水、玩弹珠、玩玩具,等等,孩子们很喜欢看

---

① 参见范稳《雪山下的村庄》,中国青年出版社2005版,第178页。

电视，也看内地电视台的电视节目。有的小学生普通话甚至说得比一些内地的孩子都好，当然他们也仍然会说藏语，这毕竟是他们的母语，不过也可以预见，能够熟练掌握普通话的这一代人，会比他们的祖辈、父辈更容易与外面的世界交流。笔者就见到一个初中女生的语文课本封面上贴着那一年十分热门的电视歌手比赛的冠军选手的照片，想来她和内地的同龄人交流起来应该很有共同语言。相比之下，由于盐井方言与拉萨话有较大差异，和粤语与普通话之间的差异相仿，孩子们对说拉萨话的西藏电视台就没有太大的亲切感，更不喜欢不如内地某些电视台那样时髦的节目内容。就连大人也有声称自己没认真读过几年书，汉话全是看电视学来的。也有老人坦率地说，假如村里放映电影，同样的片子内容，一部是说拉萨话，一部是说普通话，那肯定没有人去看拉萨话的那一部。青年和儿童藏语——其实是拉萨话——和藏文水平的降低现象确实存在，但是这与内地孩子的汉语文水平的降低现象相类似，都是受现代快速多变的传媒影响的结果。

　　孩子们年纪长大一些以后就开始玩有技术含量的游戏——台球，但是仅限于男孩，女孩只是在旁边观看而已。和内地农村一样，台球是十几二十岁的男孩最喜爱的活动，上盐井村唯一的台球桌总是一下午都围满人。上盐井的台球桌属于村长的女儿女婿开的小商店，村人的藏式汉语称为"公司"。这个小商店在村子的主干道上，与上盐井小学和村公所仅十几米之遥，是村民的主要娱乐场所。小商店共有2间房，4张麻将桌，每天下午都座无虚席。小商店门口除了台球桌以外还有一小片空地，是男人们打牌的固定地点。这些娱乐活动主要是成年人尤其是中老年男性参加，女性似乎总有忙不完的活，即使有些闲暇她们也只是在家里看看电视而已。但是男人们也不是只会玩，除非上了年纪，又有闲钱——男人如果天天打牌打麻将，不干活的话，一定会被人看不起。事实上麻将桌和牌局的常客也都是熟面孔，还主要是老人。盐井人时常为他们比北边的人勤劳而自豪，事实上沉迷玩乐、不务正业的青壮年也确实很少。

　　以上对娱乐活动的描述反映了两教教徒世俗休闲生活的一面，但天主教徒和佛教徒在消费上关于宗教的主要表现还是在房屋的布置上。进入屋子，信仰佛教的家庭和所有藏族村子一样，在堂屋里有一个菩萨柜（即佛龛），里面供奉着从外地的大寺里请来的佛像。菩萨柜位于堂屋一侧，往往占据半面墙，放置的方位没有特别规定，只要不直接面对房门即可。菩萨柜分上下两部分，下半部是六扇门的普通橱柜，描绘了五彩缤纷的绘画，有的是花瓶果盘图，有的是福禄寿三星图，有的是歌颂团结合作的藏族传统童话像羊猴兔鸡摘果图，六扇橱柜门上的图案可以是对称的，也可以中间四扇对称，两边两扇对比。上半部分就是供奉了佛祖或菩萨画像的玻璃门佛龛了，分为三格，可以是一样大小的，也可以是中间一格较大的。佛龛上往往还挂有雪白的哈达，佛龛前的狭长空间摆满了供奉物品：两端是插着绢花的花瓶，前方是数盏酥油灯或电子酥油灯、水碗，往往还有装满糌粑的有盖大木碗和用黄绸包裹起来的经文。每天早晨主人把酥油灯点燃，如果是电子酥油灯就打开开关，再奉上盛满清水的水碗。供奉的水碗必须是奇数个，以7个或9个最为常见，必须在日落前收拾好，否则菩萨会嫌弃这家人懒惰。每个家庭的菩萨柜都是精雕细刻，色彩绚丽，很多装饰都和住房的屋檐、门框、窗框上的装饰一模一样，只是具体而微。但是菩萨柜里供奉的不一定是佛像，把国家领导人的画像和佛像一起供奉起来的人家也不少，也不只是毛主席，江泽民总书记和胡锦涛总书记也有此殊荣，也有不少人家在玻璃门外再单独放一两个小相框，相框里的是这家人所崇信的大小活佛的照片。总之，菩萨柜可以说是家庭内部佛教活动的中心。

在天主教家庭，情况是一样的，菩萨柜依然被称为菩萨柜，形制也和佛教的菩萨柜一样，只是不会画佛像或寿星之类的对于天主教来说是异教神明的图像，而是画着鲜花水果或一些抽象花纹。菩萨柜里供奉的也不是佛像，而是圣母画像和耶稣基督像以及十字架。和佛教徒一样，也有同时贴着国家领导人画像的。天主教家庭的菩萨柜不会点上酥油灯，但也会放上花瓶和蜡烛，有的家庭还以通电的小彩灯作为装饰。

家庭内部佛教和天主教活动的另一个中心是炉灶。炉灶也在堂屋里，往往和菩萨柜占据同一面墙，由水泥砌成，表面贴上彩绘瓷砖。佛教家庭在炉灶紧靠着的那面墙上画着一个放置着红、绿、蓝三色宝珠的大铜瓮，那就是灶神，保佑这个家庭的富裕安康。在灶神上方要挂上表示尊敬的哈达，因结婚进入这个家庭的新娘或新郎进门以后也要拜灶神，表示被灶神接纳进这个家。灶神下方总有一个半人高的台子，上面除了3个黄铜大瓮什么也不放，这些大瓮是建新房时就准备好的，虽然从不使用，却是每个人家都要陈设的重要物品，其实也是灶神的一部分。盐井的灶都是烧柴的，添柴的时候一定要注意把接近枝头的一端朝前放进灶里，不能让靠近根的一端朝前，否则就是表示长幼颠倒、顺序混乱，对灶神是大不敬。总之，盐井人认为火塘（或火灶神），与人们的生活有密切的关系，火塘里旺盛的焰火会给家庭带来发达与兴旺。人们每次在灶上烧茶煮食时，第一道茶或食物均要先敬给灶神。平时严禁把吃剩的骨头、肉渣和毛发等丢入炉灶里，还要避免烧奶煮肉时溢在火上。每次遇到这种情况，家里人就要在灶膛里烧点柏树枝、松枝等香料，以示向灶神"赔礼道歉"。天主教家庭不会在墙上画灶神，但会画上上面有十字架的红心，形似"古"字，表示耶稣圣心；许多家庭还会挂上十字架，并且每年藏历年三十晚上，他们用糯米、面粉做油条，凌晨时分，也就是大年初一把这第一份食物献给主，感谢主，也就是把油条挂到十字架上。这之后大家才吃新年的第一顿饭。同时，前一年留下的油条要拿到屋顶上让飞鸟吃掉。这个让飞鸟吃掉旧年供奉的习俗明显受到了藏传佛教天葬观念的影响，是佛教仪式在天主教中的小的投影。

上盐井的村民住宅中最显著的一项佛教没有而为天主教特有的信仰标识是对联。这些外地天主教徒亲友寄回的红底金字的对联贴在院子大门两旁门框上，顶部画着十字架，下面是汉字的联句，"天主在天受光荣，良人于地享平安"、"神恩盈大地，主爱满人间"之类；横批贴在门框顶上，也画着十字架，内容多为"共沐神恩"、"荣耀主名"等。这样的对联只有少数天主教家庭有，并不是年年更换，全凭外地亲友是否能寄回而定。本村原无贴对联的习惯，但是村民都从电视上看过汉族人春节贴春联的习俗，并不排斥也照样贴春联，祈求天主保佑一家人一年的幸福安康。

从本节中可以看到，佛教的种种在寺庙里和家庭内的活动已经融入了村民的日常生活，以至于信徒们往往是无意识地进行信仰活动，而不需要对佛教教义有深刻的理解或是对自身的佛教徒身份有强烈的意识，事实上如果问某个村民他信不信教，他可能会回答："不信教，信佛。"在上盐井，"信教"特指信天主教，佛教与其说是作为一种宗教，不如说是作为一种文化深入到了村民的精神世界中。但是，尽管天主教进入上盐井的年代并不久远，而且信徒的范围在其势力最强盛的时候也没有超出上、下盐井和角龙这三个相毗邻的村庄，但是时至今日，它也已经成为上盐井文化生活的一个重要组成部分，而且还有越来越受到村民重视的趋势。

总的说来，两教在娱乐休闲活动的选择上是接近的，在家庭内部的宗教陈设上的花费是相差无几的，这充分说明天主教充分学习了藏传佛教在村民生活中所占空间的经验，能够用村民最乐于接受的方式来传播和维持信仰。

第二节 人口的再生产

人类本身的再生产需要通过婚姻、家庭以及亲属制度来实现，这三者互有不可分割的内在联系。婚姻是指男女两性的结合，而且这种结合需要得到一定历史时期和一定地区内具体社会制度及其文化和伦理的认可。家庭是社会组织中最基本和最重要的一个构成单位。而亲属制度则是反映人们的亲属关系以及代表这些亲属关系的称谓的一种社会规范，它是婚姻家庭形式的反映或记录，但不一定是当前的婚姻家庭形式，也可能是沿用上一发展阶段的亲属制度，或部分乃至全部借用有文化接触的其他民族的亲属制度的结果。① 家庭结构的核

---

① 参见林耀华《民族学通论》，中央民族大学出版社1997年版，第301、357~359页。

心是家庭成员之间的关系，婚姻和血缘是家庭的基础，决定着家庭中各种重要的关系。个体在家庭中出生、成长，在家庭中经历最初和最基本的社会化过程和程序，并影响和形成了个体成员一生的人格、世界观、行为准则，以及对自己和社会的判断和评价。人类学家通常将家庭定义为共同生产、共同消费、共同居住，其成员间的关系由血缘、婚姻或收养关系组成的一群人。因此，家庭是建立在婚姻和血缘关系基础上的亲密合作、共同生活的小型社会群体，是社会最基本的组织单位和细胞，同时也是社会生活的基本内容和形式，具有社会生产、繁衍后代、养育子女、赡养老人、社会消费、休息娱乐等社会功能。

传统民族志的一个重要组成部分就是所考察社区的婚姻、家庭与亲属制度，在本节中也将对上盐井村的这方面情况加以考察和分析，以便更深刻地了解当地的社会和文化。

一、天主教的婚礼仪式和法则

在盐井，天主教和佛教的婚姻规则的非宗教部分是非常接近的，只有向各自信仰的神明表明缔结婚姻关系的仪式有所区别；整个婚姻仪式包括定亲、提亲、婚礼、落户四个步骤，这个过程还有着很明显的走婚遗俗。

缔结婚姻关系的第一步是定亲，由这段婚姻的介绍人带着麦子和宰好的整只羊作为礼物到新娘①家去代表新郎家提出订婚的请求。过去的介绍人大多是包办婚姻的父母所托付的男性亲友，现在则大多是男女双方恋爱以后为了结婚而请来充当介绍人这个角色的男性亲友。在定亲的过程中，新娘家会故意刁难介绍人，假意不肯接受婚事，这时就需要介绍人能够巧舌如簧地说服新娘家的当家，在这个过程中往往伴随着对歌和罚酒，所以介绍人一般是头脑灵活、口角利落、酒量也很好的中年人。最后双方喝到酒酣耳热之时，就能把亲事定下。

在定亲后一年以内，如果有特殊情况或从简办理则是一个月以后，新郎的舅舅或相当于舅舅辈分的亲属和婚事的介绍人，在新郎家请村中的昂却（即懂得一定佛教知识的俗家念经人）算好结婚的日子以后一起到新娘家去迎接新娘到新郎家举行婚礼，按照老规矩一定要骑马或骡子去。如果是天主教家庭则无需算日子，只挑选星期一或星期五。接亲人需要在新娘家住上一至两天才能把新娘接走，在此期间娘家女性亲属会向他们频频敬酒敬饭，如果喝不了吃不下就要给钱，不给钱则要受罚：被缝衣针扎头皮，被揪耳朵，或者喝纯酥油。最后给的钱数可能是几十也可能是几百，都由接亲人自己出。而新娘家的

---

① 如果是上门女婿的情况则是新郎，在盐井女性出嫁和男性上门的仪式几乎一样，故不再单独描述新郎上门的婚礼仪式。

送亲人到了新郎家以后也会受到同样的"刁难",所付出的钱款数会尽量和接亲人保持大约相同的数目,这需要双方对对方的意愿有大概的认识,也可以说是一种彩金的交换,是礼物互赠的一种。

最后一天早晨,女方家终于同意让新娘出嫁,新娘就要从最年长者开始依次向家中的长辈磕头,感谢他们的养育之恩;长辈则要送上祝福和劝诫的话,希望新娘可以顺利开始婚后的生活。新娘出嫁时穿上崭新美丽的当地藏装,带上嫁妆。在隆重的婚礼上,送亲人和接亲人都要穿上镶珠嵌玉的节日盛装和藏鞋,新娘还要戴上华美的头饰。但是一般情况下,新娘只要穿上老一辈人平日穿的那种日常藏装就可以了,因为自1980年代以来,小孩和年轻人都几乎不在日常生活中穿藏装了,年轻女孩们只有在结婚时才会穿上藏装,所以日常藏装也就可以充当婚礼的礼服了。而新娘的嫁妆是她的酥油茶碗和洗脸盆等日用品,以及代表劳动工具的镰刀,表示她到了婆家需要下田劳作(如果是男性上门则带斧头,表示他要上山砍柴),这些日用品和劳动工具都是新娘在娘家时平日使用的,表示她从此要离开娘家到婆家过日子和劳动了。汉族意义上的嫁妆如衣服、寝具等是在新娘最终落户婆家时才带到婆家去的。

除了接亲人以外,新娘在一个女伴的陪伴下和自己的哥哥与舅舅以及另一男性长辈一起,骑马或骡子到新郎家去。这个老规矩现在视路途情况可能改为乘小汽车或出租的三轮摩托车。总之是尽量不选择步行,否则就不够体面。对送亲人的要求是他们必须家庭圆满,离婚者是不能充当送亲人的;新娘的女伴也不限于已婚或未婚,只要是家庭圆满,和新娘友谊深厚的女性就能充当,有些时候也不限于一人。

新娘一行到达新郎家以后,新娘需要先跪拜灶神,表示请灶神接受她作为这个家庭的新成员;如果是天主教家庭则是跪拜灶墙上绘画或挂着的十字架。随后新娘依次向新郎家的长辈行礼,程序和告别自己家的长辈们一样。行礼完毕以后,新娘和送亲人、接亲人一起在堂屋的主位坐下,接受新郎家的款待。新娘到新郎家的这天新郎需要回避,离家一两天,直到婚礼完毕新娘回娘家以后才返回自己家,这是老规矩,表示新郎的羞涩。

整个婚礼过程有全村的亲友参加,每人送上20元左右的礼金。其中女性亲属负责帮助新郎家准备饭菜、糖果点心和酒,主食有盐井特色加加面和馒头、糌粑等,十分丰盛。众人一边吃饭一边向送亲人劝酒,送亲人此时的情况就是接亲人在新娘家情况的重演。忙碌的女性在宴席告一段落以后就开始在堂屋里跳锅庄,唱山歌,并借此要求送亲人喝酒。这种载歌载舞、畅饮美酒的过程要从中午持续到深夜甚至是第二天清晨。

随后新娘和送亲人一起回到自家去,要呆上少则一个月,多则几个月时间才会在新郎家的要求下真正开始在新郎家长期生活,这个过程称为"干哉"。

按照村中的老规矩（一般指包办婚姻）的情况下，新娘和新郎由于彼此之间完全陌生会连续几个月互不说话和同居，往往几年后才会生孩子。但是在某些特殊情况下，比如新郎家特别缺人手这样的情况下，新娘也可以在婚礼后不回娘家直接在新郎家开始生活，也不会遭到非议。随着年轻人观念的开放，这样的情况可能会越来越多。

除非新郎（在上门女婿的情况下是新娘）是兄弟姐妹中留在村里的最年长者，否则一般会在婚后分家单过。在上盐井村，和许多藏区的村子一样，村子内外种不了庄稼的空地很多，一般情况下有经济能力的父母为下一代新婚夫妇建一座新房让他们分出去单过并不困难，所以核心家庭占据了全村家户中不小的比例。分家出去单过的新婚夫妇所需的新房由两家父母共同操持，两人都从家里按当初分地时的人均比例分得田地和盐田。如果是女儿出嫁到别家，会把她名下的田地也带走，即娘家帮她种，帮她收，收成送来婆家，直至她去世，田地再传给她的子女。盐田也一样有她一份，由娘家人帮她晒盐，晒成以后也一样送来婆家。除非婆家经济条件很好，不需要新娘田地和盐田的收成，否则一定会遵守这样的规矩。这看似对娘家负担太重，其实正说明了女儿在家中的崇高地位：在盐井，女儿无论出嫁与否，在自己家中都有着仅次于哥哥的地位，嫁过来的嫂子是没有地位的。父母一般总是与最大的孩子——除了在外定居的孩子以外———起生活，如果最大的孩子是女儿就找女婿上门。在盐井方言中不区分"出嫁"和"招赘"，男子当上门女婿也称为"嫁过去"。这也说明在盐井实行双系继承，女性的地位并不明显比男性低。

从盐井藏族的亲属称谓表中也能看出这一点，对祖父一辈的亲属，不区分父系母系，只区分性别；对父亲一辈的亲属，除父母外，不区分父系母系，只区分性别；对平辈亲属，包括同胞兄弟姐妹，不区分父系母系和性别，只区分长幼；对有血缘关系的子一辈亲属，除亲生子女及其配偶外，不区分父系母系，只区分性别，对其配偶用复合词"ca wu 或 ca mo 的配偶"；对有血缘关系的孙一辈亲属不区分父系母系和性别，对其配偶用复合词"sen zi 的配偶"。这些规则表示盐井藏族的继嗣规则是两可继嗣，但平辈间依长幼不同而有不同的权利义务。

二、家庭形式

总体说来，上盐井村的家庭规模的分布情况是小家庭较多，大家庭较少，形成了4～7人的家庭占总家庭数的2/3的格局（见表6-3）。我们可以看到，表中天主教、佛教家户和杂居户的各项指数反映的整体趋势是一致的，佛教的单人、2人的小家户和10人、11人的大家户相对稍多，天主教家庭规模的分布则比较接近全村整体情况。

表6-3 上盐井村家庭规模（2007年）

类型\口数	1	2	3	4	5	6	7	8	9	10	11	总数
Ⅰ	1	0	2	7	6	12	5	1	3	0	0	37
Ⅱ	3	6	0	10	4	7	7	5	5	2	1	50
Ⅲ	0	2	3	9	9	7	8	4	3	4	1	50
总数	4	8	5	26	19	26	20	10	11	6	2	137
%	2.92	5.84	3.65	18.98	13.87	18.98	14.60	7.30	8.03	4.38	1.46	100

说明：本表中Ⅰ类表示天主教家户，Ⅱ类表示佛教家户，Ⅲ类表示既有天主教又有佛教的家户。

大小家庭的组成情况和成因基本是下面这样的，"……父系大家庭，内部生长着若干从父居的小家庭。大家庭为扩大型和主干型两类，三四代同堂……初期人少，往往同居共爨，后期人口增加，分爨但不分居。小家庭为核心型……两代同堂，一般五六人，一正丁，一余丁，若干未成年的儿女"；"核心家庭占的比例最高，表示传统以父子为主轴，婆媳关系复杂之类的现象不多了，代之而起的是夫妻档，甚至主妇是主要生产者，妇女地位相对提高，侍候老一代的功能减少了，但教育下一代的责任可能会加重。比重次于核心家庭的是主干家庭，可以说这是一种走向核心家庭的中间类型。农村无保险制度，缺乏养老院和幼儿园，祖父母照顾孙儿女，中间一代的劳力可以抽出来充分使用，这是主干家庭比重较高的原因。以核心家庭为主，主干家庭次之，扩大家庭又次之，其余家庭形式可以忽而不计。传统家庭的变化，功能上除减少婆媳冲突外，也是对现实政策的适应"。① 在这些层面上，天主教家庭除了受教规所限一妻多夫家庭较少以外，大家庭和小家庭的比例和构成都和全村趋势一致。

三、生育情况

从表6-4可以看出，在全村101个已婚育龄妇女（即16～50岁的已婚妇女）的统计中，有3个孩子的妇女最多，占已婚妇女总数的35.6%；有2个孩子的妇女也较多，占已婚妇女总数的30.7%，两者相加就占了总数的近2/3。如果再考虑到没有孩子和有1个孩子的妇女多是结婚不足三年的年轻妇

---

① 何国强：《围屋里的宗族社会：广东客家族群生计模式研究》，广西民族出版社2002年版，第274～275页。

女，可以看到妇女们一生一般都会生育2～3个孩子。村里有说法"五六十年代随便生，70年代生4个，80年代生3个，90年代生2个，2000年以后就生1个了"，意思是孩子生得少了是趋势。但是从统计中看，2000年以后生育第1胎的年轻妈妈不是只想生1个，往往是还没有来得及再生第2个孩子，其中生了2个孩子的也不在少数。由于政策允许，村民们还是想生2个以上孩子。

表6-4 上盐井育龄人口及生育情况统计表

(单位：人)

	未婚女子	已婚女子	已婚男子	存活子女		死亡子女		0子女妇女	1子女妇女	2子女妇女	3子女妇女	4子女妇女	结扎	孕乳	长效药物	无夫
				男	女	男	女									
嘎对	2	26	26	33	21	4	2	1	6	10	8	1	20	1	1	0
加崩	4	23	21	27	25	0	3	0	5	7	11	0	10	1	2	2
中巴	3	22	22	24	23	1	1	3	4	5	7	3	10	2	1	0
冲对	7	26	25	27	29	4	8	3	2	8	9	3	16	0	4	1
擦垒	3	4	3	5	8	2	0	0	1	1	2	2	3	0	1	1
总计	19	101	97	116	106	11	14	7	18	31	36	9	59	4	9	4

但是，村民对于生育并非毫无节制。在20世纪80年代，生了3个孩子的女性一般会自愿接受结扎手术，而在20世纪90年代以后，有相当一部分生育了2个孩子的女性也愿意接受结扎手术，即使没有结扎，生育了2个孩子的妇女也往往愿意使用长效避孕药具来避孕，她们中只有少数会再生第3个孩子，比如在已有的2个孩子之一夭折的情况下。尽管由于国家的政策倾斜，在西藏抚养1个孩子并供他（她）读书并不需要太高成本，但是由于受外来文化的影响，村民更加重视养育孩子的质而不是量，也认同现代理念中的重视个人幸福的观念，更追求自我人生的满足而不是把人生都消耗在养育为数众多的儿女身上。然而，尽管不明显，男婴的出生率比女婴偏高，死亡率比女婴偏低，这多少反映出当地还是存在着对新生儿的性别偏好，这已经程度较低地引起了性别比的不平衡，如果生育的孩子更多的话，这种不平衡应当是可以避免的。

第三节　特殊的婚姻家庭

在任何地方，常规的事物和超越常规的特殊事物都是并存的，除了遵守前述规律的一般的婚姻、家庭以外，盐井还有一些特殊的婚姻、家庭关系存在。在这里只举上盐井村的例子，但实际上类似的婚姻、家庭不是上盐井独有的，在盐井的其他几个村乃至昌都地区都是广泛存在的，这也说明一些在某些层面看是特殊的事物在另一些层面看就会是常规事物了。这里就对这类家庭做一个概括的介绍。

一、朗家丛

盐井当地方言中"丛"是家的意思，"朗家丛"就是和亲戚结婚的人家的意思。现在上盐井这样的人家有两家，这两对夫妻，其丈夫的父亲（公公）和妻子的母亲（岳母）是亲兄妹（姐弟），也就是丈夫和妻子是姑舅表兄妹关系。村人认为他们在亲戚间结亲的原因是他们家想把财产留在自己家族里，不愿与外人结亲后让财产落到外人家里。

这两对夫妻一对信佛，一对信天主教。信天主教那家的丈夫已经60岁上下了，他和妻子育有二子一女。信佛的那家丈夫有三十六七岁，与妻子育有一个10岁左右的女儿。虽然这两对夫妻的孩子都没有什么疾病，但村人还是对这样的行为很看不起，觉得是可耻的事情。有二子一女的那对夫妻还曾有过一个儿子，小时在窗台上玩耍时不慎后仰摔了下去，因为头部先着地而死。后来他们家把所有窗户都钉上了木条，但村人相信这个不幸事件是因为老话说的朗家丛的孩子活不长，可见村人对于破坏婚姻规则的婚姻十分厌恶。

二、一妻多夫

上盐井村现在有6户一妻多夫的家庭，还有1户因为共妻的一个兄弟已经去世而不再是一妻多夫家庭，几乎都集中在二组。这些家庭中有一户是信天主教的，其余都是信佛教的。据报道人说这几个一妻多夫的例子都是一妻二夫，丈夫都是兄弟，一般是同时结婚，对女方在提亲时就说好了是要嫁给两兄弟。生下的子女不管生物学上的父亲是谁，都要称两兄弟中的年长者为父，年幼者为叔。村人认为这样的家庭可以让兄弟不分家，共同劳动，分工合作，往往容易发家致富。但是实际的情况是一妻多夫家庭有利有弊，多子女也可能反而成为致富的障碍。而且一妻多夫的原因也是多方面的，不只是经济方面的考虑，也有的兄弟为了关照条件不好、难以独自成婚的那个而要求共妻的。

（1）白央南家。信天主教的这个家庭有 6 口人，2 男 4 女，包括老母亲，2 个儿子（46 岁和 40 岁），他们娶回的 1 个妻子（38 岁），以及妻子生下的 3 个女儿（20 岁、15 岁和 12 岁）中年幼的 2 个。其中妻子原来信佛教，嫁到这个全都是天主教徒的家里以后改信了天主教。

（2）雅拉丛。"雅拉丛"的意思是从德钦县雅拉乡搬来的人家。当时迁来的有 3 个人——兄弟俩和他们的母亲，现在母亲早已去世。这家的妻子已经年近七旬，两位丈夫是兄弟，也都 70 多岁了。他们和长子乌登夫妇以及长子的 5 个孩子中年幼的 2 子 2 女一起生活，一共有 9 口人，5 男 4 女，全都是佛教徒。家中孩子多，年纪小，并不富裕。

（3）拥嘎家。这个大家庭有 10 口人，7 男 3 女，其中 9 个佛教徒，1 个天主教徒，那个唯一的天主教徒是拥嘎的老伴；10 口人包括拥嘎老两口（60 多岁），2 个儿子（30 多岁）和他们的妻子，以及老两口的小儿子小女儿（20 多岁，在外打工），还有 3 个孙子。拥嘎是户主，他的大儿子、二儿子都在家务农。早在十多年前，他就为两个儿子共娶了一个角龙村的女子做妻子。兄弟二人的妻子在生下 1 个儿子四五年后，就带着儿子离婚回娘家去了。离婚后一年左右，兄弟二人在本村找了 1 个妻子，生了 1 个女儿，3 年后又离婚了，妻子把女儿带回了娘家。后来他们二人又从加达村找了 1 个妻子，到现在已经生了 3 个孩子，却因为受不了兄弟两个爱打老婆的习惯而多次向村长哭诉。村人很不齿两兄弟多次离婚的事，村长曾教训拥嘎说："你儿子要是再离婚就别再结婚了，都当喇嘛去！"之后两兄弟的脾气有所收敛，没有再吵闹了。可见尽管相对汉族社会而言，藏族社会的婚姻关系的缔结和解除都较自由，但并非没有限制，在某些情况下还可能更严格。

（4）空色龙巴。空色龙巴是家名，新中国成立前的地主家。这是个 8 口之家，共 5 男 3 女，全都是佛教徒。8 口人包括老父母，2 个儿子（32 岁，30 岁），他们的妻子（31 岁，下盐井根让组纳西族），2 个孙子（6 岁，1 岁），此外还有老夫妇的幼女（20 岁）。老夫妇共育有 4 子 2 女，1999 年，他们给长子、次子合娶一妻，2001 年过门。当时另两个儿子尚小，正在读书，不能参加共妻，长大后叫他们参加，他们也不愿参加。老父亲本人行一夫一妻婚，他是从纳西村根让组入赘到上盐井来的，但他是藏族，不是纳西族。空色龙巴家属于村里的中等户，经济情况不错。家里有 4 匹骡、2 头牦牛、2 头猪。长子在家务农、养牲口，次子开车跑运输，2004 年花十几万元买了一辆 8 吨米尔斯载重卡车，是二手车，买来时这辆车只开过两年，比较新。妻子在盐田晒盐。老父打短工，老母做家务，照顾小孩。

(5) 华生家。华生家有 7 口人，都是佛教徒，3 男 4 女，包括华生和老伴，在家做小工，务农的长子和次子（28 岁，26 岁），以及他们的妻子（20 多岁，邻乡许中乡人），还有老两口的小女儿（初中生）。两个儿子的妻子过门只有一年多，还没有生孩子。华生是它卡丛的儿子，来这家上门的。它卡丛在他这一代有 4 个儿子，他的另一个兄弟嘎之当年到扎热丛去交换了扎热丛家的女儿荣珍来帕嘎丛嫁给他家剩下的两兄弟。这种换亲是两家协商好的，一家"嫁"儿子，一家嫁女儿。它卡丛家共妻的原因是弟弟保罗身体不好，哥哥荣生为了方便照顾他决定共娶一个妻子。哥哥荣生前几年去世了，弟弟保罗还在，也 50 多岁了。

(6) 旺姆家。旺姆的两个儿子华生和次登一个 43 岁，一个 41 岁，他们也是换亲娶到妻子的，而且两家都是一妻多夫婚。他们的妹妹到下盐井格让组去嫁给两兄弟，那两兄弟的姐姐斯朗拥宗嫁来上盐井，两家同时嫁娶。当时为了等待华生兄弟的妹妹成年，两家定亲五六年后才成婚。现在华生兄弟家有 7 口人，都信佛，3 男 4 女，包括老母亲旺姆，华生兄弟，妻子斯朗拥宗（36 岁），还有兄弟俩和妻子的 2 女 1 子（长女 9 岁，长子 7 岁，次女 4 岁）。这是一个完全依靠自己的力量富裕起来的家庭。兄弟俩已故的父亲韦色是上盐井人，生前信天主教。母亲旺姆娘家信佛，家务由她作主。当年老夫妻给儿子合娶一妻，主要是从经济方面考虑，当时家境不好，只有 1 匹骡子，是村里最穷的家庭。后来韦色学开拖拉机，之后买了一辆解放牌汽车，现在家里有 2 辆米尔斯载重卡车，兄弟俩都在开车跑运输，斯朗拥宗在家务农、放牲畜，旺姆带小孩、做家务。兄弟俩的小妹在阿里工作。现在家境好了，有 6 头牦牛、1 匹骡子、2 辆汽车，是村里的上等户。①

另外还有一户人家前面提到过，曾经是一妻多夫家庭，现已有一个丈夫去世。这家的家名是它卡丛。此家信天主教，原为一妻二夫，2003 年共妻的哥哥荣生因胃癌去世，享年 55 岁。家中现有老母亲玛仁（84 岁）、儿子保罗（51 岁）和儿媳旺珍（50 岁）。荣生、保罗和旺珍三人育有 3 个孩子。长女鲁西（29 岁），已婚，在芒康县洛尼乡当教师；次女林兰（25 岁），已婚，在芒康县宗慧乡当教师；三女苏利亚（21 岁），在家招婿上门，已生育一子一女（子，丢阿勒，3 岁；女，玛鸠达，1 岁）；女婿华生（25 岁），老家在本村，他上头有一兄，兄已结婚。三女招赘之前，放牧是保罗的工作，荣生在家务农。荣生亡故后，华生在家务农，保罗继续放牧。2004 年家有 4 头耕牛、3 头牦牛、2 匹骡子、5 头猪。

---

① 感谢中山大学社会学与人类学学院何国强教授提供的调查资料数据。

三、角嫫、扎巴和神甫的家庭

无论是按照藏传佛教还是天主教的教义,出家人——对藏传佛教而言是角嫫(尼姑)、扎巴(一般僧人)甚或是喇嘛、活佛,对天主教而言是角嫫(修女)和森兹(神甫)——都是不允许结婚、拥有家庭生活的,但是由于种种原因,也有的出世之人重新回到了尘世中,而村民对他们的看法,也是褒贬不一。这部分内容将在下文讨论。

四、有汉族人的家庭

现在村子里有 2 个汉族男性,都已六七十岁了,但是村里只有 1 个有汉族人的家庭,因为其中之一几年前和老伴离婚了。上盐井不是一个纯粹由藏族构成的村子,也有下盐井的纳西族,但与已经高度藏化的下盐井纳西族不同,汉族在这个村子里是文化的外来者,他们要在这里安家就需要融入这里的文化,让自己变得像一个盐井的藏族人。这 2 位汉族男性的经历一正一反地说明了这个道理。

李武芳,云南文山人,1939 年生,1955 年 5 月参加工作,到广西富林、百色一带修路,1957 年以后调到云南省交通厅公路工程局七处,1966—1973 年修建 214 国道云南中甸(今香格里拉)至西藏芒康段,1971 年时他随队第一次来到盐井。1973 年 10 月他和藏族前妻结婚,当时他在盐井养护段(位于 214 国道上下盐井之间的路段路边,紧邻角龙沟)做木工活,他的前妻阿珍生于 1953 年,是上盐井村人,当时在昌都修邦达机场,工期中有时返乡,经常下到养护段来玩,两人因此相识,很快就结婚了。1973 年 12 月之后,李武芳撤回云南德钦养护段工作,这期间他每周周末回家,周一就要到南边 10 公里处的省界隔界河(俗称界界河)工作,靠骑自行车往返。1996 年左右老李退休,之后不到一年就和他的藏族前妻离婚,独自一人借住在村委会的一间小空房里。他的前妻出生在上盐井嘎对组,家中姐妹 5 人,她是最小的。和老李婚后二人生了 3 个女儿,大女儿生于 1974 年,早已出嫁,现在家在上盐井嘎对组,房子远离村子所在地 9 公里,在北边的曲孜卡乡对面的国道边上;二女儿生于 1976 年,也已结婚,丈夫是加达村拉贡组人,他们在上盐井安家,与阿珍家——也是原来老李在盐井的家——紧邻,是安置户;三女儿生于 1978 年,嫁到四川,已有 2 个孩子。大女儿的 2 个儿子一个 12 岁,一个 8 岁,都在下盐井的盐井小学上学,由于路远上学不便,两个孩子除了寒暑假以外都在老李或阿珍处吃住。老李的大女儿、二女儿和他的前妻一样,会说汉话,但饮食习惯仍然是藏族人以酥油茶、糌粑为主的方式,老李和她们吃不到一起去,所以不要她们的粮食；她们只种包谷、青稞等粮食，不种蔬菜，老李吃的蔬菜要到下盐井菜市去买。尽管在上盐井生活了30年，老李仍然不会说藏话（能听懂），不习惯酥油茶和糌粑，和村里人来往不多，只和村长等几个会说汉话的老人打打牌而已，靠退休工资和帮人家修摩托车度日。他现在暂居的村委会小房间只有五六平方米大，屋里除了一张床和一台小黑白电视以外几乎没有什么家当。尽管如此，自从1968年以来他再也没有回过老家文山。他出生后不久父母就去世了，他有2个哥哥，1个姐姐，多年没有联系，大概也已过世。十几岁就离开老家的老李已经不想再回老家了，但现在孤身一人的他也不能算是盐井人；在村里的户口上甚至都没有他这一户的名字。他在一度融入盐井的生活之后，最终还是成为了一个游离于盐井社会的局外人。

另一个当年的修路工人名叫张印忠，云南禄劝人，1947年出生，1969年5月参加214国道修建德钦至芒康段，1974年2月才修完。之后他自动离职到上盐井当了上门女婿，刚结婚时曾回老家3年，之后他回到上盐井生活至今。刚结婚时，家里除了他们夫妇还有妻子的父母、妹妹（后来嫁到同村另一户人家）和弟弟（到加达村上门），都信仰天主教。老张是1980年以后允许恢复天主教信仰活动时信仰天主教的，也是到20世纪80年代初他才学会了说藏话，虽然带有口音，但已说得很流利。笔者初次见到他的时候他在路边和村里的几个藏族大叔闲聊，和陪同笔者的村长交谈也都是用藏语，无论是衣着还是黝黑的皮肤，他看上去都已与土生土长的当地人无甚分别，只有一些难以言喻的微妙感觉让笔者觉得他像汉族人，一问得知果然如此。老张和老伴住在教堂后面，原尼姑学校——即法国天主教传教士在上盐井兴建的培养当地信徒和修女的学校——所在地后来兴建的房子里，有3个儿子，2个女儿。5个孩子都有天主教名和随父姓的汉名，身份证上有用天主教名的也有用汉名的。老张的大女儿嫁到下盐井，老二老三是儿子，都在外地工作成家，现在老两口和排名老四的儿子夫妻，1男1女两个孙儿，还有在昌都上高中的幼女一起生活。这个家庭有数代人的天主教信仰传统，老张岳父的兄弟安居11年前去世，生前是最熟悉村里天主教历史和藏文天主教经文的人。现在全家人仍然会参加各种天主教活动，周日也会上教堂做礼拜。无论是老张还是他的儿女们都没有感到任何与村人的隔阂，而且他们认为既会说藏话又会说汉话对在外面跑、和外面的人打交道有好处。这无疑是一个文化适应的成功例子。

五、有家名的家户

有家名的不是家庭，而是家户，也就是在村里某个固定位置上的房子——无论其重建几次——以及住在里面的与最初的居住者有继承关系的一家人。这些家庭其实并没有上述三类家庭那样的在婚姻关系或成员身份上的特殊性，唯一的特殊之处在于这些家庭不同于后来分家出去单过的家庭或最近才由外地来此的家庭，在村里安家的时间都比较久，住在世代相传的房子里，所以家户本身有了约定俗成的称呼。这些称呼有的表示这家人的来历，有的表示这家的"精英"担任的职务，有的表示当初安家时这个家户在村子里的位置，一开始只是为了方便称呼而取，后来沿用下来就成了家名。家名的形式一般为"××丛"，即"某某家"之意。有家名的人家往往是大家庭，重视家庭成员间保持良好和谐的关系。

起家名的主要目的是为了方便辨认和指代，各个家名的由来往往是地理位置、房屋特征或家中某个特别显赫的成员，具体意义见表6-5。

表6-5 家名一览表

所在组别	家　名	意　义
嘎对	嘎瓦丛	—
嘎对	热马觉巴	好房子
嘎对	中果丛	路中间的家
加崩	热哦丛	热哦乡搬来的家
加崩	它卡丛	白墙的家
加崩	卡龙贡巴	大房子
加崩	空色龙巴	新房子（原为地主家）
加崩	雅拉丛	从德钦雅拉乡搬来的家
中巴	涅巴丛	管家家（原为教堂管事荣旺的家）
中巴	朗达丛	路上面的家（现在是村中首富）
冲对	察加丛	有树的家
冲对	扎雅丛	—

这些有家名的家户中只有一家与天主教有直接联系，那就是涅巴丛。涅巴荣旺当教堂管家的年代约在20世纪20年代至20世纪30年代。荣旺去世后，继承涅巴丛家的是荣旺的儿子夫妇，但也很快去世。1931年出生的阿尼是荣旺的孙女，她继承了涅巴丛，和智力有缺陷的姐姐玛仁相依为命。年幼时阿尼随父亲进过教堂，但在懂事以后就随母亲信佛教了。在父母相继去世以后的1949年左右，在亲戚长辈的安排下，阿尼从盐井北边的小村子九家村招赘了上门女婿斯郎。阿尼和斯郎生育了两儿两女，现在和长男即42岁的图登以及图登的妻子和4个孩子一起生活。阿尼的姐姐玛仁终生未嫁，一直和阿尼夫妇生活在一起；但是她曾经生过1个儿子，现在这个儿子已经成年，入赘到下盐

井去了。另外阿尼和斯郎的幼子，38岁的扎西次仁18岁时出家当了喇嘛，25岁时去了印度，现在在那里的寺庙念经。这个9口之家现在已经没有一个天主教徒，已俨然是一个典型的佛教家庭；只有阿尼和玛仁姐妹的名字还是最初传教士起的教名，残留着一点天主教的痕迹。

从本节中可以看到，在盐井，佛教家庭和天主教家庭，以及佛教、天主教混居的家庭在物质生产和人口生产这两个方面上，共性都要大于差异性，只有在一些相对特殊的家庭——如一妻多夫家庭——中，天主教和佛教产生的不同影响才较为鲜明。由此可见，天主教徒和佛教徒一样，可以在盐井当地进行原有的生产和生活，他们享受的权利和应履行的义务在宗教之外的部分都完全相同。这是天主教本地化进程的重要标志：教徒即是本地居民，本地居民即是教徒。他们并未因信仰一种外来宗教而使日常生活受到宗教生活以外的影响，他们仍然是合格的本地人。

在下一节，我们将看到由盐井的人口再生产衍生出的另一个重要的生活组成部分——教育生活，在盐井，这部分生活同样也深受天主教的影响。

第四节 教育生活

在下盐井村甚至整个盐井乡，最显著的建筑物是位于国道上方不远处依山而建的盐井中学，这所中学成立于1975年5月1日，是目前西藏唯一一所乡级中学，它令盐井人引以为荣，使盐井获得了"藏东秀才之乡"的美名。盐井中学的新校舍是一座2006年秋刚建成的5层楼高的白色水泥建筑，和内地常见的中小学教学楼十分相似，但在藏区色彩绚丽的民居的映衬下反而格外抢眼，何况放眼全乡，也没有另外一栋建筑物能拥有和它相仿，甚至仅仅是和它接近的高度和规模了。

芒康县有11个乡，盐井中学的招生范围是本乡以及临近的邦达、莽岭、曲孜卡、纳西乡、木许6乡学生。盐井中学的学生都按照西藏的九年义务教育政策实行"三包"（包吃、包住、包穿），学费全免。换句话说，一个学生一年的1 150元学费、900元生活费、250元吃穿杂费都由政府出。最近几年由于"普九"每年招生1 000多人，2005年招了1 014个学生，2006年就暴涨了500多人，主要是由于抓紧实行"普九"政策，所有13～18岁之间的孩子如无特殊原因都要求到校上学。尽管盐井中学只有初中部，但在短短38年的历史中，它为盐井培养了许多走向西藏各地和祖国内地的人才。

盐井中学只设初中。学生有流动因素，2003年三个年级共344人（见表

6-6），其中汉族学生有 12 人，均是外地转学来的，因父母在盐井做生意或打工。这 12 个汉族学生当中，男性有 4 人，女性有 8 人。

表 6-6　盐井纳西民族乡初级中学学生数（2004 年）

	男（人）	女（人）	总计（人）	班级（个）
初 一	85	78	163	5
初 二	61	36	97	3
初 三	41	43	84	2
总 数	187	157	344	10

全校有教师 42 人，其中煮饭的生活教师 4 人，全部是藏族人；专业教师 38 人，6 人是藏族人。教师当中，有本科文凭的 13 人，有大专文凭的 12 人，有中专文凭的 1 人。

创始于 1951 年的盐井小学比盐井中学历史更为悠久，至今已经有 60 多年了。原芒康县县委副书记益西老人介绍说，盐井人的心理素质、风俗习惯等在整个西藏都有突出的特点，学校教育比较发达，过去有"西藏老区"之誉（犹如过去所称的红军老区、解放区等）。盐井解放时，解放军在盐井创办了小学，他们这批当地的藏、纳西两族老干部都是这个学校的学生，他是第一批学生。从这里的学校毕业后到内地工作的当地人至今有 505 人，有省、地、县几级干部，有研究生、大学生等 200 多人，有一个还当了西藏自治区的政协副主席。仅仅上下盐井两个村在外面工作的纳西族人就有 298 人[①]。

盐井小学经过几十年的发展，到 2000 年已有 11 个班，学生 402 人，教职员工 22 人，其中小学高级教师 2 人，一级教师 6 人，二级教师 11 人[②]。四年以后（2004 年），学生的情形又有所变化，见表 6-7。

表 6-7　盐井小学学生构成

	男（人）	女（人）	合计（人）	班（个）	备　注
一年级	34	32	66	1	含 3 个汉族女生
二年级	51	42	93	2	含 1 个汉族女生
三年级	61	36	97	2	

---

① 参见杨福泉《走进西藏古镇盐井》，载《滇池》2006 年第 7 期，第 73 页。
② 参见西藏昌都地区地方志编纂委员会编《昌都地区志》（下），方志出版社 2005 年版，第 717 页。

续表6-7

	男（人）	女（人）	合计（人）	班（个）	备 注
四年级	54	29	83	2	含汉族学生1男1女
五年级	47	33	80	2	
六年级	43	36	79	2	含汉族学生2男2女
总 数	290	208	498	11	含汉族学生3男7女

盐井小学入学率为98%。有汉族学生10人，他们在盐井读书的原因与上面相同。①

盐井兴办现代教育的传统可追溯至清光绪三十三年（1907年），赵尔丰在四川巴塘设川边学务总局，聘吴嘉谟为学务总办。学务总局下设4个学区，其中西区为盐井（今芒康县）。学区设学务总理和总校长，总理由地方行政官兼任，总校长由学务聘任。学务总局还派视学专员到学区考察，指导教学。清光绪三十四年（1908年）六月，赵尔丰在盐井西区建立官话学堂10所，分别设在盐井、蒲丁（即今下盐井）、河西（疑为今加达）、上中下觉陇（即今觉龙村）、宗崖、八头人地、甲日顶、茶里（即今擦垄）、昌多（今昌都）等地，男女学生共354名。清宣统元年（1909年），宁静县在县城、南墩和足塘各设一所官话学堂，各有学生30～40人不等，民国元年（1912年）均改为县立小学校。后因经费不足仅留县城和南墩两所小学，"由于南墩和官道等地汉籍'塘勇'（士兵）子弟皆愿读书，生源有所保证，加之历任官员积极就地筹款办学，所以这两所小学存留较久"。

民国元年（1912年），学务总局移至四川康定，次年解散。此后直到新中国成立前夕，昌都地区没有专门的教育行政机构。在这个长达30余年的阶段中，天主教会在盐井开设的小学对于当地教育有着很重要的作用。

1951年1月，地区解放委员会下设文教组，专门负责文化、教育等工作。同年10月，文教组改为文教处，后正式创办了盐井小学，校舍在上盐井天主教堂，其时教师派任。学校先后开设了藏语文、汉语文、算术、常识、音乐、美术、体育等课程，并自编教材《新编三字经》进行教学，内容大致为"共产党、毛主席、新中国、解放军、大生产、全世界……"。时有学生40多人。后来，学校由部队移交给盐井宗解放委员会，正式挂牌为盐井小学，时有学生70人左右。此后，学校教学内容逐渐丰富，教学手段日趋完善，成为当时全地区屈指可数的正规学校。1958年年初，因叛乱影响，学校被迫停办。1959

---

① 感谢中山大学社会学与人类学学院何国强教授提供资料。

年10月1日，盐井小学重新恢复上课。20世纪80年代，盐井小学搬迁到下盐井新建的校舍中，原校舍恢复为教堂。

上文所述的盐井现代教育发展轨迹，与20世纪上半期盐井存在的天主教教育体系有着前后承接的关系。

天主教甫一传入藏区，即对教育的作用十分重视。"咸丰末年光绪初年（约在19世纪60年代初），传教士余斯德望（余伯南）、蒲白多禄（蒲德元）2人率6户四川教徒迁入德钦茨菇，收买土目，买地建教堂。又在六九村开办教会小学，入学者可免费……"① 先后负责西藏教区传教事务的巴黎外方传教会和瑞士伯尔纳铎会都在西藏教区建立了自教会小学开始的各层级天主教教育机构。其中前者在19世纪60年代至20世纪30年代之间，在西藏教区云南铎区建立教堂6座，开办教会小学6所，教堂修女院1所，开设施药点2个；后者在1930年接手当地传教事务后，将传教重点由茨中移到维西保和镇，在各天主教堂兴办男女学校，发展施药点。在此基础上，于保和镇西郊落花坝开办小修院，培养初级神职人员。这里需要特别提到的是，1930年最早来到西藏教区云南铎区的瑞士伯尔纳铎会传教士李自馨、国尊贤等是由康定经盐井进入云南迪庆的。作为滇藏线茶马古道重镇之一的盐井，也同样成为了传教士们往来于西藏教区各地传教的重要中转站。

相较云南铎区，康定作为西藏教区主教驻地，相应的教育与社会事业更加兴旺发达。1949年以前，康定县城设有总堂、医院、拉丁修道院、童贞院、托儿所、育婴堂、印刷所和学校4所。此外，还办有天主教报纸《崇真报》《西藏回声报》。同时，康定地区的15座教堂多兼设有教理传习所、孤儿院等。

两地教育与社会事业的不同发展局面除了天主教内部的原因以外，还有外部原因。与汉族教徒较多的康定地区不同，除了传教初期以外，天主教云南铎区的教徒以藏族人为主，兼有纳西族、汉族教徒。因此，云南铎区的天主教与当地藏传佛教矛盾较为尖锐，影响了天主教教育与社会事业在当地的发展。

下面就对1951年以前西藏教区的各类教育与社会事业做一个简要介绍。

一、善牧堂

善牧堂即托儿所、育婴堂、孤儿院、孤老院之总称，收养孤儿、弃婴和教徒寄托子女，以及孤寡老人。民国三十四年（1945年），康定有孤儿院2所，一设真原堂，一设驷马桥分堂，共收养孤儿60余人。康定地区各教堂所开办

---

① 迪庆州志编纂委员会：《迪庆藏族自治州州志》，民族出版社2003年版，第187页。

的教理传习所内大都兼设有孤儿院。

云南铎区仅在小维西天主教堂设孤老院1间。

据相关记载，天主教在康定立足后，曾收养了一些藏族孤儿，培养他们成为忠实的信徒，继后，依靠他们在云南铎区发展了一批藏族教徒，这才打开了在当地较长时间无法吸收藏族教徒的局面。可见善牧堂的存在，对天主教传教事业的发展起着重要的作用。在上盐井，老角嫫德仁撒的父亲就是这样一位由教堂收养的藏族孤儿成长为教堂管事的早期天主教信徒。

二、学校

私立康化小学：民国十六年（1927年）由法国外方传教会在康定开办，经费由教会每月拨支大洋约220元，民国三十一年（1942年）因经费拮据而停办。办有高初年级各二班，开办15年中共毕业学生约500人。历任校长有杨仲华、张鸿逵、何伯康、衡席珍、穆仁杰、冯有志等。

法文补习班：民国三十四年（1945年）在康定开班，杨华明为初习班负责人。书籍自备，不收学费。初习者有陈戴德、肖永年、喻俊伦等七八人。后因人数过少而停班。

茨菇教堂小学：清同治元年（1862年）开办，学生系教徒子女，1905年停办。

茨中教堂小学：创办于清光绪三十一年至宣统二年（1905—1910年）间，1910年有男学生234人，女学生18人，至1949年年底，每年在校学生平均100余人。学生多为教徒子女。教师平均保持6～8人，都是中国教师，课程设置与其他小学类似，但也教唱诗，讲《圣经》故事。1951年，由人民政府接管，成立省立第一完全小学。

维西教堂小学：创办于清光绪六年（1880年），学生一般六七十人。学生有汉族、纳西族及少数藏族人。课程设置与茨中教堂小学同。

保和镇教堂小学：创办于民国二十二年（1933年），男、女生部别称为男校、女校。为瑞士教士所办。在校生约30人，都是教徒子女。

另外，康定驷马桥、丹巴、道孚、靖化等地天主教堂亦曾开办过小学。阿墩子天主教堂曾开办女子小学。

除了上述小学之外，康定地区还有一种初级教育机构称为教理传习所。教理传习所又称男女学堂，教区内各堂口多有附设。凡教徒子女年满7岁，送教理传习所学习教规、教义，攻读经文，并授粗浅的语文、算术。传习所有男女分设的，亦有合班的，新入教者不论年龄、性别都必须先进教理传习所学习。

天主教会在盐井兴办的小学当属教理传习所，详细情况在当地地方志中已无描述。但据村中80多岁的老角嫫德仁撒回忆，她8岁时就在天主教堂上小学，读了 4 年左右，学习的内容是念经讲经，用藏语念，认藏文经文；也学认数字，不学加减法也不学汉语。那时全村的孩子都要从 8 岁开始进小学学习，学到 12 岁；家里缺人手的孩子可以只学早课，两三年就能学完，不然还要学晚课。每年上半年学，如果家里缺人手就冬天上学，夏天不上；不缺人手就夏天上 3 个月，冬天上 3 个月。白天上课，大约是早上 9 点到 11 点，下午 2 点到 4 点左右，那时没有现在的钟表，靠敲钟通知上课时间。早课完了以后就开始上课，早上祷告孩子们不用参加，参加者主要是老年人，年轻人要干活，不用参加。晚课孩子们要参加。孩子们上课男女分开，女生是角嫫来教，男生是请老师来教。老师是教堂的管家，也是天主教徒，以前也在这里上过学。女生对教课的那个角嫫也称为老师。两个老师教课就够了，因为学生不多，她在校时一共也就是五六十个。一共有三门课，即早经、晚经和讲解，讲解教的是念经的规矩。当时的神甫是德钦的吕爷，年纪很大了，角嫫的年纪也很大，3 人都是从茨中来的。这个学校在昌都地区志中也有提及。

从老角嫫的上述回忆中可以看到，盐井的教会小学应该是一所教理传习所，主要是为培养天主教徒服务的，强调背诵圣经祷文的能力，但对藏语读写能力也有较大帮助。在当时的历史时期，确实可以在很大程度上充当基础教育的职责。

三、修院

拉丁学堂：又名拉丁修院，是专门培养传教人员的初等神学院。拉丁学堂只收教徒子弟，毕业后可送高一级神学院深造，通过一定的考核、审查可晋升司铎。康定拉丁学堂开办于清咸丰四年（1854 年），设在总堂内，1950 年停办。由于康定教区线长，民国三十年（1941 年），教区主教华朗廷授权云南维西教堂增设拉丁学堂 1 所。这所拉丁学堂前身为民国二十六年（1937 年）瑞士伯尔纳铎会传教士杜仲贤、赖昭在保和镇创办的小修院。当时招生 20 余人。两年后在永春高泉村落花坝建新校舍、经堂，1940 年竣工搬迁。修生来自维西、德钦、贡山、盐井等地，课程以拉丁语为主，兼修神学，学制三年，主要培养初级神职人员，1945 年停办。

据相关记载，瑞士伯尔纳铎会传教士开办的小修院培养了一批来自西藏教区各地的初级传教人员，他们返回各自家乡后，对当地的传教事业发挥了积极作用。另外，在较长的时期内，出现了民教相安局面，入教人数增多，藏族愿入教者也相应增加。

毕业于康定教区拉丁学堂并得晋升神甫的有 9 名华人，其中孙熏、李顺

庆、衡昆岗①、刘一斌、王友全、杨华明②曾被送至槟榔屿神学院深造，李×
×、熊德隆③、傅载明④未出国。康定拉丁学堂历任负责人为明爷⑤、华朗廷、
赖福如、何光辉、倪正德，他们都是法国籍人。

　　修道院：康定地区泸定磨西和康定南门各1所，是天主教为培养传教地的
修道者而设。新中国成立前夕，磨西修道院院长为马成英，康定南门修道院院
长为余淑清。康定修道院中尚设有中国修道会，亦称玛利亚方济各传教修女会
副会。

　　真女院：又称女修院、童贞院，设在康定修道院内，收教徒家庭中未成年
女子或孤女，授以经典、教义、语文、算术，为各堂口培养女教员及修女，是
天主教女教徒出家修道居住之所。新中国成立前夕，负责人为何修道。

　　盐井也有一所被后人称为"尼姑学校"（藏语"曲路永撒"，意为念经之
地）的真女院。它位于教堂后方，现已不存，在原址上建了3户人家。"尼姑
学校"始建年代已不可考，应该是在天主教已经在此地发展了部分信徒以后，
出于传教需要而兴办。

四、医疗机构

　　传教士除了传教之外，还有一项基本工作，就是开诊所提供免费医疗，以
此博得当地民众对天主教的好感，行医和布道相辅相成。这一举动，明显受到
了19世纪30年代"医务传道"在广州地区获得成功的影响。关于这一点，
从著名传教士伯驾所属差会对其的告诫内容中即可窥视一二：

> 你如遇机会，可运用你的内外科知识解除人民肉身的痛苦，你也随时
> 可用我们的科学技术帮助他们。但你绝对不要忘记，只有当这些能作为福
> 音的婢女时才可引起你的注视。医生的特性决不能代替或干扰你作为一个
> 传教士的特性……⑥

　　川滇藏交界地区气候恶劣、缺医少药，从这方面来说，比之广州有过之而
无不及。所以，来此传教士更加注重对"福音的婢女"（医疗手段）的使用。
事实证明，这也的确是一个行之有效的办法。现简单介绍传教士所开设的固定

---

① 后任泸定总堂沙坝教堂神甫。
② 曾任康定教区天主教参议会参议员，新中国成立后任康定教区代主教。
③ 后传教至炉霍并任炉霍县虾拉沱教堂首任神甫。
④ 后任炉霍县虾拉沱教堂第五任神甫。
⑤ 后任虾拉沱教堂第三任神甫。
⑥ 转引自顾长声《传教士与近代中国》，上海人民出版社1991年版，第43页。

医疗点：

康定仁爱医院：清光绪二至四年间（1876—1878年）建于修道院内，分住院部和门诊部，有大病房2间、小病房3间、共有病床85张、医生5人，1949年增设产科病房。该医院系康定地区最早的西医院。

磨西麻风病院：设在今泸定县磨西镇，民国十年（1921年）开办。经费原依靠国外募捐，抗日战争胜利后由磨西、冷碛天主教教堂拨粮维持，民国政府曾拨款资助。新中国成立时，约有病员200人、孤老3人、孤女2人、工友3人，有外籍护士8人、医生1人、药师2人，院长马成英，副院长天安格（加拿大籍修道士）。该院占有耕地70余亩，当时的医疗技术还不能治愈麻风病，但磨西麻风病院起到了隔离收容、避免传染他人的作用。新中国成立后由人民政府接办，更名为泸定皮防医院。

此外，康定各地教堂亦多附办有门诊部或诊断所。而云南铎区则仅有施药点3处，即保和镇天主教堂、小维西天主教堂和茨中天主教堂。对此上文已有描述，不再赘述。一般来讲，传教士都懂医，有的医术较高，如赖昭等。①

茨中村北边的一座山上，至今还保留着几间当时为麻风病人建造的房屋，目前这里仍居住有2位麻风病人。2011年夏天，笔者与老教友肖杰一专门探望了这两位麻风病人。他们是兄妹俩，哥哥叫若瑟，妹妹叫德吉，都是天主教徒。相比之下，哥哥的身体还算健康，只是四肢被麻风病毒侵蚀得变形很严重，妹妹面部早已毁容，小孩子看见都会害怕，可惜笔者到访当日她刚好外出送编织好的竹制品下山，未能亲眼看到这位困苦的教友。

可以看到，天主教在西藏教区内部，发展教育与社会事业的程度也是不平衡的，康定地区的天主教教育与社会事业较云南铎区更为发达。这与天主教会将作为整个西藏教区教会体系中心的主教驻地设置在康定，有着密不可分的关系。盐井作为西藏教区的一个传教点，当地的天主教发展情况同样受到天主教领导组织的极大影响。因此，下文将致力于从天主教的领导组织的变迁出发，剖析其在盐井天主教的本地化过程中所发挥的不可替代的作用。

---

① 上文由《甘孜州志·社会志·宗教篇》第二章"天主教"第一节"传入与发展"整理而得。

第七章 天主教仪式

天主教认为，神职人员具有代表信徒向天主吁祷及奉天主之命而施恩典的特殊中介职能，因此，神职人员与一般信徒在地位上有明显的区别，前者起主导作用，后者只是随从。这种教义转达的过程必须通过特定的仪式方能呈现出来，所以，天主教与新教相比礼仪方面就更为繁琐。本章将通过介绍盐井天主教仪式的现状及变迁，从仪式角度观察盐井天主教的本地化进程。在介绍盐井天主教仪式之前，有必要对西藏教区一般的天主教仪式有所概述。

天主教礼仪以弥撒为主。在19世纪下半叶天主教西藏教区建立之初，弥撒仪式按教规举行。后来为适应当地群众习俗，每天一次改为早晚两次，陶云逵的《俅江纪程》对此作了说明："每日晨夕做礼拜两次，……天主教仪式本甚繁琐，而一日两礼拜，则未见之，此盖喇嘛教之习惯。"老教徒回忆当年情景，每次做弥撒，都由外国神甫主礼，中国人只能作助祭尾随其后陪同主方以穿着华丽祭服装①，不同的主日和圣日，更换不同颜色的服装，经过祈祷祭献之后，主礼人讲道。外国传教士用拉丁语念经，再用方言解释。有的传教士懂汉、藏语言。讲道结束，进行祭献、祝圣、领受"圣体"。

1951年以后，因缺乏神职人员，弥撒仪式也就停止了。1984年后，宗教政策有所改观，各教堂陆续恢复活动，但因原西藏教区云南铎区各教堂仅有一名神甫，而且年事已高②，因此，各教堂仅于神甫在堂时，按教规完成仪式。平时做弥撒的时间都在早晨，而农忙时节，早晨的这一台弥撒也不举行，仅在家里念诵经课而已。

另外，天主教还有"大日课"的礼仪，他们将每昼夜分为7个时辰，每隔3个小时，按大日课所规定的程式，进行一次集体的礼拜、祷告、诵经。此种形式，在西藏教区也大为简化了。③ 这些情况，与笔者在盐井观察到的相对

---

① 原文如此。
② 即施光荣神甫，藏名阿明，维西县小维西村人，汉族，1946年由杜仲贤推荐，曾在昆明天主教堂大修院进修，取得神甫资格。1948年返回。1985年曾作为云南省迪庆州天主教代表参加云南省天主教第一次代表大会。
③ 以上内容据《迪庆州志》第199页天主教相关章节整理而得。

照，都可一一找到对应之处。本章将通过对盐井天主教仪式的描述，阐述天主教仪式在盐井乃至在整个西藏教区的本地化表现。

第一节　仪式的主持者和信徒

一、仪式的主持者

20世纪80年代，天主教活动重新走上地面，可以公开举行，于是教徒们自发请来了云南茨中的阿明（汉名施光荣）神甫到盐井主持仪式。施神甫曾跟随传教士学习，在1950年以前即取得神甫资格。但是由于路途遥远、老人年事已高等原因，外来的神甫并不能完全满足盐井教徒日常天主教活动中对神甫的需要。1992年，教徒们终于争取到一个培养本村神甫的机会，当时还是高中生的鲁仁弟就是借这个机会在村民的集资下得以到北京天主教神哲学院进行为期4年的培养，于25岁时成为神甫回到了盐井。鲁仁弟回到盐井以后，2003年还有一位来自云南茨中的年轻神甫丁耀华到上盐井教堂实习。丁神甫2004年离开盐井教堂，直到现在还不时来到村里主持正式的弥撒仪式，为上盐井教堂准备圣水等。

鲁仁弟是盐井的第1位本村藏族神甫，第3位中国神甫，包括传教士在内的第20位神甫。他成为神甫是盐井天主教本地化的一大证明，表明上盐井的天主教徒希望并且能够培养出一个本村本地的神甫主持活动。和第1位本村神甫的迟迟出现不同，修女（角嫫）① 一职则是自传教士时代就已由各个教堂所在村的决意守贞的女性信徒承担，上盐井村史上至少有过20名角嫫。之所以如此，有两方面原因：第一，外方传教士中女性数量一直很少，尤其在偏僻地区更是如此，但女性向为传教的主要群体，客观上需要女性神职人员承担起责任；第二，在藏传佛教地区，多子女家庭让儿女出家的情况十分普遍，即使成为天主教信徒，村民也很容易产生类似的让女儿当天主教的角嫫的意图。严格说来，守贞女不能担任专职的传教者或出任神甫，但她们可以辅佐神甫举行仪式，并在天主教经堂教课，同时传播简单的教理。1951年后角嫫们离开教堂，回到家中，大多留在各自家中保持守贞生活直到去世，也有改变心意放弃守贞的。20世纪80年代，上盐井仍然健在的几名老角嫫中最年长的一位名叫阿尼，这位阿尼角嫫被教徒们推举为村民组织天主教管理委员会的主任，在没有

---

① 藏语"角嫫"指女性出家者，既可指佛教的尼姑，亦可指天主教的修女。

神甫时带领大家参加平日的早晚经课。后来阿尼还作为宗教界人士当选了芒康县的政协委员，多次向上传达村中教徒们培养本村神甫的意愿。

在1996年鲁仁弟学成归来后不久，由于村里只有2位已经年近八旬的老角嫫，1997年天主教管理委员会又出资送村里的2个初中女生到四川省西昌圣家修院学习。她们一个叫玛仁，一个叫阿尼，经过学习后于2003年回到村里，成为见习修女。新的修女来到以后，老角嫫阿尼就不再留在教堂，回到自己家中。翌年，由于与神甫发生矛盾，玛仁离开教堂，还俗回家。2005年，另一位见习修女阿尼和老角嫫德仁撒也离开了教堂，教堂中的角嫫只剩下了2004年来到盐井的马达琳娜。她是云南茨中巴东村人，年少时就跟随施光荣神甫来过盐井，在辗转于茨中、小维西等地的几个教堂之后，最终留在了盐井教堂。现在教堂所有日常经课，包括主日经课都是由她带领大家进行的，神甫忙于到各地开会，很少出现在教堂里。这里提到的神甫与教徒的矛盾将在下文进行介绍和分析。

在这里我们可以看到，盐井天主教的神职人员核心人物——神甫这一角色，在100多年间经历了一个从西方传教士转变为邻省汉族神甫，再转变为本村藏族神甫的过程。这个过程与整个西藏教区的情况相吻合，可以作为盐井天主教本地化的一个明证。虽然这一过程与盐井的政治环境变化有很大关系：1950年以后传教士全部离境，当地天主教信徒必须找到替代的神职人员作为他们和天主之间的媒介，因此只能选择本地的神甫。但是，政治环境的变化本来更可能导致天主教在本地的消亡，而现在的结果却是这一变化在某种程度上加速了盐井天主教的本地化进程，足以说明天主教在盐井乃至整个西藏教区的顽强生命力。

二、天主教信徒

上盐井的天主教徒和佛教徒的人数几乎一样多，由于两教教徒的日常生活几乎都融合在了一起，天主教徒和佛教徒联姻的家庭非常多，所以要介绍天主教徒的情况就不得不提到佛教徒的情况。从全村整体情况出发来看，2007年上盐井村共有5个村民小组，常住人口[①]771人，其中男性366人，女性405人，佛教徒396人，约占51%，天主教徒375人，约占49%。具体情况见表7-1、表7-2、表7-3。

---

① 此处常住人口不只是户口在村里的人口，也包括在外地读中学和大学的学生，与村民的户口统计人口相比可能有微小差异。

表7-1 上盐井村民基本情况表

		嘎对组	加崩组	重巴组	重对组	擦垒组	总计	百分比
人口（人）	男	97	98	72	69	30	366	47%
	女	112	101	77	85	30	405	53%
	Ⅰ类	82	76	92	119	6	375	49%
	Ⅱ类	127	123	57	35	54	396	51%
	总计	209	199	149	154	60	771	100%
劳动力（人）	男	56	30	30	39	12	167	49%
	女	42	38	35	40	18	173	51%
	总计	98	68	65	79	30	340	100%
家户（户）	Ⅰ类	4	8	8	15	1	36	27%
	Ⅱ类	11	16	5	4	13	49	36%
	Ⅲ类	15	9	11	12	3	50	37%
	总计	30	33	24	31	17	135	100%

说明：劳动力占全村人口的44%，本章各表中Ⅰ类表示天主教，Ⅱ类表示佛教，Ⅲ类表示既有天主教又有佛教。

表7-2 上盐井天主教徒年龄级和性别构成

（单位：人）

年龄级	女性	男性	小计	年龄级	女性	男性	小计
0～5	20	19	39	46～50	14	12	26
6～10	21	21	42	51～55	11	7	18
11～15	15	17	32	56～60	9	6	15
16～20	19	14	33	61～65	8	3	11
21～25	12	9	21	66～70	8	3	11
26～30	10	12	22	71～75	6	2	8
31～35	12	13	25	76～80	5	1	6
36～40	17	17	34	81～85	4	0	4
41～45	14	14	28	总数	205	170	375

说明：其中男劳动力85人，女劳动力88人。

表7-3 上盐井人口年龄级和性别构成

（单位：人）

年龄级	女性	男性	小计	年龄级	女性	男性	小计
0～5	38	43	81	46～50	24	23	47
6～10	43	49	92	51～55	21	18	39

续表 7-3

年龄级	女性	男性	小计	年龄级	女性	男性	小计
11～15	35	39	74	56～60	18	13	31
16～20	34	31	65	61～65	15	9	24
21～25	23	18	41	66～70	17	7	24
26～30	22	25	47	71～75	13	4	17
31～35	24	25	49	76～80	10	3	13
36～40	33	32	65	81～85	7*	0	7
41～45	28	27	55	总数	405	366	771

说明：＊表示包括两位 88 岁和 86 岁的老人。

从表 7-1 和表 7-2 中可以看到，上盐井村的男女比例略有不均，男女性别比是 90.4：100，但是在劳动力人口即 18～50 岁的青壮年人口中的男女性别比就比较接近通常情况了，是 96.5：100。尽管如此，这依然不是公认的常规性别比 105：100，这主要是由于 16～25 岁的人口中男性长期外出打工的人数要多于女性，在常住人口的统计中无法反映出来。除此以外，在高原地区，男性的健康更容易受高原气候、海拔和紫外线辐射等自然因素的影响，寿命较女性为短；目前，上盐井村里年纪最大的女性年纪有 88 岁，80 岁以上的老年妇女还有 7 位，而年纪最大的男性只有 80 岁，70 岁以上的老年男子就已寥寥无几。由于老年男性远少于老年女性，整体的性别比就有所失衡了。

从表 7-2 可以看到，全体天主教徒的男女性别比是 82.9：100，教徒劳动力人口的男女性别比是 96.6：100。比较表 7-2 和表 7-3 可以看到，这两个数据中第一个与全村的数据相比偏低，第二个与全村数据很接近。这里可能的原因有：51 岁以上的老年男性天主教徒比佛教徒少，这与 20 世纪 80 年代恢复天主教活动时的情况有关。当时虽然领头重新兴办天主教活动的教徒多为男性，但总体上看女性响应者要多于男性响应者。这是因为虽然两教在"文革"中都受到了冲击，但是"文革"结束后在当地整体的藏传佛教氛围下藏传佛教信仰恢复得较快，部分原有天主教信仰传统的男性在佛教影响下改变了信仰，后来天主教复兴他们也没有再回归到天主教的信仰中来；而女性对宗教的热情较高，相应的忠诚度也更高，所以改信佛教的人较少。更主要的原因是由于村中天主教徒与神甫不和，2000 年后出生的孩子大部分没有到天主教堂洗礼，只起了佛教名字，所以被计算在了佛教徒人数里。

第二节 周期性的仪式

在盐井，人们的日常生活以藏历年为周期周而复始地运转着，天主教的仪式也同样如此。下面就将介绍盐井天主教生活中的各种重要的周期性仪式。

一、每日的仪式

盐井天主教堂每天都要举行的仪式是早课和晚课，早课的目的是为了向天主祈祷这一天能平安度过，这一天的工作能取得收获；晚课的目的是为了感谢天主实现了早上的祈求。目前这两项仪式的主持者是角嬷马达琳娜，辅助者是老角嬷德仁撒，参加者是村中的天主教徒。

教堂的一天是从早晨的经课开始的。平常的日子，也就是周一到周五的非节日日子里，每天早上7点以前，悠长的十几下钟声从教堂钟楼传来，提醒信徒们到教堂参加早课——"霍巴德玛"。由于年轻人都要早早起床干各种活计，所以很少有人能到教堂参加为期39分钟的霍巴德玛，只有几位年纪最大的老太太表现得最虔诚，她们当中包括老角嬷阿尼和德仁撒。这群老妇人几乎每天早晨都会到教堂去念经，不只为自己，也为家人祈求天主的庇佑。

敲钟以后，她们就拄着拐杖或在孙辈的搀扶下慢慢走到教堂去，进入教堂小院子以后，她们就坐在院门里面的长椅上休息、闲聊，有的还会拿出装在小铁盒里的印度鼻烟，倒出一点在指甲上吸上几口。角嬷马达琳娜会从她住的南楼二楼走下来迎接老人们，和她们一起说笑。到敲钟后半小时左右，马达琳娜看到人来得差不多了，就会带着大家一起走到教堂门口，打开挂锁最先走进去。大家鱼贯而入，行礼后才走向前去。行礼的方式是用右手中间三指点蘸圣水，面向圣体台画十字——用右手中间三指依次碰触前额中央、左肩、右肩各一次。随后左膝屈膝，右膝触地，右手扶左膝跪拜。众人行礼的程度不一，也有人只蘸圣水点触前额；如果戴了帽子还要在蘸圣水以前把帽子脱掉。教堂里长椅的第一排是不坐人的，只放着汉文、藏文和汉文注藏文的一些经课书籍和《圣经》，还有村民献义的记账簿。第一排不能坐的理由很简单：众人在做弥撒时需要在念到某些经文时跪在前排椅子下方所附的跪凳上，第一排椅子前方没有可跪的东西，故此不能坐。而跪凳在人们坐下时也是不能用来踏脚的，无论哪一排都一样。

由于这群老妇人们常年坚持参加早课，她们已经有了习惯的座位，其中还有人在固定座位上摆放着坐垫，这些坐垫一直放在椅子上，不用带来带去。马达琳娜的座位在第二排左边靠近走道的第二个位置，两位老角嫫，88岁的阿尼和81岁的德仁撒（昵称德日）分别坐在她的左边和右边，其余人坐在她们身后，大多数坐在左边，也有人坐在右边的长椅上。

马达琳娜进教堂以后直接走到祭台上，点燃祭桌上的一对蜡烛，然后才回到自己的座位上跪下。这时众人也都跪好了，在马达琳娜起头念经以后大家也一起开始齐声背诵经文，并捻动带有十字架的念珠串。念经用的语言是藏语，经文是早年传教士所教授的，与汉语天主教早课大同小异，以圣号经开始，继以三钟经、天主经、圣会四规、信德经、望德经，之后唱爱德经、悔罪经、耶稣祷文、圣神降临诵、已完工夫诵等，最后以天主经、圣母经结束，其间先采取跪姿，后改坐姿，再改为跪姿直到最后，但视各人体力不同，除了改换跪姿时动作较为统一以外，累了的人可以先恢复坐姿，并没有一定要坚持到底的要求。不仅年老力衰的老人如此，年轻人来做礼拜时也是如此。

经过39分钟，众人的念经声同时停下，默祷10余秒后，众人渐次起身，走到过道时行礼，然后才转身离开。马达琳娜还要到祭桌上去把蜡烛熄灭。

从教堂出来以后，众人或者再到院子里说笑一阵，或者各自回家。马达琳娜会把大家送到大门口才回去。

晚课的情况与早课有异有同，北京时间每晚7点半到8点之间，马达琳娜会敲响大钟提醒人们参加晚课，由于时区关系，在盐井这时太阳才刚落山，天边还有余光。吃完晚饭的信徒们根据自己的时间安排前往教堂，除了少数几人以外，很少有连续参加晚课的，每晚在教堂看到的信徒都不一样。参加晚课的人数比早课的人数稍多一些，与早课的仅有老太太的情形相比，晚课的参加者男女老少都有，以中青年女性为主，男性占少数，有时甚至一个也没有。有妈妈辈和奶奶辈的信徒带着孩子一起去教堂，既是方便照顾又是让他们早早进行信仰的启蒙。当还不太会走路的小孩模仿着大人在教堂门口做出行礼的动作时，大家都露出鼓励的笑容夸奖他。当然，除了婴儿被大人背在身上或抱在怀里以外，稍大一点的孩子总是克制不住在众人念经时乱跑、吃零食、又说又笑的冲动，这时大人们往往是只管自己念经，任由孩子们去玩，直到他们闹得太过火妨碍到别人时才出言制止。但长到六七岁的孩子就开始懂事了，不仅会像大人一样在跪凳上跪直，还会认真听，甚至会管教小些的弟弟妹妹也照着做。

晚课从敲钟到真正进入教堂本堂开始念经的时间间隔有将近1小时，在这段时间里，人们坐在本堂前的四五级台阶上说笑甚至打闹，尤其是年轻人，不分男女都开怀大笑。角嫫马达琳娜也还算年轻人，虽然在我们外来人面前十分羞涩，甚至一直垂着头不与人对视。但从云南茨中孤身一人来到此地多年的她和村里人显然相处得很好，说笑打闹时也不落人后，而且完全没有我们想象中的与世俗中的异性"授受不亲"的避嫌行为，无论是和年轻男子坐在一起还是追打嬉闹都和一般其他女孩没有两样。晚课前的这段时间，让村人们可以高高兴兴地谈天说地，是平日繁忙的人们交流信息、增进感情的好机会。

马达琳娜带头走进教堂以后，大家就收敛起嬉闹的心情，安静从容地跟上去。人们蘸圣水行礼以后到前排跪凳上跪下，在马达琳娜点上祭桌上的蜡烛，走到座位上跪好，带头念经之后晚课就正式开始了。大体上由圣号礼开始，继以圣路善工①，共念 14 遍，最后念 7 遍天主经加上圣母经再加光荣经，以圣三颂结束。早课上的那些老妇人们信教几十年，早已把经文烂熟于心，因而能够背诵自如；相比之下，参加晚课的人们就不能做到人人都能把总长 15 分钟的经课从头背诵到尾了，甚至有个别人完全不会背，但也很认真地倾听着他人念经的声音。

晚课结束过后，和早上一样，马达琳娜把蜡烛熄灭，众人行礼后依次走出教堂，打开手电筒照着路，说笑着走回家去。马达琳娜送大家走到教堂大门，大家也会自觉地帮助她一起把两扇沉重的铁门关上。这往往要几个人内外合力才能做到。门关好后，里面的人再从大铁门旁的小侧门出去，马达琳娜笑着和大家道别，也会跟我们用藏语腔调的普通话说："好走！"

总体上讲，相对于上盐井村 370 多人的天主教徒这个数字，平日到教堂参加早晚课的信徒并不算多，只有 10 余人，尤其是早课，只有 8 位平均年龄在 75 岁左右的老太太参加。但因为每晚参加晚课的人员与前晚都不尽相同，所以实际经常参加晚课的人员应在 30 人左右。无论是早课还是晚课，迟到早退者都很常见，也不会惊动旁人。他们只需在入座或离席前对天主施礼即可，无人责怪。但是打瞌睡的人会被周围人叫醒，否则就是对天主不敬。

对村里的天主教信徒而言，平日由于忙碌的劳作等种种原因，不一定能参加早晚的经课，但在主日天，也就是周日做弥撒的时候，信徒们还是会尽量抽出时间来参加。当地藏语称主日天为"打包尼玛"，意为"主的日子"，既表示周日也表示主日天弥撒。

二、每周的仪式

每周日早晨 8 点左右，教堂敲钟召集信徒参加主日天弥撒。人们陆续来到教堂，在内院里或坐或站地闲聊，有人拿出 5 元、10 元的钞票交给坐在院门长椅上的马达琳娜，马达琳娜收好钱，把账目记在账簿上。老角嫫阿尼解释说这个钱叫作"平安弥撒"或"弥撒"，是信徒们为了保平安向教堂捐献的，是角嫫日常花费的主要来源。显然在这里弥撒的用法不同于汉语的弥撒，但经过

---

① 包括天主经、圣母经、光荣颂，但不仅有这些内容。

百年来约定俗成的使用已经成为习惯用法了。这个捐献的过程要持续到礼拜仪式的中途甚至结束以后，人们不停走向马达琳娜，把钱交给她的同时还要低语几句，告诉她这些是为谁捐的，有为自己或家里的老人孩子捐的，也有为在外地的同为信徒的亲戚捐的。在礼拜过程中，捐款的人在走道上弯腰走到角嬷身边，画十字行礼之后再把平安弥撒给角嬷，角嬷收下以后这个人再行一个礼才退回自己的座位。一次礼拜捐平安弥撒的人大约有三四十人，收到的钱款在100～200元之间。

　　8点35分前后，代替忙于收捐献的角嬷，某位热心教友（一般是男性）会敲响大钟，大家鱼贯进入教堂，各自坐下。女性多坐在左边，男性多坐在右边，但也有不按这规矩坐的。等院子里的人都就座以后，众人画十字，起因父：即口念"摇当，色当，劳大比生吉打包，地打迎吉"，意为"以父、及子、及圣神之名，亚孟"。然后开始唱圣歌《劳大比生归在》，意为"圣灵光照歌"。之后大家由跪姿改为坐姿，开始念经。主要是由一男性热心教友领，众人齐念圣母玫瑰珠经。玫瑰经由来是这样的：古代修士每日有诵念50首圣咏之习惯，中世纪圣母敬礼流行，修士用以献给圣母，犹如一串玫瑰花，故称玫瑰经。一般教友不谙（拉丁文）圣咏，遂以50次圣母经代替，并以串珠计数，谓之（玫瑰）念珠（Beads）。念珠每串53小珠，6大珠及一苦像，每小珠念圣母经，大珠念天主经及圣三光荣颂，并默想耶稣及圣母之事迹，每串又分欢喜、痛苦、荣福各五端，教宗若望保禄二世又增添了"光明"，使得玫瑰经更加完整。约40分钟以后念完玫瑰经，该教友再领大家念耶稣祷文。随后众人起立齐唱《赞美耶稣歌》。接着再念玫瑰经段落约10分钟，期间众人改为跪姿。角嬷起身照账簿向众人讲话，大意是宣布本周献弥撒的人数、金额等，接下来为这些教友念经。众人坐下，再起因父，之后念三钟经、平安经等经文直到结束。整个主日弥撒长约75分钟，由8点40分前后至9点55分前后。参加主日弥撒的人多则百人，少则30人，一般在六七十人之间，数倍于参加平日经课的人。虽然最近一两年主日天也很少能举行正式的弥撒，只能进行经课，但是可以看到还是有许多信徒来到教堂，和众人一起参加信仰活动。2012年8月19日（星期天），笔者第4次前往盐井天主教堂，拍摄了一次完整的主日弥撒仪式：

（一）仪式前准备

　　早上9点钟左右，教徒们陆续走进教堂，女左男右依次坐开，老年教友一般都坐在中间位置。9点30分，教堂钟声响起，主日仪式开始。教徒们面向圣像行屈膝礼、鞠躬、取水画十字，跪向跪凳开始祷告。一位教徒点亮祭台蜡烛，屈膝礼退。

（二）念藏文圣经

9点50分开始，念藏文圣经。分前后两次：

1. 第一台经
◇圣神降临经（全体坐）
◇天主经（全体站立）
◇圣母经（全体跪或坐）
◇信经（全体跪或坐）
◇认罪经（全体跪或坐）
◇洒圣水经（男女应答对唱）
◇天主十诫
◇信德经（画十字、合掌）
◇望德经
◇爱德经
◇忏悔经
◇圣母经（男女教友应答）
◇三钟经（全体跪、合掌）
◇圣家经（鞠躬、画十字、全体起立）
◇祷文（全体应答）

2. 第二台经
◇祷文（画十字、合掌）
◇信经
◇天主经
◇圣母经（合掌、鞠躬）
◇祷文（两女领经、全体应答）
◇亡者经（画十字、合掌）
◇慈悲圣母（全体起立、男女应答对唱）
◇称颂圣母
◇光荣颂
◇祷文（两女领经、全体应答）

（三）圣道礼仪

10点13分，神甫祈祷圣主给予众教友保佑。

10点18分，读经员央宗行屈膝礼上场，用汉文宣读新约宗徒。

10点20分，央宗鞠躬退，另外一位女教友行屈膝礼上场，用汉文宣读新约圣保禄宗徒致迦拉达人书。

10 点 25 分,神甫上场,高举并亲吻福音书,用汉语宣读新约圣马尔谷福音。

10 点 34 分,教徒起立。汉文吟唱圣歌《圣父圣子通向快乐》。

10 点 37 分,随领祷员全体祈祷。共有六项祈祷内容:请为我们堂区祈祷,请为我们家庭祈祷,请为所有学生祈祷,请为今天参加弥撒的教友祈祷,请为即将出门的教友祈祷,请为自己所需祈祷。领祷员每说完一项,教徒们便齐声回答"求主俯听我们"。

祈祷毕,众教友:"阿门"。

(四) 圣祭礼仪

1. 备祭品

10 点 40 分,神甫将酒注入圣爵内,举起向上,教徒们起立诵念祷文。

2. 感恩经

10 点 43 分,神甫转身面对祭台,举手向上,合掌鞠躬,念颂谢词,教徒诵念"圣圣圣"(感恩经文)祷文。

10 点 50 分,神甫双手拿起祭饼举眼前,转动半周,置于圣盘内跪请安。教徒诵念祷文。

10 点 52 分,神甫转身面对祭台,与教徒领答"信德的奥迹"。

10 点 53 分,神甫一手持圣爵,一手持盛有圣体的圣盘,用一种类似外国神甫说中国话的语调,念赞颂词和圣三颂。

3. 领主礼

10 点 56 分,神甫举手上扬、合掌,与教徒共诵天主经。

11 点 00 分,神甫举手上扬、合掌与教徒互相鞠躬,群体教友相互拥抱,互祝平安。

11 点 05 分,神甫手持圣饼、圣爵画十字,走下祭台,送圣体给教友。教徒男左女右依次排开,鞠躬、伸出双手,领圣体后放入口中。对儿童,神甫只在其头顶画十字、摩顶,不领圣体。礼毕,教友回跪椅唱藏语圣歌。

4. 礼成咏

11 点 20 分,神甫亲吻祭台,拿福音书鞠躬退,宣"弥撒礼成"。教徒共诵藏经"我需要你,耶稣",诵毕行礼,全体离开教堂。

整个弥撒过程给笔者印象最为深刻的是,神甫领圣体后话语改为外国神甫讲中国话的语调。这或许是一种象征,暗示着神甫进入了另外一个世界,成为天主的化身,这是由世俗进入神圣空间的临界点。弥撒礼成后,神甫褪去祭袍,退至跪椅与教友一同念经,回归世俗。这是一场以法国天主教弥撒仪式为核心、融合了汉族天主教礼仪和藏族传统文化的弥撒仪式,使盐井天主教堂的主日弥撒成为中西方文化融为一体的文化展演。

表7-4 2007年7—8月早晚弥撒基本情况表①

日期	敲钟时间		开始时间		结束时间		参加人数(人)		女性人数(人)		男性人数(人)	
	早经	晚经	早经	晚经	早经	晚经	早经	晚经	早经	晚经	早经	晚经
第一周	7:00 7:09	19:50 20:05	7:26 7:53	20:40 20:48	8:05 8:31	20:56 21:04	5~9	11~20	5~9	10~14	0	0~4
周日	7:40 8:25	19:43	8:30	20:28	9:35	20:43	90	14	64	8	16	4
第二周	6:45 7:00	19:54 20:27	7:24 7:33	20:45 20:56	7:59 8:12	21:01 21:11	7~12	6~17	7~12	3~12	0	0~7
周日②	7:50 8:40		7:56	8:42	20:58	9:44	21:18	26	10	8	8	9	2
第三周③	7:00 7:06	19:20 20:00	7:28 7:34	20:41 20:54	8:07 8:12	20:56 21:09	6~9	7~15	6~8	3~12	0~1	0~4
周日	7:59 8:47	取消	8:51	—	9:57	—	59	—	41	—	7	—
第四周	7:03 7:14	19:56 20:06	7:23 7:39	20:31 20:53	8:06 8:28	20:48 21:08	7~10	5~12	7~10	4~8	0	1~5
升天节	7:56 8:46	19:27	8:55	20:31	10:11	20:48	100	13	67	7	18	4
周日	8:03 8:41	20:06	8:42	20:52	9:49	21:07	57	5	49	4	8	1
第五周	7:05 7:17	19:46 20:14	7:38 7:52	20:39 20:49	8:16 8:30	20:54 21:05	5~10	5~9	5~10	4~8	0	0~2
周日	8:07 8:35	20:03	8:40	20:44	9:54	21:00	65	13	52	9	13	4
第六周	7:03 7:09	19:41 20:06	7:23 7:42	20:34 20:52	8:06 8:22	20:51 21:07	6~9	7~16	6~9	6~8	0	1~5

① 本表所统计数据为2007年7月24日—8月30日数据,共跨越6周,依次编为第一至六周。表中总人数包括婴儿和儿童,但分性别统计时因幼儿性别不易分辨未包含在内。
② 晚弥撒由于角嬷没找到教堂大门钥匙而改在住宿楼会议室举行。
③ 此期间笔者由于8月6日去加达村和8月10日上山捡菌子有两次早弥撒未参加,7号晚弥撒因故取消。

从表 7-4 可以看出教堂早晚课（包括主日天早课）的规律是：平日在早上 7 点左右敲钟，大概半小时后开始早课，约 40 分钟后结束；主日在早上 8 点前后敲第一遍钟，半小时至 1 小时后敲第二遍钟，众人开始主日早课，约 75 分钟后结束。晚上 7 点半到 8 点半之间敲钟，约 1 小时后开始晚课，15 分钟后结束。早课的参加者比较固定，是 9 位年龄 55～88 岁老年妇女中的所有人或大多数；晚课的参加者不固定，人数在 5～20 人之间浮动，以中青年教徒为主，男性少于女性；主日早课的参加者人数远多于平日早晚课的人数，平均在 50 人左右，男女教徒都有，带着婴幼儿来参加的女性教徒也为数不少。以上事实说明盐井的天主教活动可以吸引不同年龄层和性别的教徒参加，教徒可以根据自己的时间安排选择参加的活动，如果有事可以迟到或中途离席，也可以带着孩子参加，整个仪式的总体氛围比较自由，但对天主和圣母的崇敬并无怠慢之处。

下面要介绍的是另一个每周举行的仪式，即周五下午的十字苦路仪式。当地把这个仪式称为"甲丈拉"，是"十字架路"之意。这个仪式又名"拜苦路"，所念经文是《圣路善工》，为纪念耶稣基督在周五的蒙难而举行。由于时间在周五下午，所以参加的人不多。因为有活计要忙的人或者不在村里，或者走不开；而有闲暇的人又多是老人孩子，不太愿意在太阳最毒辣的时候出门。所以一般只有角嫫们和个别热心教友参加这个仪式，但各种程序依然十分完整。具体情况见表 7-5 的统计。

表 7-5　周五拜苦路基本情况表

日　期 （2007 年）	敲钟时间	开始时间	结束时间	参加人数 （人）	女性人数 （人）	男性人数 （人）
8 月 3 日	14：00	15：03	15：41	7	6	1
8 月 10 日	14：00	14：54	15：32	4	4	0
8 月 17 日	未举行	—	—	—	—	—
8 月 24 日	14：03	15：03	15：41	6	6	0
8 月 31 日	14：02	15：04	15：42	7	6	1

需要注意的是，以上的各种教堂活动都是夏天雨季时的统计情况，由于 2007 年夏天雨水不多，人们能干活的日子较多，所以据角嫫说，到教堂参加活动的人比往年此时少了两成左右，而冬天农闲时到教堂的人会更多些。这说明虽然到教堂参加经课是教徒的责任，但更重要的是"趁着白日，我们必须

作那差我来者的工"①，为了取悦天主，教徒的责任首先还是完成分内的劳作。到了农闲季节，人们没有了劳作的任务，就会更多地通过在教堂的经课履行对天主的义务。

三、年节

盐井天主教的重要节日有春天的复活节（"养森伯雄以尼确"，即"复活的节日"），夏天的圣母升天节（"摇当巴玛利亚囊拉配比尼确"，即"神圣玛利亚升天的节日"），秋天的追思已亡节（"宗然尼确"）和冬天的圣诞节（"知多耶稣冲比尼确"，简称"冲比尼确"，即"基督耶稣诞生的节日"），以及传统的藏历春节。

除了表示哀悼的追思已亡节以外，其余节日都是欢乐的节日。在每年11月2日的追思已亡节，亲友会到村边的天主教墓地扫墓，把香烟、青稞酒或啤酒、饭菜等物供奉在坟前，并向教堂献出"弥撒"，教堂会在当天特别为死者念诵追思已亡经。

欢乐的各节日庆祝方法大同小异，只有庆祝规模的不同，都是穿上节日盛装，到教堂在神甫的主持下举行该节日的专门弥撒，教徒领圣体，念经。这之后，众人和村里的佛教徒一起享用早已准备好的美酒和美食，载歌载舞，拉响二胡，有时彻夜不休。只有最重大的圣诞节还有特殊程序，临近教堂的神职人员代表，乡里和上级的领导以及佛教寺院的宗教界友人也会受邀出席，和村里的信徒们共同庆祝这个最重大的节日。最近两年，鲁仁弟神甫除了偶尔参加主日早经以外，已经很少出现在教堂的其他仪式中；而且即使出现在仪式上，他也不是领诵人，而是和普通教徒一样在角媸和领诵人带领下念诵应答的经文。只有在圣诞节这个有外部权威人士出现的场合之下鲁仁弟神甫才会主持仪式。

这些节日中，笔者亲眼目睹的只有2007年8月15日圣母升天节的活动情况。这一天教堂敲钟的时间是7点56分，到教堂来的人是笔者在盐井期间最多的。现将笔者的田野笔记中对这一天的节日场面的记述摘录如下，从中可以感受到现场的节日氛围和教徒的欢乐。

> 弥撒开始的时间是8点46分，结束时间是10点11分，耗时多于普通主日弥撒15分钟左右，增加了赞美圣母的圣歌和经文。做完弥撒以后，几位热心教友在内院里拿着装着糖果的袋子分发给信徒们。我也收到了糖果，教友们对作为客人的我们格外热心，给我们的糖果多得我们的衣袋都

---

① 和合本《圣经》，旧约·约翰福音9：4。全句是"趁着白日，我们必须作那差我来者的工，黑夜将到，就没有人能作工了"。

装不下了。大家在院子里喝着青稞酒，有说有笑。人群渐渐散去以后，20多位热心教徒，主要是中老年女性，聚集到一位房子较大的信徒家里聚会。大家把事先买来的蔬菜和肉类拿出来，一起动手准备丰盛的午餐。午餐之后，大家继续畅饮青稞酒和葡萄酒，同时开始围成圆圈载歌载舞，领舞的人还是一位白发苍苍、已经80多岁的老太太。虽然没有天主教歌舞，但人们的兴致始终很高，有半数以上的人穿着漂亮的节日盛装。我们到场以后，一位大婶拉着我连说带比划，还指着我手里的相机，我立刻明白了她是希望我帮大家照合照，于是点头答应。大家三三两两地聚到院子里来，我帮她们照了合照。尽管她们不知道照片什么时候才能寄来，但是都十分高兴地对我连连微笑。这天她们一直庆祝到下午四五点钟，事后还告诉我往年人还更多，更热闹，玩得更久呢。还有佛教徒在场，除了不一起念经什么都一起玩。对她们而言，过节只要知道圣母升天节是庆祝圣母玛利亚升上天堂，圣诞节是耶稣降生就足够了，节日最大的意义还是让大家聚在一起吃吃喝喝，唱歌跳舞，尽情地欢乐。角嫫马达琳娜和德仁撒也出现在了庆祝现场，她们还穿着平日的黑色和深蓝色服装，也不唱歌或跳舞，但是始终面带微笑地坐在大家中间。这就是上盐井信徒度过他们的宗教节日的方式，既有天主教庄严的氛围，又有藏族人欢畅的情感释放。

从本节的描述中可以看到天主教日常仪式在盐井发生的本地化：仪式主持者的衣着由原来的依不同主日和生日更换不同服装，变为仅在重大节日时才穿着正式服装；仪式语言由原来的用拉丁语念经、用汉语或藏语讲解，变为用藏语念经，用藏语讲解；仪式举行有由繁变简的，如取消大日课，也有由简变繁的，如增加晚课，无论繁简变化如何，都是为了尽可能满足当地人劳作和参与宗教仪式的两种需要，而整体趋势是倾向于简化繁琐仪式，方便当地人参与的。这其中也有受藏传佛教影响的影子，在下文中会有两教关系的进一步描述。

以上是天主教徒群体性的日常仪式情况，至于作为天主教七圣事的人生礼仪有何变化，我们将在下一节中继续探讨。

第三节 人生礼仪

罗马教廷认可的天主教人生礼仪有七种，俗称"七圣事"，包括：①洗礼（受水洗归入基督）；②坚振礼（由主教按手并敷油于教徒头上，以坚定其信仰）；③圣体圣事（即圣餐）；④告解；⑤终傅（将油抹在临终的人或病人头上，以帮助其灵魂进入永生，抑或帮助其康复）；⑥婚姻（祝福教徒的婚姻）；⑦神品（亦称授职礼或圣职圣事）。

教徒入门的三圣事——洗礼、坚振和圣体是同时举行的，其寓意是：圣洗圣事展开新的生命；坚振圣事坚强这生命；感恩（圣体）圣事以基督的体血来滋养门徒，为使他日益与基督同化。然后是治疗的圣事告解，最后是为信徒的共融和使命而服务的圣事婚姻或神品，由于这两者只能选择一者，所以一个天主教徒能够经历的圣事实际只有六件。

七件圣事组成一个有机体，涉及教徒生命中的所有阶段，教会主张它们产生、滋长、治愈教徒的信仰生命，并赋予使命，其寓意是：自然生命的各阶段与灵性生命的各阶段之间，有着某些类似之处。当然，天主教并不认为这七件圣事同样重要，而依据传统主张其中圣体和圣洗是最重要的，因为这两件圣事清楚地由耶稣建立，并明确地象征着耶稣死亡与复活的奥迹。①

盐井现已形成了有神甫时神甫主持仪式，没有神甫时由教徒中的长者、文化水平高者带领年轻人、文化水平不高者诵经这样的仪式举行办法。这套办法完全是借鉴原西康教区其他教堂教徒的经验而来，具有鲜明的地方色彩，也表现出盐井教徒在各种条件匮乏的情况下坚持信仰的决心。下面依次介绍上盐井教堂的主要人生礼仪圣事的举行办法。

一、入门圣事

洗礼，当地称为"弄达巴"，是为初入教者举行的仪式，在上盐井最经常为初生满月的婴儿举行，其次就是为因与天主教徒结婚而改变信仰的人举行。不过在盐井并不要求与天主教徒结婚的非天主教徒一定要改变信仰，所以上盐井也有很多天主教徒和佛教徒夫妻结婚几十年都各自保持原有的信仰。除此之外也为自愿改信天主教的人举行洗礼，近20年来这样的例子多发生在受天主教管理委员会和神甫资助的病人和穷人及其直系亲属身上，其中也有人后来因为患病或遭遇其他不如意以为是佛祖降罪而又放弃天主教信仰，回归佛教徒身份的。这样的自由在早年的传教士时代是没有的，那时禁止天主教徒与外教人结婚，除非对方改信天主教；天主教徒也不能随意放弃信仰。最近三年教堂不再举行洗礼仪式，仅有的两个洗礼是为鲁仁弟神甫的两个儿子：2005年年初出生的鲁家良（化名）和2006年年底出生的鲁家强（化名）。以教名的第一个字为姓氏为下一代取汉族名字的做法在村里的天主教徒中还没有先例。

---

① 《天主教教理》，天主教河北信德编辑室出版，第32页，上盐井教堂提供。

洗礼的程序大致是：神甫画十字，宣读天主圣言，向候洗者行一次（或多次）的驱魔礼，然后给候洗者敷抹候洗圣油或覆手，候洗者也明确表示弃绝魔鬼。如此做好准备，候洗者可以宣布承认教会的信仰（如为婴儿则由其父母代替），然后将透过圣洗"托付"给教会。神甫通过念诵呼求圣神祷词，来祝圣洗礼用水（称为"确达玛"或在施洗时现场准备圣水，或在复活节守夜礼上准备）。在盐井通常是在神甫来到教堂时就为角嫫准备的储存在大缸里的净水祝圣，以后角嫫在缸中水未用尽时注入新的，这样一直持续，缸里的水都算是圣水，但以在复活节准备的圣水最好。如图7-1所示。

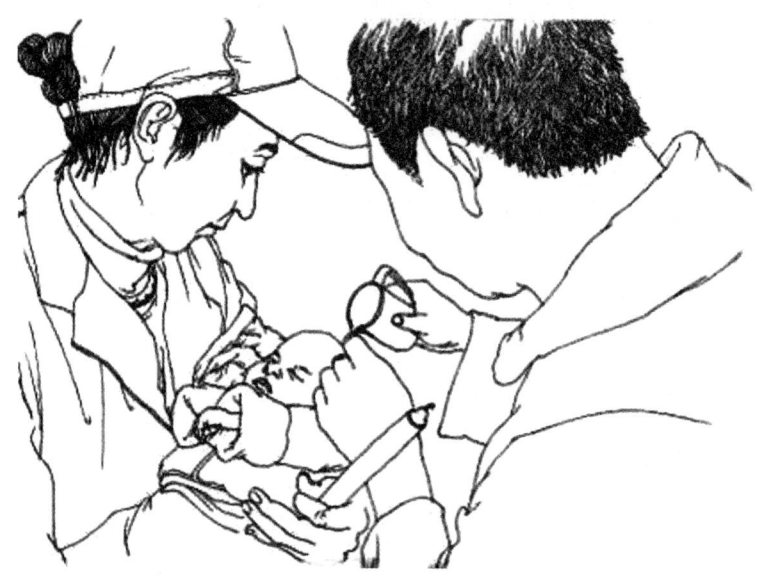

图7-1 茨中姚飞神甫为一名藏童洗礼

之后，就是圣事的主要仪式。神甫在候洗者头上三次倒水来施洗，施洗者向候洗者注水三次，象征受洗者死于罪恶，进入天主至圣圣三的生命。同时呼叫新起的教名作为候洗者以后的名字，并说："我因父、及子、及圣神之名，给你付洗。"不过在盐井，这个程序通常简化为用圣水在额头上画一个十字。教名是西方人传统使用的出自圣经的名字，男性教名有保罗、撒卡仁、荣生、华生、毛依（"摩西"的变音）、美央南等；女性教名有德仁撒（"特蕾莎"的变音，简称"德日"）、阿尼、玛仁（"玛利亚"的变音）、马达琳娜等。在神甫给婴儿取名时孩子必须有教父或教母，如小孩是男孩就要找一个男性信徒作教父，女孩则找女性作为教母。教父和教母一般由孩子亲属中的长辈教徒充当。

然后傅圣化圣油即行坚振礼。施行时用圣油加上香料，由主教祝圣，象征赋予新受洗者天恩圣神。不过，由于盐井位置偏僻，很难得到主教祝圣过的圣油，只能用神甫祝圣的圣油来代替。再为受洗者穿白衣，象征受洗者已"穿上基督"，与基督一起复活了。接着从祭台上的复活蜡烛上点燃烛光，表示基督光照了新受洗者。以上两个步骤在盐井通常被省略，直接进入下一个步骤。

最后是初领圣体。神甫将圣体（藏语称为"正秋"，即用专门器具盛装的由小麦面或青稞面做成的入口即化的小薄饼）放入受洗者的口中，让其饮下教堂自己酿造并经过祝圣的葡萄酒，表示领受新生命的食粮——基督的肉和血。孩子的父母和教父或教母诵圣经三次，众人也诵经应和。伴随着众人诵经的隆重祝福礼，结束圣洗庆典。

二、告解圣事

告解圣事通过教徒向神甫坦白过错并忏悔来进行，在上盐井教堂有专门的告解椅放在教堂的一角以供教徒告解。不过由于鲁仁弟神甫不再履行神甫职责，近两年这项圣事需要等到茨中的丁耀华神甫来到村里时才能举行。通常只需单独向神甫坦白过错并忏悔即可完成告解，不需要专门到教堂里的告解椅上进行。

告解的具体程序是：首先神甫问候忏悔者并祝福他（她），然后恭读天主圣言，并规劝他们忏悔自己的罪过；接着是告明，忏悔者承认自己的罪过并向神甫说明，然后神甫代表天主赦免忏悔者的罪过；最后，赞美感谢天主，教徒已被宽恕，在神甫的祝福下离去。

教徒内心的忏悔，不只通过告解，也可以通过其他方式来表达。圣经和神甫尤其强调三种方式——禁食、祈祷和施舍，以表达人对自己、对天主、对他人的关系的改善。在盐井还没有听说过用禁食忏悔的先例，但是教徒们都习惯于用祈祷和在教堂念忏悔经，给教堂"弥撒"（献义）的方式来忏悔自己的罪过。老角媒介绍说，教徒和有矛盾的人和好、关心帮助别人、读圣经、去教堂参加早晚经课等都可以算忏悔，这是与教会推崇的教义相符合的。

三、婚姻圣事

天主教对七圣事里面的婚配是这样规定的：举行婚配圣事后两个人再也不能离婚，一直到白头偕老，这是一种圆满。除非男女双方中一方去世，另外一方才能找其他人结婚，否则就是犯邪淫罪。然而，在现实生活中，盐井天主教徒的婚姻更多地遵循藏族的传统礼节而不是天主教仪式，这也正是天主教主动适应当地文化积极融入当地社会的精彩展现。但是天主教徒不像佛教徒那样请喇嘛来选日子确定婚期，而是自己决定婚期，只是举行婚礼（天主教和佛教一样把婚礼称为"宝德")的日子一定是星期一或星期五。作为新进入天主教家庭的新娘或新郎需要到供奉着基督像和圣母像的"菩萨柜"(即家庭用的神龛,盐井佛教、天主教通用)前跪拜,也要跪拜灶墙上画的耶稣圣心图(画着十字架的桃心形,形如"古"字)和悬挂的十字架,这是佛教徒婚礼上跪拜佛教的菩萨柜和灶神仪式的天主教仪式表达,包括在灶墙上画天主教的象征图画以代替佛教的灶神图的做法都是天主教与佛教对话的产物。

在20世纪90年代初期,有一对皆为天主教徒、出身于天主教家庭的夫妻在教堂举行了婚礼。他们穿上传统的藏族节日盛装,骑上马,在村里巡回了一周后进入教堂,在老神甫施光荣的主持下举行婚礼,发誓一辈子忠于对方,不离婚也不找别的情人。据新郎的妹妹说,他们两人一生互相忠于对方的心意很坚定,所以才有决心在教堂举行婚礼。由此可见,教堂对教徒来说是个神圣的地方,人们担心万一违背在这里发的誓言会招来不幸,但藏族传统的比较松散自由的婚姻关系又与天主教严格的婚姻誓约相冲突,所以没有极大的天主教虔诚的教徒不敢轻易在教堂举行婚礼。这也反映了教徒把天主教信仰当作很严肃的事情来对待,不会像内地某些年轻人那样为了猎奇而不是信仰想方设法在教堂举行婚礼。

2011年2月,笔者在茨中的日米自然村曾有幸参加了一场天主教徒的婚礼。缘于文化适应的结果,茨中天主教如盐井天主教一样,亦吸收了很多本地藏族的传统文化习俗,以至于在教徒们的婚礼上藏族传统习俗占了较大比重,天主教仪式则所剩寥寥。刘志斌神甫说:

> 藏族村民的婚礼,包括晚上的跳舞、酒席等一系列仪式都是藏族习俗,天主教仪式占的比例不多。无论在德钦县还是在大理也都是一样的。离教堂远的话会预约,明天家里面举行婚礼的话,今天就先在教堂里领圣事。如果一方是天主教一方是佛教的话,新人去接受祝福,非天主教的那个不领圣体。仪式时间最长也不过一个小时,短的半个小时左右,主要讲婚姻的神圣性、结婚后作为父母对孩子的责任和义务,讲短一点的话可能一两分钟就完了。之后的程序就再也没有天主教的仪式了。

日米自然村隶属于燕门乡茨中村委会,位于燕门乡东南边,距离燕门乡13公里,交通还算便利。由于笔者暂住茨中村委会,为了不错过婚礼过程,早上8点钟起床后便拦截了一辆面包车驱驰前往日米村。一入村便看到了操办婚事的村民,新郎是该村的尼玛扎西,新娘是离此有一段距离(大概有20公里)的春多罗村的松金珠玛。这是一桩入赘婚,新娘于前两日便来到新郎家中迎亲,两位来自于春多罗村的喜官阿金和赵英准备下了五样重要的接亲礼物:一条哈达,两斤酥油,一斤白酒,两块红糖,还有一对红茶叶(砖茶)。

哈达被小心翼翼地挂在神龛上，其他礼物则安放在指定的火塘上面，表示对新郎一家的尊重和祝福。喜官，藏语叫作"baben"，是接亲及迎亲队伍里的主事者，要求能说会道，熟悉婚礼中各种场合下的应对方法，特别是要能够用流利的藏语与对方的喜官进行对歌。按常理，送亲的喜官须由日米村选派，但由于日米村传统的藏族文化习俗丧失严重，村里已很难找到能担当此任合适的人选，无奈之下只好由春多罗村拨派两位前来顶替，这叫"借官"。新娘的梳妆打扮如图 7-2 所示。

图 7-2　梳妆打扮的新娘

准备工作差不多需要一上午的时间，12 点正式开午饭，午饭由 12 个菜色构成，主要有大肉、排骨、红烧鱼、凉拌菜等。午饭后，新郎、新娘要规规矩矩地坐在长辈们面前听他们说教（哭得很伤心），主要是传授做人的道理和人生知识，如图 7-3 所示。说教仪式持续 15～20 分钟，在结束之前，家长通常会拿出两条洁白的哈达，分别放在新娘、新郎的肩膀上，有的还会送上 50 元或者 100 元钱。一番教育后，新郎、新娘会将手上的哈达挂在中柱和火炉的壁柜上，表示对本地神灵的感谢。整个说教仪式结束后，婚礼主持人又带着新郎、新娘及准备出发的送亲队伍绕着家里的中柱急速地转三圈。稍后，送亲队伍在鞭炮声中离开新郎的家里，直奔春多罗村。新娘手里还端着一个硕大的铜瓢，里面装着从新郎家水缸里舀出来的泉水。根据当地传统，新娘在离开新郎家的时候，手里面必须拿着一个硕大的铜勺子，里面还要装满一勺子水，寓意新娘把做家务的习惯，带到一个新婚的家庭里面。

图 7-3　新婚夫妇聆听长辈说教

　　经过一个多小时的行程，送亲队伍到达了春多罗村。在即将进入新娘家的时候，送亲喜官与迎亲的两位喜官开始了对歌，如图 7-4 所示。对歌的内容比较复杂，主要源自文成公主和松赞干布之间的婚姻故事。由于对歌内容穿插了藏族古语，一般年轻人不太容易理解。当送亲队伍到达新娘家门口的时候，必须停止下来，有一位长辈会手持藏刀，在一个盛满水的铜盆上挥舞，还会一脚踢翻铜盆，并踏上一只脚。在这个仪式中，送亲代表要从打翻的盆中找到一个银元，带回新郎家中保存，象征着从迎亲家里获取一定的金银财宝带回自己的家中。由于院子里人山人海，过于拥挤，这个仪式过程没有被笔者用摄像机记录下来。为了达到这一目的，笔者还做了一件颇为尴尬的事情：当送亲队伍即将离开新娘家的时候，笔者请求新郎、新娘重新演示这一个过程，他们也欣然同意。当笔者拉上一担任送亲的青年到门口准备拍摄的时候，新娘的母亲却立刻翻脸，她说这已经是过去的事情，不可能在重新复原，否则会给他们的家庭带来不幸。笔者马上想到，婚礼上的所有仪式，表面上看来都像是在表演，但实际上在他们心中这些仪式都具有非常重要的功能，这也正是传统文化能够延续下来的原因之一。

　　一切妥当后是开晚饭的时间，这是整个婚礼最重要的一个环节。晚饭同样由 12 个菜式组成，主要是肉类，席间涉及较多说教。为了能让住得比较远的亲朋安全返回家里，晚饭一般都要提前。最后一个环节是晚饭后的藏族锅庄舞，要请上全村的青年男女围着篝火载歌载舞。根据村民们的介绍，这些歌舞将会持续到天亮，给新婚夫妇送去祝福，年轻的村民也可以借此机会互相认

图7-4　村头双亲队伍对山歌

识、增强感情。

婚礼结束后，笔者找到了喜官阿金，想让他谈谈对藏族婚礼仪式的看法。阿金表示，目前藏式婚俗在不断变化，如对歌仪式，在有些村落基本上已销声匿迹；婚礼中的说教仪式也变得越来越简单，原来需要两三天，现在锐减到一两个小时；饭菜也在改变，传统菜式已找不到痕迹，大部分都是汉化的菜色，如红烧鱼、排骨煮萝卜等。

四、葬礼

虽然葬礼不是天主教七圣事之一，但毫无疑问属于人生礼仪。在盐井，葬礼也是天主教仪式之一，教徒们有自己的组织葬礼的方法。

一个天主教徒临终的时刻，神甫会到他（她）的家里来举行圣体圣事，为他（她）举行临终告解，这个仪式称为"达玛依瓜柔吉"，即"死时念的经"。他（她）去世以后，其家人无论信仰何种宗教都会按照天主教的方式为他（她）举行葬礼（和佛教一样称为"娘尼伙"）。去世当天请天主教徒们在家里为死者念经，第二天或第三天把去世者的遗体送往教堂，神甫组织参加葬礼的天主教徒、佛教徒向遗体洒圣水，行跪拜礼，两教的区别仅仅在于天主教徒行礼一次而佛教徒行礼三次，如图7-5所示。之后将遗体装入棺材送往墓地埋葬。如果是为60岁以上的老人准备葬礼，木材通常都是早年家属到山上砍树砍来的，堆在家中；在人去世以后才用铁钉把木板钉成棺材。棺材墓碑也是这时才买石板刻字，除刻上死者名字和年龄以外还在最上方刻有耶稣圣心图案，表明其人的天主教身份。

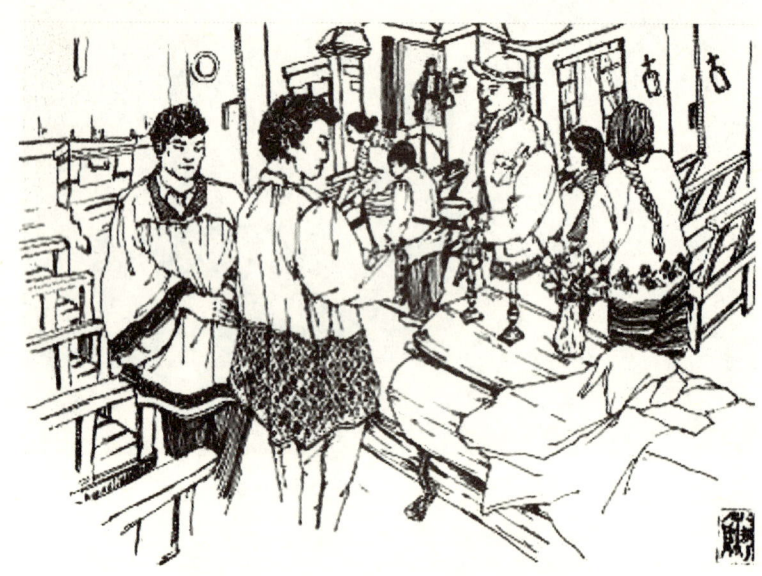

图 7-5　赴教堂参加葬礼的天主教徒

田野调查期间，盐井人畜平安，而在茨中村时却恰逢天主教徒刘文增老人的去世，现以此为个案进行考察，从更深层次把握天主教徒的葬礼仪式。

2009 年 7 月 15 日，天主教徒老人刘文增去世。根据茨中村习惯，尸体需要存放两三天让亲友和朋友前来告别。刘的遗体被安置于一个宽 1 米、长 2.5 米的黑色棺木内，正面向上，脸部盖一块粉红色毛巾。这个季节天气格外炎热，中午户外温度达到 30 多度，尸体已有异味，刘家只好用两把风扇分别置于棺木两侧不停地吹风降温。

姚飞神甫也随大批村民前来刘家参加葬礼。一般情况下，神甫给死者做弥撒必须在死者家而不应该在教堂里进行，因为死去的人进入教堂会降低天主教地位。不过，澜沧江谷地一带也有告别仪式在教堂举行的情况。2008 年，笔者首次到贡山秋那桶村，期间参加的一怒族人的葬礼就是在秋那桶天主教堂里举行的。姚飞神甫穿着便服，上身一件白色球衣，下身西裤和球鞋，坐在刘家为其念经祈福。期间，不时有外地的亲朋好友前来告别。

中午时分，刘的墓穴已经挖好，其位于茨中村的半山腰上，坐西向东，前面是由北向南波涛汹涌的澜沧江，背靠阿都白丁神山。这里流行着一个说法，在挖墓穴过程中如果遇到坚硬的岩石，必须炸开石块继续挖，不准换位置，不然会造成不吉。刘文增老人的弟弟刘文义这样对笔者说：

埋葬死者的时候，遇到石块不能移动原来选好的位置，否则会给死者家庭带来不幸。一般要把石块敲碎，挖出来把棺木放进去。如果石块太大，就要用炸药把石块炸开。如果挖墓穴时多次遇到石块，那是表示死者离去不顺利，对村子和死者家属十分不利。

刘文增的葬礼除了天主教徒参加外，村里的藏传佛教徒也都来参加，如图7-6所示。傈僳族小伙子六一一家都是藏传佛教徒，在刘文增老人的葬礼上他给笔者谈起了他爷爷阿杜的葬礼仪式。阿杜信藏传佛教，20世纪50年代时曾作为解放军参加过西藏平定叛乱的军事行动，是当时进藏队伍里的重机枪手。六一认为，佛教葬礼与天主教葬礼最大的不同在于佛教徒的葬礼一般都要请喇嘛来算下葬时辰、念超度经、做法事等，总之就是比天主教葬礼复杂得多，花费也自然水涨船高。对爷爷的葬礼，他至今仍记忆犹新：

佛教认为人死后留有鬼魂，最重要的事情就是驱鬼。怎么驱鬼？一般我们就请喇嘛吹那个号，就是晚上吹起来很响的号，"呜呜"的，把鬼魂赶走。然后放鞭炮、念经，一直搞三天三夜。爷爷是在2003年的时候去世的。爷爷去世后家里人做的第一件事就是请喇嘛算出丧的日子，日子定下后就是守灵，三天或者四天，其间要防止黑猫从棺材上面跳过去，不然会给死人甚至家里人带来晦气。守灵期间，做丧事的喇嘛会到我家为爷爷念经超度，一般来6个，有时候来4个，教徒们也都结伴至此，在喇嘛的带领下念经祈福，一般要念两个小时或三个小时之久。法事做完了，家里就要给喇嘛些钱，大概是一天200元，或送些吃的、白酒等。

年轻人都争先恐后地抬棺材进墓地，因为这里普遍认为抬棺材是一件很值得做的事情，不但会积阴德，给自己带来好运，而且别人也会感激你的贡献。全村的中青年妇女组成了一支祈祷队伍早早就到达了墓地。她们一边唱圣经，一边守候在墓穴旁等待送葬队伍。整个过程没有人哭，也没有人流泪。

入土仪式由姚飞神甫主持。他身穿紫袍，带紫色领带，手持圣经，为刘文增老人做最后的祈祷。他一边用绿色纸条沾点圣水，一边虔诚地为死者祈祷。棺木顶部有茨中村佛教徒刘卫东绘制的一朵金色花纹，这也成为当地佛耶和睦共处的一个小小缩影。棺木入土后，几名工人将大块石头堆放在墓头，小块放在尾部，并用水泥砌好墓身，盖上瓦片。送葬队伍离去前，还有教友小心地用扫把把墓地前的地面仔细平整，不留一点脚印，以免灵魂跟随众人的脚印返回家里。

以上仪式如果没有神甫在场，天主教徒们会按照年长的有经验教徒的指示合力完成仪式，但是不能祝圣圣水，只能取现成的圣水来用。

图7-6 赴教堂参加葬礼的茨中村民

总之,天主教徒从生到死的人生历程中需要经过的天主教仪式依次是洗礼(命名礼)、婚礼和葬礼。不是所有的人都完整地经历过这些仪式,中途改信者就可能缺失其中的一或两项,只有洗礼是每一个现在和曾经的天主教徒都经历过的。这些仪式作为天主教徒宣告自己信仰和走入人生下一阶段的仪式,对教徒们理解教义、加强信仰有着非常重要的作用;更重要的是通过仪式,教徒们聚集到了一起,形成了一个群体。这个群体是以各个教徒所在的家庭之上的组织,以各个存在天主教信仰的家庭为基础。

第八章 天主教信仰的本地化

前面几章分别介绍了天主教徒的世俗及神圣生活,从中可知:在上盐井,宗教和世俗是相互交织、难分你我的两种力量,在这两种力量的均势互动下,上盐井天主教徒按照自己的理解履行着各自在世俗和宗教世界中的不同责任。至少在目前这个阶段,即使对神职人员来说,也不得不面对世俗与宗教两种生活的种种要求,并在出现矛盾时竭尽所能地维持某种程度上的平衡。是故,本章将顺承上文,接着描述天主教在上盐井发展至今,从神职人员到教徒的所有天主教关系人的宗教生活现状。

第一节 盐井的第一位藏族神甫

上盐井天主教堂仪式活动的最高主持者是神甫。神甫这个身份的汉语官方天主教术语是"司铎",在藏语中则称为"森兹",但一般村民用汉语介绍时惯用"神甫"一词。1951年以前,在这里主持仪式的是法国、瑞士和德国等国的传教士,他们穿着汉族的长衫,使用汉人的名字,但是用藏语讲经并主持仪式。上盐井的教徒们称呼他们为"某耶森兹",即是用传教士汉族名字的姓氏加上汉语尊称"爷"的变音,其后再加上神甫这一职位而来的称呼,比如"杜耶森兹"、"罗耶森兹",等等。

当时,上盐井天主教堂隶属于西藏教区,和教区中的其他教堂一样随时保持着每座教堂有一位神甫、两位角媪服务的状态,如果在堂神甫需要外出,就要从另一座教堂调来另一名神甫在这期间顶替他的职务。自1951年,盐井天主教处于没有神甫,以原来在教堂辅佐神甫的本村助祭组织教徒念经的形式开展活动的状态;到了1959年,这样的活动也无法维持下去,教徒们只能夜晚在自家悄悄念经,或偷偷地给孩子们讲圣经故事;直至20世纪80年代,宗教信仰自由法令颁布后,本地天主教信仰才由地下转向公开。1992年,教徒们争取到一个培养本村神甫的机会,当时正在高中念书的鲁仁弟就是借这个机会在村民的集资下得以到北京天主教神哲学院进行四年的培养，于25岁时成为神甫回到盐井。

作为盐井的第一位本地神甫，鲁仁弟经常忙于宗教事务。笔者两次去盐井，大部分时间他都不在教堂，有好几次向马达琳娜问起他，他都是在外面开会。由于盐井教堂是目前西藏自治区唯一一个天主教堂，还不属于任何一个教区，而是直属于天主教三自爱国会管辖，所以鲁仁弟神甫作为西藏天主教的唯一合法代表人的身份就格外特殊，这样一来，他能够在1998年27岁的时候就担任芒康县政协委员、昌都地区政协常委，1999年28岁的时候担任西藏自治区政协委员这三级政协职务也就不奇怪了。鲁仁弟神甫和已经不参与村里的各种事务，在侄儿家颐养天年的老角嫫阿尼都享有政协委员的生活补助，现在他的生活补助已由最初的每月400元升至600元再到900元了。

这些是笔者在第一次见到鲁仁弟神甫时从他口中得知的信息。穿着笔挺的西装从长丰猎豹越野车上走出来的鲁仁弟神甫看上去很有派头，言谈间对自己的政协委员身份流露出一份自豪感，谈起他身为政协委员所作的加强林业工作、植树造林的提案在盐井地区是首例，以及减免农牧民代征代扣税提案使得整个芒康区减免了69万元税款，他显得十分自信。当然，他也谈到了他的主要精力还是放在天主教工作上，主要是修建新教堂，还有发展培养新教友，加深老教友的修为这几件事上。

谈到如何走上成为神甫的道路，他提起自己的爷爷鲁嘎曾是外国传教士的助祭，他的母亲那代人虽然不允许公开信教，但每晚都会偷偷念经，这些事对鲁仁弟的触动很大。后来家里拆旧房时从墙里找出了圣像、十字架等物，高中时又见到家里收藏多年的早年传教士在仪式上佩戴的绶带，经母亲解释后他萌生了想当神甫的愿望，对鲁仁弟来说这些都是主的圣召，是主在召唤他成为主的忠仆。

鲁仁弟神甫的家庭是一个大家庭，他的父亲早在他出生前因为在山上砍柴时急性阑尾炎发作而去世，他是一个遗腹子，是家里7个孩子中最小的。他的大哥熊何礼在拉萨的自治区政府任职，村人传说他是自治区纪委书记，显然只是想说明他的官当得很大。他的二哥在本村，和老角嫫德仁撒的女儿结婚后到她家上门，现在买了一辆客车，请了一个司机，轮班跑长途。鲁仁弟的三哥和另三个姐姐都在本村务农。应该说鲁仁弟能得到去北京神哲学院学习的机会和他大哥的指点也有一定关系，但是对当时的上盐井村民和天主教管理委员会来说，鲁仁弟的年龄、出身和家里兄弟姐妹多尤其是同村的诸多情况都很利于他成为一个神甫、一个"出家人"，所以可以说鲁仁弟去北京学习是他和管委会双向选择的结果。

自1996年年底回到盐井一直到2004年前后，鲁仁弟致力于为村中信徒服务，他曾经代表教堂帮助过不少贫困家庭，教堂经常出资为天主教信徒死者举行让其家人满意的葬礼，或捐助佛教徒死者的家庭。其中，自然有一些人因为感激鲁神甫的帮助而改信天主教。他也主持每天的早晚弥撒，为信徒讲解教义和作告解，到了礼拜天，更是召集所有教民都集中在教堂，分早、中、晚做三次大约为期1小时的弥撒。这个时期的鲁神甫不管是对天主教徒、佛教徒还是外来的学者和记者都十分具有亲和力，让人感受到他是一个潜心为主效命的青年神甫。

但是，在这个时期里也有一些改变在逐渐发生。鲁神甫掌握了教堂的财务权以后，就再也没有像以前一样公布过教堂的收支情况，现在信徒们对于教堂的收入有多少、开支在什么地方完全不了解，只知道鲁神甫的第一辆车——一辆北京吉普在2001年元旦被人用炸药炸了以后不久，鲁神甫就又买了现在的长丰猎豹越野车，没几年又买了一辆东风大卡车。而这个炸车事件直接导致了神甫和村民之间关系的恶化。通过多方访谈，鲁神甫，或者说教堂的第一辆车北京吉普被炸事件的情形浮现了出来。

事情发生在2001年元旦那天临近午夜的时候，鲁神甫停在教堂住宿南楼背后靠墙位置的吉普车突然爆炸了。当时一声巨响，像是地震，整栋南楼的玻璃窗几乎全被震碎，房间里都是白烟，吉普车当然更是成了一个黑炭的铁架子。此事发生以后，昌都地区警察局来盐井侦破此案，总共花了两个多月的工夫，在当年的藏历年过后才逮捕了犯人。这期间，办案人员拘留审问了村里许多青壮年男子，每户人家都受到了惊扰，人们的怨气转向了不能处理好自己的事情、招人怨恨因而被报复的鲁神甫，认为他通过大哥和自己的关系向警察局打了招呼，所以警察才恨不能把每个人都抓去审问一番。而事后抓到的犯人更是令村人难以接受：犯人信天主教，是鲁神甫二哥的岳母老角嫫德仁撒妹妹的儿子，算是和鲁神甫带点亲，这个人平时十分老实，村人认为他甚至有些过于迟钝，都不相信他会干出炸车这种大事来。更何况，在爆炸现场查明炸药是放在一个塑料桶里刻意控制了破坏力的，村里没人懂得这种高深的知识。连神甫自己也说这个人太过老实，绝对不可能做出炸车这样既需要胆量又需要技术的事来。但是村民的意见不能取代警方的判断，最终这个叫图登的犯人还是被判处了6年有期徒刑。而许多接受过警方讯问的天主教徒以不再进入教堂参加仪式表示自己的不满。

另一件令村人不满的事是鲁神甫的婚姻问题。2001年，电视台在拍摄一部专题片时对鲁仁弟作了采访，"近几年来罗马教廷正在讨论的议题是，天主教神甫可否结婚……这话题多少有些敏感，但还是直言不讳地询问他有关婚姻的看法。天主教不同于基督教，前者的神甫不允许结婚，而后者的牧师则可娶妻。而且天主教徒夫妇遵守终生不得离异的契约，直至另一方死亡。当年鲁仁弟在晋升神甫时曾向主教发过终身愿，即终身不娶的愿。四年过去，是否动摇过呢？人非草木，人之常情，鲁仁弟承认几年来有过思想上的波动，但杂念都在排除之列，这对一位现代青年来说的确不容易。他说每一次都靠了坚强信仰的支撑，内心只想着一个天主，以拯救人类灵魂、传播耶稣福音为唯一己任。不过若是真的为了爱情决定不再坚持的话，也有还俗之说，只要表明态度，征得主教的宽免"①。

在说出这段话时鲁仁弟神甫的思想可能还比较倾向于保持自己的誓愿，完全按照自己的神甫身份和教规来行事。但是将近三年后，即2004年，他和村里一个名叫德日的女孩的恋爱却被角嫫们察觉了。她们都劝他不要再犯错误，甚至愿意出学费让他到外面去学习几年，冷静下来以后再返回盐井，但是神甫并没有听从角嫫们的劝阻。角嫫们向神甫的姐姐求助，但神甫与姐姐也起了冲突。这件事逐渐在村里传开，信徒们都非常不满，他们认为神甫是不能结婚的，当然也不能谈恋爱，如果要结婚就不能再当神甫；德日的父亲沙卡仁是管委会的副主任，却没有管好自己的女儿，包庇他们还不承认，也犯了错。他们认为神甫早就想谈恋爱，只是在虔诚的母亲去世以前不敢明着来，他母亲病逝以后就再也没有顾忌了。

2004年是鲁神甫的灵修生活的一个转折点，他最终顶住了信徒、角嫫们甚至家人的压力，而违背了自己发下的终身侍奉天主的誓愿，正式在教堂北住宿楼和德日同居了。三位角嫫因为无法接受神甫的行为，在2004—2005年间先后离开教堂，只有因为家境贫穷，又是外村人不便多言的马达琳娜留在了教堂。

2005年年初，神甫的长子鲁家强出生了，信徒们对他十分失望，认为他失去了当神甫的资格，要求他离开教堂，由2003年开始从云南到盐井教堂实习，后因与鲁仁弟意见不合而离开盐井到茨中教堂去的汉族神甫丁某接任神甫的职务。但鲁仁弟神甫却回答说这个教堂是他筹款建起来的，他绝不会离开。信徒们向村长求助，村长表示自己是佛教徒，不方便插手天主教内部的事务，建议信徒们找乡里。但信徒们失望地发现，鲁神甫和乡里乃至更高级别的政府官员关系都很好，他甚至动用关系让"老婆"（由于没有正式仪式，信徒们有不少并不承认鲁神甫和德日的婚姻关系）接受了3个月的卫校培训之后到乡卫生院当卫生员，月工资有300多元。她生第一个孩子以前开始上班，到2006年10月生第二个孩子以后向县卫生局局长要了规定外的2个月产假，此后一直拖延期限，到2007年3月仍未上班，卫生院催促以后她向局长再要了一年的假，说不给假就辞职，不然孩子无人照顾。最后，局长准许了她的要

---

① 马丽华：《藏东红山脉》，中国藏学出版社2007年版，第231页。

求。这种特权令普通的信徒望而生畏,不知道该如何与之抗衡。

而另一件被鲁神甫视为政绩的植树造林工程也是引起村人不满的原因之一。这个工程是这样的:神甫2006年经乡政府批准后在扎谷西对面的山坡上用铁丝网圈出一万多平方米的山地,他在里面种了几千棵核桃树苗,在教堂菜园里的树苗长大后都会被迁至这里。村民有人抱怨没有地方放牛了,但也只能抱怨而已。当然,村民更关心的是神甫怎么会有这么多钱买树苗,这个疑问在2007年夏天他花了13万把一户在外工作的干部家的房子买下来以后就更鲜明了。教徒们认为鲁神甫的收入应该只有政协委员的生活补贴,他其余的收入来源应该就只是村民和外界教友向教堂的献义而已,而且原则上说这些献义应该不是属于他个人,而是属于整个盐井天主教堂以及天主教信徒的。况且这些献义一年也只有一万五六千元而已,还要从中支付角嬷马达琳娜的生活费,完全不足以解释神甫花钱的大手笔。

无力与鲁神甫对抗的信徒们真正实现的胜利只有一个:信徒们通过老角嬷德仁撒和鲁神甫的二哥阿色(教名荣生)对鲁神甫主持仪式表示抗议,于是鲁神甫在第二个孩子出生后终于停止了主持教堂日常仪式活动的行为,也不再在平日早晚课时到教堂念经了。主日天他有时会出现在教堂里,但是领诵经文的人也不是他,而是村里的一位男性教友和马达琳娜。只有在圣诞节这样的有政府官员前来观摩的场合下鲁神甫才会主持仪式,而信徒们也不会当场发难。这说明信徒们和鲁神甫在长达3年的暗中较量以后终于相互妥协,采取了双方暂时都能接受的教务管理模式。这种平衡状态很不稳定,但至少到现在都还没有被打破。现在教堂的一切日常经课都由马达琳娜主持,教徒们认为她为人规矩,都没有意见。而仪式需要的圣水必须经过神甫的念经祝福,这就只能等云南的丁神甫来到盐井时准备一大坛,每次取出一点兑上很多普通的净水来使用。作为圣体的面饼也是在丁神甫来时才做,领圣体仪式也在此时才举行。除了圣诞节,信徒们自己会找地方而不是在教堂庆祝节日,就像前文所说的圣母升天节一样,信徒们仿佛又回到了20世纪80年代自己管理自己的信仰生活中。

鲁神甫自己虽然坦陈他是在管理盐井教堂,不是在主持盐井教堂;私人的事情什么也不想谈,想知道什么只要找村民了解就足够了,但实际上私人事务的"不足为外人道"也会为他带来困境。2007年8月8日,曾在2000年来访的杜仲贤神甫亲属又带着参观团来到了上盐井教堂,鲁神甫事先借故离开了教堂,让马达琳娜一人接待外国神甫。没有主意的马达琳娜只好找来管委会的成员和热心教友共同准备食物和饮品招待外国神甫一行。由于鲁神甫不在,参观团只呆了半天就离开了。事后众人却被得知他们"自作主张"的鲁神甫怒斥了一番,以至于当晚的经课都取消了。而信徒们一开始不想对笔者说出此事,后来发现笔者并非站在神甫那一边的人才渐渐吐露实情。他们希望得到外人的帮助，让他们认为已经失去神甫资格的鲁仁弟让位于真正的神甫，但又不愿在不知底细的外人面前暴露出信徒与神甫之间的矛盾，因而往往不自觉地维护鲁神甫。这两种看似矛盾的心理其实都是出于对本地天主教的热爱和信仰，所以不希望自己珍惜的信仰染上污点。

相信即使鲁神甫不愿放弃神甫身份给自己带来的政治和经济利益，信徒们的信仰生活也不会结束。盐井的天主教徒几十年来经历了种种宗教上的干涉和阻挠，但是始终没有放弃自己的信仰，在现在这个信仰自由的时代，他们更不会放弃自己好不容易争取到的办教信教的权利。盐井天主教能够本地化，还是靠本村教徒的信心，他们应该成为自主办教的受益者而非受害者，而且他们会通过自己的力量实现这一点。盐井的教徒才是盐井天主教本地化的原动力，他们在历史上和现在的表现都证实了这一点。

第二节 天主教徒的族群关系和伦理

上盐井村民主要为藏族康巴人，也有少数因通婚而来的纳西族与极个别汉族人。在历史上由于茶马古道的影响，盐井村民的族源是十分复杂的，在汉族和纳西族血统之外还有天主教传教士从巴塘等地带来的当地藏族教徒。在某种意义上，这个村子里宗教差异扮演着族群差异的某些角色，有时甚至发展到以宗教来划分族群（下文会具体论述），虽然只是初步的、简单的、模糊的划分，却也是这个单一简单社会初次面对一种外来力量即天主教的力量的冲击时作出的反应。天主教在盐井有大约140多年的历史，约在19世纪60年代由法国巴黎外方传教会教士传入。经过数次以教案和流血事件为代表的波折之后，天主教逐渐在上盐井站稳了脚跟，拥有了一批相对稳定的教徒和传承手段。而在1949年前夕最后一个外籍传教士杜仲贤死于岗达寺喇嘛刀下之后，上盐井的天主教就褪去了殖民色彩而纳入了当地村民的自主宗教行为的轨道中。自1949年以后至今，除岗达寺喇嘛禁教时期（1949—1959年）和"文革"时期（1968—1978年）天主教公开活动受到禁止以外，天主教传统始终不曾从村民的生活中消失。但是与此同时，在这个人口不到800人的村庄里，即使在1949年前天主教的鼎盛时期，佛教徒的身影也没有完全绝迹，更不用说与上盐井毗邻的角龙村（岗达寺所在地）、上盐井对岸的加达村（1949年前属西藏噶厦政府辖区）、现乡政府所在地下盐井村（1949年前与上盐井同属四川康区巴塘辖区）三个村子一直都是藏传佛教的势力范围。在强大的佛教传统包围下的上盐井天主教徒是如何与周围的佛教徒共同生活的呢？佛教徒又是如何看待这些天主教徒的呢？天主教徒和佛教徒的身份发生互相转换的可能性如何？

前文已有叙述，上盐井村2007年夏天时佛教徒与天主教徒大约各占一半，由于上盐井是一个人口只有700余人的村子，一些短时因素可能会影响两教信徒的人数变化。比如20世纪80年代天主教、藏传佛教恢复期，很多几十年没有公开的宗教身份的村民重新加入到其中一个宗教的信徒阵营里，使信徒数字发生了急剧的改变；鲁仁弟神甫刚回到村里的那几年经常帮助穷人，给钱给物，其中有部分佛教徒改信了天主教，这几年他和村民尤其是天主教徒关系僵化，那些改宗者就有一些又恢复了佛教信仰。这里必须申明的是，除了极少数党员干部以外，当地人没有不信教的观念，一个人不是天主教徒就一定是佛教徒，反之亦然；即使是那极少数的从不参加任何宗教活动甚至包括婚礼、葬礼（在上盐井村这两种通过礼仪必然带有宗教色彩），也申明自己不信任何宗教的党员干部在他人眼中也有明确的宗教归属。

村民区分天主教徒和佛教徒的主要依据是姓名和人生重大通过礼仪的宗教归属。由于当地天主教传统是教民必有教名，"男性中多取保罗、保生、华生、荣生、荣旺、萨噶仁、鲁仁弟、阿色、鲁嘎、白南弟、阿然、阿多、多尔斯、毕友等，女性中多取玛利亚、德仁、鲁生、阿尼、斯丽亚、阿嘎达、德丽萨、荣旺娜、鲁生亚等"[1]，这些带有西方色彩的名字显然不同于当地佛教徒的藏名如扎西、旺堆、尼玛、拉姆、拥宗、卓玛等，因此，在很多情况下名字可以方便地作为宗教归属的识别标志。一个出生不久后即由信仰天主教的父母双方或其一方决定取教名的孩子只要在成年后不采取改教行动，即使终生都不参加教堂的任何活动，或是在没有天主教堂的外乡定居，也仍然会被视为天主教徒。改教行动主要发生在离村入党、成为国家干部时或因结婚而进入一个异教家庭时。如果是第一种情况，通常当事人无须改名或知会村人，而事实上从此以后他（她）往往也脱离了上盐井村的定居生活，即使退休后也不会返回故乡，对村民而言他（她）的教徒身份会被干部身份所掩盖，但如果问起这个当事人信佛还是信天主，村民还是会重拾他（她）原来的教徒身份，说明他（她）是"天主教的人"或"佛教的人"。而在第二种情况下，当事人需要取一个新皈依的宗教的名字，如果当时该宗教有神职人员——对天主教而言是神甫，对佛教而言是喇嘛——在本村附近，那么就由神职人员取名并主持相应仪式，如果没有，则由家中的老一辈信徒取名。当事人还需要用在胸前佩戴十字架或佛珠，不时到教堂或寺庙朝拜的做法表明自己新的宗教身份。村民往往按照多年来的习惯用当事人从小就用的原名称呼他（她），但他们能够根据

---

[1] 保罗、泽勇：《盐井天主教史略》，载《西藏研究》2000年第3期，第59页。

上述迹象得知他（她）已经改教。当然，与异教徒结婚并不一定导致改教，由村中的佛教天主教兼有的户数的比例就可得知这一点。嫁过来的媳妇和上门女婿可以保持自己原来的宗教信仰，但他们的孩子往往按这个家原有的宗教信仰取名。

虽然用名字作为宗教归属的识别标志可以一目了然，但是由于种种历史原因，上盐井村民的名字并不是一定与宗教结合在一起的。"文革"时期国家禁止一切宗教信仰，这个时期出生的孩子既不能取天主教名字也不能取藏族传统的佛教名字，都要取汉族名字。虽然这个政策对不读书也不进入国家体制工作的农民来说约束力不大，但也有不少"文革"中出生的藏族群众至今都用着"卫东"、"永红"、"青花"或"妹妹"这样的名字。而另一些得益于盐井相对良好的教育基础——盐井小学的历史可追溯至光绪三十四年（1908年），至迟也可追溯至1949年，而盐井中学至今也是西藏唯一的乡属中学——后来成为教师或各级政府机关工作人员的人们，也有不少终生使用当年入学时汉族启蒙老师随意取的汉族姓名，姓氏通常和老师的姓氏相同，名字则带有1949年年初汉族起名的特点，如"国生"、"建国"之类。这并不是盐井独有的现象，云南的藏区如维西也有这样的情况。而这部分人中的佼佼者的直系和旁系后代中也有一些出于荣誉感把长辈的姓氏沿用下来，并取了相应的汉族名字。如上盐井人，原西藏自治区民航局局长王建华（化名）的弟弟天主教徒白南（天主教教名）终生在村中务农，但他为嫁到本村另一户人家的女儿的两个儿子分别起名为王江山和王明。

由于藏族的文化传统并不重视名字的唯一性，更没有姓氏的传承关系，所以无论是藏名、汉名还是天主教教名都能很自然地得到认可并在生活中使用。也因此名字并不能作为判定宗教归属的唯一标准，而人生的重大通过礼仪是按照何种宗教的仪式举行，就成为判定一个人究竟是天主教徒还是佛教徒的重要辅助依据。即使一个人平日从不参加宗教活动，既不去教堂也不去寺庙，或者正相反，既在圣诞节和天主教徒一起吃喝说笑，也在跳神节（时在藏历九月二十八日，是岗达寺佛教传统节日）和佛教徒一起观看跳神表演，他（她）的婚礼和葬礼还是只能按照天主教或佛教中的一种礼仪举行，而通过这种选择，他的宗教归属就可以准确地判断出来了。

除了本人的婚礼和葬礼这样的重大人生通过礼仪之外，日常的教徒宗教行为并不完全足以表明一个人的宗教归属。因为佛教徒可以按照天主教仪式操办信仰天主教的亲人的葬礼；天主教徒也按照佛教习惯把藏历年当作一年中最重大的节日，男子到山上去煨桑祈福，女子去取水处取头道水。笔者调查期间，还有一位家住下盐井的信仰佛教的年轻男子专程为重病卧床的信仰天主教的老父到上盐井教堂祈祷，按照天主教礼仪画十字、跪拜，并向教堂献义（即捐款），尽管他不了解天主教礼仪的规范，行礼的动作可能不标准。他在这样做时丝毫也没有因为自己身为佛教徒却朝拜异教的神明而产生半点犹豫，只是为了遵照父亲的信仰祈求"管辖"他的生命的那位神明消除他的病痛而向父亲的天主祈祷。

当然，有些行为比如周五耶稣苦难日不吃肉、餐前感谢天主、睡前祷告、起床后祷告这些行为只有真正的天主教徒才会做，但这些行为往往发生在家庭中，有一定的私密性，因而不易为外界所观察到。

总之，由上述事实可以看出，在上盐井藏族群众的心目中，佛和天主的关系并不是一真一伪的敌对关系，而是各自统治一方人民的永恒的君主，因此无论是自己崇拜自己的神明还是为信仰另一种宗教的家人向他（她）信仰的神明祈愿或举行宗教仪式都是自然合理的选择，并无矛盾冲突之处。也正是这种心理，使两种宗教的信徒可以在一个家庭中长期共同生活而互不干涉对方的宗教信仰，和睦相处。至于在像堂屋的灶墙上是画耶稣圣心十字架还是画佛教火焰灶神图，菩萨柜里是放置基督像还是佛像这样两教只能取其一的地方，则根据本家原有信仰决定，上门当媳妇或女婿的一方是不能改变的。但信仰不同于这家原有信仰的媳妇或女婿可以在自己的房间或家中其他位置为自己的信仰放置佛教或天主教画像、十字架等，家中其他人不会干涉。如果是新婚夫妇分家出来的一户新家，则由新家的家长的信仰决定。

尽管现在上盐井村中的佛教徒与天主教徒的关系总体上是融洽和谐的，村民们也不记得曾发生过因宗教信仰不同而产生的冲突事件，并且回答任何与宗教没有直接关系的问题时都说"佛教和天主教是一样的"，但这并不表示佛教徒与天主教徒之间绝对没有分歧和差异。

佛教徒与天主教徒之间的分歧和差异首先体现在双方的互称上。上盐井村当地语言属于藏语康多方言的一种，与作为藏语标准的拉萨话差异很大，也夹杂有不少汉语词。在盐井方言中，"天主教"、"天主教徒"长期以来被称为"yang ren"（音"养任"），就是汉语"洋人"的变音。可见最初的天主教徒在佛教徒的心目中因信仰了异国异族人的宗教，不只是"非我族类"，甚至是"非我国族"了。20 世纪 80 年代以来天主教在上盐井复兴以后，天主教徒中的有识之士认为"yang ren"是对天主教徒的蔑称，不应再沿用下去，于是向上级主管单位申请使用"nang da qu lu"（意为天主的信徒）和"zhi dou ba"（意为基督的信徒）作为天主教徒的正式称呼，但至今也只是在少数受教育程度较高的教徒中使用，而这样的人多半不在村里生活。村里的大多数天主教徒和几乎全部佛教徒都继续使用"yang ren"称呼天主教徒，尤其是在佛教徒向天主教徒开玩笑的时候。笔者在访问村中最年长的老人、天主教知识丰富的老角嬷阿尼时，她的侄孙女做翻译，仍把"天主教徒"译为"yang ren"，老角嬷没有纠正她,也丝毫没有流露出不悦的神色。她的侄孙女在天津读高中,受教育程度在村民中算较高的,她本人是天主教徒,又生活在一个有数代信仰天主教传统的纯天主教家庭中,却仍然使用着"yang ren"这个天主教徒的蔑称,也不受长辈的纠正,只能说明长期以来听惯了这个称呼的天主教徒们已经接受了这个称呼,对其中的贬义已经漠然无视。甚至有另一种可能:最初的天主教徒们并不以自己的"洋人"身份为耻,反而认为这是一种高人一等的荣耀而欣然接受"yang ren"这个称呼,他们的后人也延续了对这一称呼的认可。在晚清外国教会势力强大,教徒依附教会生活,甚至倚仗教会荫庇仗势欺人的时代,这是很有可能的。另外有两个称呼,据现任神甫说,在他学成归来之前人们就已经在使用的:"兑当巴"(vdus – dam – pa),意思是"正确的聚会",荣生家所藏一册藏文念诵经中使用这个词,现任神甫说这个词是汉语"教会"的藏译;"西若巴"(phyi – rol – pa),本意是异教徒、外道,因佛教自称内教或藏教"bie qu",佛教以外的信仰则称外教,对此,鲁仁弟也有另解,他说这是"我们天主教"对外教的称呼。① 但是从村民整体的情况来看,两教教徒都承认天主教相对藏传佛教来说是后来者和外来者,从历史的角度讲合法性要略逊一筹。

另一个显示了佛教徒对天主教徒的心理优势的例子发生在一个天主教徒和一个活佛喇嘛之间。1959 年,岗达寺喇嘛组织其势力范围内的六七个村子的村民准备在岗达山上与解放军交战,要求各村派遣青壮丁参加。当时寺院和头人管辖的地区按"协敖"(即行政乡)分级管理,每一个行政协敖区由寺院和头人委任协敖一人进行管理,协敖区之下按行政村的大小设有一、二、三级德卡(即行政村)进行管理,每一个德卡(行政村)都由宗本委任德本(即村长)一人,其职责是传达宗本或协敖的命令,督促所属差民缴纳赋税,支应差役。宗本直属的德本还要替宗本放债、讨债。德本任期 3 年,可连委连任。上盐井的德本 AX(阿雄)信仰天主教,不想贸然参战送死,想先观望战局,待看出哪方胜算较大之后再采取行动,于是推迟了上山时间,在另一个山头上俯瞰战场。激战一天之后,没有直接参战的上盐井村人在看出解放军占了上风之后四散逃跑,其中一个十几岁的信仰天主教的男孩在山上遇到了同样没有参战、正在逃亡的徐中乡索哦(音)寺的活佛贡给喇嘛(约 20 余岁),于是跟着他逃,匆忙中贡给喇嘛的红色僧服落了一件外袍,那个男孩就把它捡起来自己披上,尽管紧跟着红色僧袍的子弹纷纷袭来,男孩居然穿越了解放军密集的枪林弹雨而毫发无伤。信仰佛教的村民们都说当时解放军见到这种情景说:

---

① 本段内容参考四川大学历史学院陈波老师未刊论文《亚卡丁经验》相关内容整理而得,特此致谢。

"这个贡给喇嘛真不像话,一会儿变成大人,一会儿变成小孩。"言语间充满了对解放军自认奈何不了贡给喇嘛的法力这一事实的自豪。当年的男孩现在已是 60 多岁的老人,在教堂周日的主日天礼拜中负责领诵,是个热心的教友,但在说起当年的逃亡时还是感叹:"贡给喇嘛的衣服还真是好,机关枪一直追着脚边打,一枪也没打到我。"在旁听到的佛教徒老人哈哈大笑,开玩笑说:"那你跟着贡给喇嘛去当和尚嘛。"从这件事中可以看出天主教徒即使不朝拜佛教的佛菩萨,却也相信佛教的活佛有法力,情急之中也不忌讳向不直接管辖自己的佛教的活佛求助。这是因为佛教在藏族群众的文化传统中占据重要地位,其影响难以磨灭,佛教徒的身份对藏族群众而言几乎是与生俱来毋庸置疑的,而天主教徒的身份却是后来的,即使对不像汉族这样执着地追溯尽可能久远的祖先的藏族人而言,也能轻易地说出自家自哪一代祖先才开始信仰天主教。更何况现在上盐井信天主教的村民的祖先有不少人是跟随到盐井传教的传教士从康定、巴塘等地来到上盐井的,他们是天主教的受惠者,但这层恩惠是表层的、短时的,甚至有的还带有佃农身份的受迫性。这部分天主教信徒的佛教记忆还很鲜明,又始终处于佛教徒的包围之中,即使建立了天主教信仰,也往往残留着以佛教的方式表现宗教信仰的习惯。活佛作为佛教的神圣代表,如同其名称一样是人间的佛,承担着保佑一方信徒的职责,也作为具体对象承接着一方信徒的宗教感情的表现;而天主教没有能够提供这样的人间天主作为信徒崇拜的可感对象,其信徒对这样的人间神圣人物的需要却仍然不自觉地潜在地存在着。所以在特殊时刻下,对一个天主教徒来说,捡起可见的活佛的僧袍就成了优先于向不可见的天主祷告的选择了:即使是异教的,一件捡来的人间神圣人物的物品可能比不能直接听到的天主的安慰更能给他安全感。

与天主教徒对佛教的信任感相比,佛教徒明显缺乏对天主教的兴趣。一个在 214 国道整修项目工程部临时工作的佛教徒听说笔者是来做天主教调查之后,告诉笔者"他们信的基督教""教堂里念经是照着书念,有藏语的也有汉语的"这样与笔者观察到的事实明显不符的情况:只有极少数老教徒在诵读特殊节日的不常用经文时才会拿出经书来照着朗读,大部分教徒的日常诵经都靠记忆。尽管教堂里摆放有汉语经书,但没有一个村民用汉语诵经。可见这位佛教徒并未到教堂中亲眼目睹天主教徒的宗教行为,对天主教仪式只有道听途说的印象。

尽管如此,由于天主教信仰在西藏的独特性,在旅游和宗教自由方面都成了官方宣传的有利工具,也吸引了不少海内外的学者来此进行研究调查,在这方面佛教徒也要仰仗天主教徒为村子带来利益。如 2009 年 7 月 31 日,由于承担国道 214 盐井段整修工程的中交二公局六公司拖欠上盐井村农民工工资,村民集体用拖拉机、农用车包围了工程部讨要工资,村民代表就是天主教堂神甫。他的代表资格源于他身为三级政协委员——自治区政协委员、地区政协常委、县政协委员,这些委员身份又源于他身为西藏唯一天主教堂神甫的特殊地位。无论问题最终的解决与神甫的政治地位有无直接关系,村民推选与这次劳资纠纷并无经济关系——神甫本人并没有作为农民工为修路工程工作——的神甫来做代表与工程方谈判,就是看中了他是村中政治地位最高的人这一点。另一个例子是2009年8月,一个电影摄制组来到上盐井,准备以教堂作为主要外景地拍摄一部反映修女抚养弃儿成材的故事片,需要大量人手布置教堂内外景观以满足拍摄需要,当然也需要群众演员参与拍摄,此外,出于宣传需要,电影投资方在拍摄的同时也准备向村里的教育事业捐款以示爱心。这一系列活动对增加村民收入都不无好处,而电影摄制组选中了上盐井也就是因为此地的"乡村教堂"这个鲜明的特色。从这两个例子看出,上盐井村民无论是佛教徒还是天主教徒,都能通过村子的天主教特色获得直接或间接的利益,这种特色已经成为村落整体和村民个人的文化资本可资利用。因此,佛教徒需要倚重天主教徒的情况也不鲜见。

  总的来说,上盐井村的佛教徒和天主教徒的关系是平等而友好的。如果说佛教徒在历史和大环境尤其是信徒人数方面占有优势的话,天主教徒则在旅游宣传和政策倾斜度上占据上风,是对外交往的主要力量。在村民内部,天主教徒和佛教徒是和睦共处的邻人和亲友,改变信仰也不是不可容忍的事,虽然有其潜在的未成型的规则。相信这一格局是在20世纪80年代宗教政策放宽之后在原有信教传统之上自然形成的平衡状态,在不受外力冲击的情况下应当可以继续保持一段比较长的时期。

  这一格局的基础建立在两教教义求同存异、互不干扰的前提下。天主教在传入盐井的时候已经确立了用当地语言传教的方针,当时使用的圣经就是藏文和法文对照的。这个版本的圣经是由当时外方传教会的热忱教士们,尤其是罗勒拿和德格定在接纳了先辈,主要是18、19世纪意大利圣方济会和耶稣会传教士的成果的基础上而促成的。罗勒拿的情况前文已有介绍,这里简略介绍一下著名的旅行家和学者德格定(Auguste Desgodins),他生于1826年,长期在远东地区的旅行之后住在大吉岭(印度地名,以盛产红茶著称),是"藏文—拉丁文—法文词典"("Dictionnaire thibétain – latin – français")以及一部藏语语法著作的作者,后者1899年在香港出版[①]。当时的译者在把圣经译成藏文时借用了大量藏文原有的词汇,而这些词汇多有藏传佛教的神学色彩。也许译者在翻译时考虑得更多的是如何使当地人易于接受,但是这也无疑带来了用藏传佛教概念理解甚至代替天主教概念的弊端。本文无意对圣经的藏译作过多的

---

① Appendix. "Missionaries, language, and literature of Tibet". http://www.newadvent.org, 2007.

讨论，只能通过教徒日常最常使用的天主教词汇来窥视教徒对天主教教义的理解。

亚卡丁的天主教信民把"天主"翻译成"闹吉打包（gNam-gyi-bdag-po）"，即"天之主人"或"天之所有者"。教堂的主祭台后挂两条竖幅，右写"天主在天受光荣"，左写"良人于地享平安"。教堂的南住宿楼上的小黑板上有这两句汉语的藏文，其中"天主在天"中的第二个"天"，译作 mtho-ris，这个概念不会超过佛教中对"神所在之地（lha-yul）"的理解。与之相关的是，"天国"（the Kingdom of Heaven），在藏文"马太福音"、"马可福音"等经文中皆译作 nam-mkhavi-rgyal-srid，其中藏文"rgyal-srid"一词指的是国政、国务或江山；而用来翻译"天"的"nam-mkha"一词，则是指虚空或天空，后者指自然之天空，前者则是一个佛教的概念。"天父"（My Father in Heaven），译作 yab-nam-mkhav。有意思的是，在笔者问及耶稣是谁时，许多村民对笔者说，耶稣就是天主。如果从三位一体论来理解的话，其实这并不算错，不过对圣经的熟悉程度远不如经课的熟悉程度的盐井人来说，他们可能并不了解作为"人子（mivi-bu）"，即英语"the Son of Man"的耶稣，而更多的是把他当作一个下降到人间的神明。

由于天主教强调"天主"或"主"与"天"这一自然概念的联系，就有必要考察当地原有的对"天"的理解。关于"天"的概念，下盐井纳西村每年新年初五时，有一个杀"天猪"仪式。这个仪式藏语即"朗帕（gnam-phag）"，即天猪。他们杀猪，把猪的内脏挂在三根特别从山上砍来专用作此仪式的木杆上，祭祀天。尽管该村族属一般被认为是纳西族，但在"天"的理解上，正如他们目前的藏化程度一样，更多接近藏文化中对"天"的理解。在藏文化里，天崇拜是自然崇拜的一个方面，天神是众神之一，相比藏传佛教的"佛"这样一个超越了世间万物的大智慧存在，层次要低一级。这也许就是最早传教士放弃了用藏语里表示众神之一的"神"的"ha"来翻译天主教三位一体的造物主、唯一神"God"的原因。

总的来说，两教对最高神的理解有所不同。佛教中"佛陀"是"醒悟"或"彻悟"的意思，即从愚昧状态觉醒者，或者说彻悟真理者。"佛"是觉悟了的众生，众生是未觉悟的佛。佛和众生除智慧素质的差别外，始终是平等的，而不是创造者和被创造者、统治者和被统治者的对立关系。佛教认为"众生都具佛心"，就是说每个众生只要奋发向上，都能变成智慧和德性高度圆满的佛。而藏传佛教更是有神圣的活佛转世制度，活着的佛就在人间，对教徒而言是"人人皆可成佛"的明证。但天主教的"主"绝不会是众生变成的，而是绝对的造物主，给予人们在世和死后的祸福的裁决者；一个再虔诚、学问再高深的教徒也绝无希望成为"主"，有这种想法都是大不敬。因此，有学者认为：当基督传教士们用藏语表述《圣经》及其信仰，他们就处于10多个世纪以来藏地有经文的世间法信仰的包围，使得它处处依赖藏文佛经的用语，调整自身以适应，或者在藏传佛教的神灵等级序列中找到自己"神"的合适的位置，或者加以改造。藏译《圣经》所提供的信仰的最高概念，不会超过藏传佛教提供世间法的境界。就藏传佛教的境界来说，它包括世间法和出世间法两种，但世间法低于出世间法则是肯定的。①

教义虽然是一种宗教的核心世界观的反映，但是与一般信徒有切身关系的还是反映在日常生活中的伦理道德，在这一点上两教有同有异。

对神职人员，也即佛教的僧人（高等的是活佛、喇嘛，低等的是察巴）和角嫫，天主教的神甫和角嫫，两教规定的底线都是不能婚育，婚育者必须离教还俗。但是在过去的几十年中不乏一些特殊的例子。上盐井德仁撒角嫫未结婚而生育两个女儿的事前文已经说过，虽然她违反了做角嫫的规矩，但是两教教徒对她都没有多少非议，天主教徒也容许她做一些角嫫的工作。而从村人对我这样的外人从不提起她未婚生女的事情以及他们对一生未婚的阿尼角嫫的高度赞扬来看，他们仍旧认为角嫫结婚或生孩子是丑事。曾经当角嫫的玛仁也曾说过自己因对鲁神甫失望离开教堂以后觉得在村里待不下去，家人尤其是哥哥也觉得出家人回家是丑事，所以到云南去做了一年的小生意；后来因母亲想念她，而且另两名角嫫也离开了教堂，她才回到上盐井。她与现在的丈夫——同村的天主教徒，盐井小学的老师——谈及婚嫁时也问过对方能否顶住村人说闲话，幸好对方认为离开教堂不是她的错，表示不介意。

佛教方面的例子有下盐井的一位四川得荣县徐龙乡热那寺的活佛尼然喇嘛。他1950年出生于盐井角龙村，1952年时被认定为活佛。1960年在父亲的要求和当时盐井县和县长的批准下离开寺庙回家念书，从此过上了普通人的生活。1970年他先在人民公社里当记分员，两年后在角龙小学（现盐井小学角龙教学点）当民办教师。1970年，他和同村一女子结婚，后来生了孩子，现在一家人住在下盐井。自20世纪80年代以来他多次应当地老百姓和寺庙的要求去热那寺，为老百姓摩顶、赐予护身符、打卦等，这也是平日盐井的老百姓请求他做的事。由于当年政策要求活佛结婚，这不是个人的力量能够选择的，所以现在无论是徐龙还是盐井的百姓都没有追究他结婚生子的事情，仍然把他当作活佛来崇拜。

但是信徒的宽容是建立在尊重当时的历史条件的基础上的，鲁仁弟神甫自2004年开始的又要当神甫、又要结婚生孩子的行为受到了天主教徒的极大责

---

① 本段对于藏文《圣经》的分析和观点来自四川大学历史学院陈波老师未刊论文《亚卡丁经验》，特此感谢。

难。现在有许多教徒尤其是男性教徒不再到教堂参加任何活动，有许多天主教家庭的新生儿都是请长辈教徒起教名，不再到教堂接受鲁神甫的洗礼，只有鲁神甫自己的两个孩子接受了他主持的洗礼。信徒还通过神甫哥哥和神甫哥哥的岳母也就是德仁撒老角嫫对神甫施加了压力，使得他在第二个孩子出生以后不再主持教堂仪式。但他仍旧不愿在过天主教节日时照教徒的希望请云南的丁神甫来此主持，而教徒们也因此不在教堂举行庆祝活动，"不看他的脸色"。

对于一般教徒，在教规上也有所不同。上盐井现有的6户一妻多夫家庭中只有一户是天主教家庭，就是因为受天主教一夫一妻制的教规约束所致。这户家庭成为一妻多夫家庭也有特殊原因：原本这家人两兄弟中的哥哥已经娶妻，继承了父母家，弟弟到本村另一户天主教家庭上门，但与妻子感情不睦，妻子另有情人，最后弟弟愤而离婚回家。这时虽然还有人上门为弟弟提亲，但哥哥不愿弟弟再到别人家去受苦，于是提出与弟弟共妻，最后组成了一妻二夫的家庭。这家人始终没有正式办婚事，村人也只是把这三人的婚姻当作既成事实来接受而已，他们在同情弟弟第一次婚姻遭遇的同时认为弟弟并不怎么满意共妻的安排，是哥哥太照顾弟弟才会这样。

另一方面，两教的通过礼仪也有不少不同。信仰天主教的父母会让新生儿到教堂接受洗礼，让神甫给孩子起教名；如果没有神甫，则让德高望重的老教徒为孩子起教名。佛教没有洗礼，但会请活佛为孩子的护身符的挂绳打结，再吹一口气表示赐福，教徒相信把这样的护身符挂在孩子的脖子上能够保佑孩子平安健康地长大。在婚礼上，来到一个新家庭生活的新娘或新郎在主要成员信仰佛教的家庭需要参拜灶神，而在主要成员信仰天主教的家庭拜的是灶墙上挂的十字架和墙上画的耶稣圣心十字架，更加正式的天主教婚礼是一对新人穿上藏装骑上马到教堂去，由神甫主持，两人宣誓终生不离不弃。近年来，这样正式的天主教婚礼只举行过一次，就是曾当过角嫫的玛仁的哥哥嫂子夫妻的婚礼，那时还是云南的施神甫主持的仪式。同时，天主教对婚姻忠贞的要求也高于佛教，反对离婚。不过下盐井依然有一例天主教徒的女性和非天主教的上门女婿在生育一子后离婚的例子。天主教的葬礼是土葬，没有其他葬法；而本地藏传佛教的葬礼有天葬，也有水葬，近来由于天葬、水葬成本都比土葬高，上盐井许多佛教徒也采取了土葬。总之，由于两教目前在村里都没有强有力的组织和神职人员强制要求教徒遵循本教的行为规范，许多教规都有弹性，也有互相影响的地方，但大体上村民还是各自奉行本教的行为规范，保有清晰的宗教认同。至于仪式、经文和称呼、教名的不同已在前文有所介绍，就不再重复了。

总之，尽管有着种种不同，但上盐井的藏传佛教和天主教现在能够融洽地共同相处，除了在宗教仪式上有所区分以外，很多行为和观念都是很接近的。

两教的村民在不同的访问中也都说过"天主教和佛教没有什么不同"这样的话。然而，能够达到今日这样的平等融洽的局面，两教还是走过了相当长期的磨合阶段的。

第三节 天主教徒和社会环境的调和

不同历史时期的天主教徒会有不同的信仰方式和态度，即使同一时期的天主教徒也会因为家境、经历、从众心理之类因素的不同采取不同的信仰方式和态度。

由于历史文献中有个性的天主教徒的声音和身影的缺席，本文只能考察村民记忆可以追溯到的最早的天主教徒们的生活。早年最虔诚的教徒无疑是上文已交代过的和杜仲贤神甫一起在舒拉山口被岗达寺武僧杀死的独西①。据说，和他一样当神甫随从的人有好几个，平日都在教堂里受神甫的照顾，日子过得很好，但在陪同神甫前往噶厦政府的路上发现岗达寺武僧的追踪以后，这些人都害怕了，纷纷溜走。最后只剩独西坚持留在神甫身边，他还放声高歌道："在教堂里穿金裤子的人有好多好多，翻山口的时候就只有我和神甫你啊！"以此来讽刺那些平日受神甫恩惠，关键时候却只顾自己保命的教徒。最后由于寡不敌众，独西和杜仲贤神甫一同被打死。

独西的殉教行为格外具有宗教意义，但也不能就此过分苛责逃走的教徒不够虔诚，他们只是在信仰和生命的两难取舍中选择了保全生命而已，这对维护天主教的发展也是有意义的。在日常生活中教徒也可以为信仰作许多贡献，比如教给下一代天主教知识。老角嬷阿尼小时候到尼姑学校"曲路永撒"学习的时候，给女孩们上课的是角嬷，给男孩上课的是神甫的涅巴保罗，他是老角嬷德仁撒的父亲，他们一家都住在教堂，妻子为大家做饭，他教课。一直到六七十岁以后他才不再教课回到自己家中，两三年后就去世了。在他之后接替他的职位直到1949年的人也叫保罗，两人都是被教堂养育成人的孤儿，一生都在教堂里帮助神甫，可以说是名副其实的"涅巴"（管家）。他们不是修士，可以结婚，但是对教义经文的熟悉程度要好于一般教徒，也很受一般教徒的尊敬。这样的人是天主教传教的重要根基，他们的子孙更容易成为坚定的教徒甚至是神职人员。

以上是单个教徒的情况，至于教徒的集体行为，亦有着截然不同的鲜明对

---

① 独西的祖父和他的遭遇一样，曾在早年的教案中和神甫一起被害。

比。在此，举两个例子进行说明：一是1905年的"魏雅丰案"，这在前文已有过讨论，在此不赘；一是1940年因吕维多神甫被害而发生的教徒复仇案。"复仇案"大致是这样的：

1940年8月2日，盐井教堂的吕维多神甫和2名男性教徒（其一是教堂抚养的孤儿，当时大约十几岁）、3名角嫫在从茨中返回盐井的路上遇上了劫道的强盗，一行人中除神甫外男人都骑马逃走了，最终神甫被害，角嫫们、财物、马匹亦被抢去，但强盗后来释放了她们，她们走路回到盐井。由于这伙强盗还杀了盐井北面另一个村子里一户很有势力的人家的儿子，那家人集结了寻仇的人找强盗报仇，上盐井也有一些人为了为吕耶神甫报仇和他们一道去。当时前来盐井教堂接任吕耶神甫之位的朴耶神甫（即卜尔定）劝阻他们不要复仇，但没能阻止他们。最后寻仇者们杀死了3个强盗，并把他们的头砍了下来。剩下没死的强盗从此散伙，从茨中到盐井的这段路才太平了。

在"魏雅丰案"中，盐井教民①也许是出于对在教案中被毁的教堂和被杀的神甫的愤怒，也许是出于对清政府极力保护支持的教会的畏惧，也许只是对神甫这样的强权者和洋人的追随和服从，总之，他们在这里扮演的是杀人帮凶的角色。而在1940年的"复仇案"中，传教士和本地藏族则站在了一个阵营里，都成为了不遵守社会规范的另类。这时，面对依天主教规训不念仇恨、忍受欺辱伤害而不言报复的神甫的劝阻，盐井教徒遵循的却是藏族传统的以牙还牙、以血还血的复仇规矩。尽管他们会念天主教的经文，却不见得行为处处符合天主教教义，在一些触及藏族社会道德规范的事情上，他们还是会优先按照藏族人本身的社会规范来行动。据老角嫫回忆，尽管神甫认为这样的报复是不对的，但是教徒们还是认为这是正确的复仇行动，而神甫也不得不接受教徒的违反天主教教义的行为。这种情形换成藏传佛教信徒也是一样的，尽管藏传佛教也不主张报复和杀生，然而在已经成为藏族人尤其是康巴人性格一部分的恩怨分明、有德必报、有仇亦必报的观念里，信仰也要让位给社会价值判断，也即在强大的民族文化认同之下，宗教信仰必须要有所妥协才能被当地人所接受。

普通信徒如此，作为出家人的角嫫们又是何种情形呢？她们是当地最先成为外来宗教天主教的神职人员的本地人，连这个称呼都是和藏传佛教的女性出家人一样的"角嫫"（汉语意为尼姑）。天主教首先在本地培养女性神职人员

---

① 即使天主教在盐井已有追随者，但其中最得传教士信任的核心人物还是非盐井当地的汉族人，这也符合"顾司铎（疑为余伯南）与任司铎在阿墩子（今德钦）设立教堂十余年，并无居民从教。其左右供役者，仅川民数名"的汉族史书的记载。这部分人往往是脚夫或护卫清兵这样的社会下层民众，他们没有多高的社会地位和金钱，背井离乡，而天主教在那个时期拥有政治特权，遂成为他们依附的对象。

是有原因的：首先，女性在父系社会中地位较低，她们的精神生活尤其是宗教信仰对主流文化的影响较小，因此她们对外来文化的接受较不容易遭到主流文化的抵触。其次，女性情感丰富，一般而言对宗教信仰的热情比男性更高，主要在家庭中活动也给了她们更多的投入宗教生活中的时间和精力。最后，来华的天主教神职人员人数不多，其中的女性即修女更是凤毛麟角，尤其缺乏能够来到位置偏远、交通不便的康区的外国修女，而培养女性教徒也是天主教会很重视的一个任务，所以培养女性的天主教神职人员，让她们把天主教信仰的火种带到各个家庭中去的选择就是很自然的结果了。所以，天主教甫一在盐井立足，便开始了对本地角嫫的培养。据两位还在世的老角嫫回忆，在她们幼年、童年时，盐井就有3位角嫫，后来还加上了她们自己和同辈的2名角嫫。按照当时教区的通例，一座教堂需要有神甫1名、角嫫2名，神甫还可以在不同教堂间轮换，角嫫一般在见习期结束以后就会终身呆在一个教堂，可见她们的人数不少。终身出家是一项艰巨的任务，虽然借鉴了藏传佛教角嫫在家修行的办法，天主教角嫫在生病或是教堂有困难时可以回到家中，但是由于实际情况的压力有时超出修行制度的弹性，不能坚持下来的人还是有的。

1949年以后的近30年时间里，天主教活动基本转为家庭内部活动。角嫫们回到各自家中，不断受到催促其结婚还俗的压力，老角嫫德仁撒就因为家中仅有她和年长的姐姐以及两个妹妹一起生活，压力不小而生了两个女儿。两个女儿一个1958年7月出生，一个1972年3月出生。但是孩子的父亲是谁村里人至今也不知道，只是猜测第一个女儿的父亲可能是当时来平叛的解放军，第二个女儿的父亲可能是当时来修国道的修路工人，总之都是外人。因为在那个年代和曾经的出家人结婚会承受很大的舆论压力，几乎没有村里人愿意冒被人指指点点的风险和曾经的出家人结婚或生孩子，只有外来的汉族没有这层顾忌。而村人对于私生子的态度一贯是宽容的，即使现在鲁仁弟神甫的两个儿子也常常受到参加教堂活动的人们的关爱，所以德仁撒角嫫的两个女儿都顺利地成长并结婚生子了。大女儿招了神甫的二哥阿色（荣生）当上门女婿，现在生育了两个女儿；二女儿嫁到本村，也生育了两个孩子，一儿一女。但是在这样的压力下也有坚持守贞的角嫫，就是阿尼，现在村里不论天主教徒还是佛教徒都很佩服并尊敬这个老人。不过除了个人意愿的因素以外，在无法继续角嫫生涯时，阿尼比德仁撒年长7岁而且身体也不十分健康这样的事实可能也降低了她出嫁的现实性。而且，她的家庭兄弟姐妹众多且不少都在本村成家了，所以生活上的压力要小得多。

"文革"过后，教堂逐步恢复活动，先是几位老角嫫从各自家中回到教堂，后来又有年轻一辈的角嫫在外学习后进入教堂为教堂服务。两位在西昌圣家修院学习的角嫫玛仁和阿尼的情况第五章已有交代，不再赘述，这里补充玛仁介绍的一点情况：教徒进教堂时老习惯都是要行单膝跪拜礼，但是两位年轻角媓在修院受的教育是不必行跪拜礼，这是教会革新后的标准，她们进入教堂时就遵照这一标准从不跪拜。一开始一些老教徒们对此还有些意见，觉得她们对主不够尊敬，时间长了也就慢慢接受了。玛仁说其实长时间没有公开天主教活动，也没有人教，有很多老一辈也不太知道该怎么行礼，画十字起因父的姿势也不标准，所以行礼的形式不是最重要的，最重要的还是要有虔诚敬爱主的心意。玛仁作为新一代盐井教徒的代表，在教义仪轨上受的教育是遵循欧洲各天主教传教会—中国天主教三自爱国会这条脉络的，而不是当地实际传承下来的巴黎外方传教会—康区老教徒自发恢复天主教组织这样的历史过程，这一点鲁仁弟神甫也不例外，他们对于教义仪轨等术语的解释往往来源于修院教育而不是盐井本地的解释，有的术语甚至只知汉语词而不知藏语说法。而且，他们还认为盐井当地的教徒多半只知念经，对于教义不甚了解，所以不太重视村民自己对天主教的理解。不可否认的是，在很多情况下这些年轻的天主教"精英"说的并没有错，但是盐井的天主教是有传统的，这份传统就蕴涵在藏法对照的经文和圣歌里，也蕴涵在现在已经去世但20世纪80年代曾很活跃的几位对教义还留有当年传教士教导印象的老人头脑里。

第四节　天主教对内与对外的调和

一、天主教与佛教的磨合

  天主教在村内主要需要协调的是与藏传佛教的关系，而要介绍两教的磨合过程，就要从天主教传入盐井说起。天主教传入盐井的一系列事件的历史背景是罗勒拿、肖法日1862年的再次入藏使清政府朝野上下对传教士的入藏有所警醒。随后，总理各国事务衙门对法国驻京公使进行多次交涉，同时受英、俄的强大压力，使法国政府对其传教士在藏东的活动感到不妙，于是，1864年3月15日，法国驻华公使柏德密通知法国传教士立即撤出藏东。4月，遣使会传教士离开芒康，回到巴塘。1865年9—10月，察瓦博木噶、门孔等地发动反天主教运动，使法国传教士被迫离开其经营了十几年的察瓦博木噶传教据点，来到今日的上盐井。当时在察瓦博木噶的传教士由几名信徒陪同仓皇出逃，从察瓦博木噶出发，沿古商道经门孔、扎那、碧土、翻越察瓦堆拉，来到澜沧江西岸，即与上盐井隔江相望的今盐井曲孜卡乡境内的库如囊村。他们在该村某户人家借宿十来天，搜集和掌握江东上盐井村的民族结构、宗教信仰、户数等情况。十几天后，传教士横渡澜沧江，进驻江东当时隶属上盐井的果冉村的董仁仓家，在此为村民看病行医，间接传播天主教的教义、教理。不久有两三个村民渐渐地成了天主教教民，他们是传教士进入盐井后的首批信徒。传教士在果冉村深入了解上盐井民情的基础上，最后闯入上盐井，借宿于略有名气的雅卡·嘎仓家里。几个月后，又搬到与后来所建教堂一墙之隔的雅卡·德仁萨仓家里。其间，这位传教士主要从事社会慈善活动，一则为村民免费治疗；二则为家境贫寒者修房、买地；三则为当地的岗达寺布施大笔大洋，深受群众的信赖，赢得岗达寺的赞誉，得到让其暂住此地的许可。随后就在与他关系密切的群众中进行传教活动，有不少人成了天主教的教徒。这位传教士在上盐井待了约半年后前往巴塘，他的姓名是毕天荣。之后又有三四位传教士来盐井，他们同样从事慈善及传教活动。时至司铎吕耶来传教时，从岗达寺购买地盘，动员所有信徒修筑教堂；接着设立卫生所，继续为村民免费治疗；开办学校，学校分高级班和初级班，开设藏文、汉文、英文、算术、音乐等课程，教员都来自维西、下关、康定、巴塘等天主教传教区的传教士或信徒。①

大致在这一时期，教堂大量购买了盐井及附近村庄的土地，以下是冉光荣的《天主教"西康教区"述论》中介绍的教会在盐井的土地收购情况②，见表 8-1。（由于原文未注明出处，只能转引）。

表 8-1（1） 天主教会盐井土地收购一览表

次数	土地块数	当价（两）	当价期限（年）	已过时间（年）
一	7	40	40	35
二	5	35	40	35
三	3	14	50	29
四	2	13.5	27	17
五	5	25	银到地回，并无期限	—
六	5	31	27	13
七	1	13.5	27	17
八	1	—	每年收银 8.5 两，已当 20 年。含银 170 两，无期限		
九	—	送地 2 块			
噶打村头人泽江，共计 72 块，种子三石六斗，收银 342 两				

---

① 参见保罗、泽勇《盐井天主教史略》，载《西藏研究》2000 年第 3 期，第 54 页。
② 参见冉光荣《天主教"西康教区"述论》，载《康定民族师专学报》1987 年总第 2 期，第 37 页。

表 8 – 1（2） 天主教会盐井土地收购一览表

次数	土地块数	当价（两）	期限（年）	已过时间（年）
一	2	27	45	32
二	?	25	无期	29
三	2	3.5	37	32
四	2	23	40	30
五	9	13.7	26	17

宗格村头人司郎彭初，共计 22 块，种子一石二斗五升，收银 92 两 2 钱

表 8 – 1（3） 天主教会盐井土地收购一览表

次数	土地块数	当价	期限（年）	已过时间（年）
一	1	30 藏元	30	不详
二	1	25 两	30	不详
三	1	40 藏元	20	不详
四	1	20 藏元	20	不详

宗格中清隆二村百姓多吉汪登，共计 4 块，种子三斗，收银 56 两 5 钱

说明：刀本村头人当地 11 块，种子一石，每年上青稞一石二斗，收银 132 两，无期限。格拉村百姓：罗绒依西当地 2 块，当价 115 藏元，当期 50 年，已当 14 年。尺里曲批卖地 2 块，收 150 藏元。罗戎司郎卖地 1 块，收银 54 两。5 块地共收银 145 两 1 钱 7 分 5 厘。总计当、卖地 114 块，种子六石二斗五升，收银 765 两 8 钱 7 分 5 厘。

根据《盐井乡土志》，清末盐井一带计算土地皆不以亩而以块，用每块地播种的种子数来计算收成，水地每一斗种子收获一斗五升，即每 15 公斤种子收获 22.5 公斤粮食；旱地每一斗种子收获七升五合，即每 15 公斤种子收获 11.25 公斤粮食。当时盐井境内五区共有水地 1 873 块，旱地 2 595 块，共下种七百二十七石七斗一升一合，即 109 156.65 公斤。[①] 可见教堂所占据的土地不能算多，而且分散在各村，对村民的影响力不够集中。但是有了这个开端，数年后上盐井几乎所有的土地都集中到了教堂手中，村民都成了教堂的佃农也是信徒。据资料得知，宣统元年（1909 年）盐井教堂拥有教民 342 人，法籍

---

① 参见（清）段鹏瑞（宣统）《盐井乡土志》，载《中国地方志集成·西藏府县志辑》，巴蜀书社 1995 年版，第 403 页。

吕司铎主持。① 据老角嫫阿尼回忆,这个人数水平一直保持到1949年杜仲贤被杀害、岗达寺喇嘛封闭教堂时为止。教堂的经济实力在早期依靠外部资助,之后主要依赖在本地区的地租等收入,"据天主教堂华朗廷言,泸定已垦万余亩,收租千八百石。考其实际,皆不止此"②。教会经济收入迅速增加,"开支各项事业及传教经费有余,早已不受教皇助款矣"③!

毋庸讳言,在天主教传入西藏或者说试图传入西藏的300年历程中,传教策略无论是早年的争取上层贵族还是后来的招揽下层民众,都经历过各种各样的失败。这里有一个很重要的原因是藏区,尤其是拉萨政府建立了一个以政教合一为基础的僧侣贵族统治的社会制度,底层民众和上层贵族在宗教信仰上是统一的,而且这个宗教是唯一的,这一点对川边的大小土司割据地区也不例外。当政治统治者同时也是宗教统治者时,外来的宗教想要争取教徒就只能依靠争夺政权了,而当时的巴黎外方传教会根本不具备与西藏政府争夺政权的可能,所以只能在本国的支持下借经济力量购买地产以成为部分民众的"领主",借外交力量迫使清政府提供合法性和安全保证,在受到极端怀疑甚至是仇视的环境下展开传教活动。这个时候争取到的教徒不仅数量有限,在动机上也有相当一部分是借天主教之名行欺压百姓、榨取钱财之实,对天主教的忠诚度和品行操守都很令人怀疑,也对天主教会的形象带来了负面影响。在藏区,教会采用了这些手段,"其引诱之法,在政治上包庇罪犯,使逍遥于法外;在经济上则以典买之田产,饵教徒耕种;不习农者,或贷以资本。故一般人民趋之若鹜。入其教者,谓之教民,凡教民之婚丧词讼,均由教中神甫或主教为之主持处理,体恤庇护,无微不至,故教民有事,均多诉于主教或神甫。若有灾荒,亦请主教、神甫账恤。因此教民恃有护符,往往欺压百姓"④。当教会在教民中已经达到了这种威信,对地方上司、头人等的统治就形成了威胁,无怪乎康区发生了多起教案。同样的道理也让地方官员对教士多怀戒心。打箭炉同知李之珂说:"外人觊觎边荒,借口传教,譬诸水银泻地,无孔不入。现在打箭炉、巴塘、炉霍等处,以及各土司地方,法英教民日增一日,……外人笼络蛮族,多方诱哄,必至尾大不掉。强据我边界,扰乱我落篱,虎视眈眈,要挟无厌,如蝗虫入境,不食尽不止。"⑤ 为减少边衅,制止教民横行,他们总是

---

① 参见"宣统元年四川洋务局关于外国传教士统计表",转引自冉光荣《天主教"西康教区"述论》,载《康定民族师专学报》1987年总第2期,第36页。
② 杨仲华:《西康纪要》,商务印书馆1937年版,第281页。
③ 任乃强:《任乃强藏学文集》,中国藏学出版社2009年版,第270页。
④ 杨仲华:《西康纪要》,商务印书馆1937年版,第280页。
⑤ (清)李之珂:《新设炉霍屯志略》,转引自政协四川省甘孜藏族自治州委员会编《甘孜州文史资料·第12辑》(内部资料),1993年,第10页。

力图减少教会的活动。

但是，盐井教堂由于一开始就通过经济手段得到了当地寺庙岗达寺的认可，又通过政治手段，即中法条约中关于传教的相关内容，先后得到了当地土司和赵尔丰改土归流后设置的地方政府的保护，所以具备一定的地方基础。而且，由于盐井教堂是康区教堂中的分堂，可以得到总堂的各方面支持，包括把在总堂培养的教徒带到盐井来居住发展。盐井由于自身的地理条件，一向都是藏、纳西、汉以及其他民族共同居住交往的地方，对移民的接纳能力也相当高，所以教堂又通过从巴塘迁来的教徒在盐井打下了最初的民众基础。最后，又通过在教堂内兴办学校争取到了对下一代村民的宗教培养机会，赢得了未来基础。应该说在外国传教士在盐井居住传教的70多年里，除了魏雅丰这样的个别人物以外，大部分传教士都是低调行事，不与藏传佛教寺庙和地方政府起正面冲突的，而且其在盐井的势力始终保持在上盐井村之内，这个可能是无奈之下的结果，也是它能够坚持到1949年左右才被岗达寺喇嘛封禁的原因。

在1949年以后，上盐井天主教徒们开始了第一次自主办教的经历，尽管还非常不成熟，却为20世纪80年代天主教信仰的恢复做了第一次尝试和演练，积累了宝贵的经验。当时鲁神甫的爷爷和殉教的独西之父一同按照曾经协助神甫进行的仪式的办法私下组织天主教活动，岗达寺虽然能够封闭教堂，却无法阻止信徒在教堂以外的地方偷偷组织活动。尽管后来岗达寺安排了村中9户人家——部分是从天主教改信佛教的，部分是外迁来的——为寺庙收租，把原来教堂的收益纳入囊中，但也还不能得到全村信仰天主教多年的教徒们在信仰上的皈依。事实上到了1959年，与解放军交战时德本（村长）阿雄之所以持观望态度，很大程度上与他和其他村民的天主教徒的身份有关，那9户为岗达寺收租的人家的男丁就在第一时间赶往了岗达寺，后来在交战中伤亡惨重。其他村子支援岗达寺的人员也有死伤，只有上盐井阿雄率领的人马几乎全都平安无事。至今即使是佛教徒的老人说起此事也认为使全村男丁免于伤亡的阿雄是做了大好事，对岗达寺并不同情。

1959年以后到1980年，无论是天主教还是佛教都沉寂了。在这段时间里，上盐井村人树立了"政府是最大的权威"这样的思想，即使没有完全变为无神论者，在私下和后来的信仰生活中也自觉不自觉地形成了"党和政府最大，然后才是佛教、天主教"、"只有不跟政府政策有冲突，才能信佛信天主"的观念，也因为有了政府在精神和物质领域的双重最高权威，这之下的佛教和天主教反而能够在盐井历史上第一次以完全平等的身份发展下去。自此以后，两教进入了和平相处、互相帮助的发展过程。如今，这种两教融合的现象特别明显，以茨中村为例，村民可自由选择自己的宗教信仰，在一个家庭里面，丈夫信藏传佛教并不会妨碍妻子皈依天主。信仰不同教派的人死后可葬在一个坟场。笔者在田野调查时惊异地发现有一座坟墓竟然采用了天主教和藏传佛教两种符号混合标志的情况。这座坟墓底座采用藏传佛教白塔设计，上部树立着一个两米多高的白色大型十字架，在墓地里显得格外突出。对盐井而言，尽管岗达寺由于1959年的立场问题至今也没有活佛，但是仍然在整个盐井乡范围内依靠着许多信徒的支持发展了下来，后来更得到了扎谷西文成公主庙的管理权，在合法性上也有所增强，虽然政策倾斜度要低于天主教堂，但是信众基础更为广泛。至于上盐井天主教堂的情况已有介绍，不再赘述。

总之，现在的上盐井村，两种宗教平等而和谐地共同发展着，两教信徒也在一个村庄甚至是家庭里共同生活着，在爱国爱党、拥护政府这个最高前提下维持着自己的宗教信仰。

二、天主教与外部世界的关系

前面介绍了盐井天主教堂对本地信徒的意义，下面将要讨论的则是盐井天主教堂对外部世界，尤其是因为种种原因来到盐井的外来人员的意义。盐井天主教堂有一个有别于其他教堂的重要特点就是，作为目前西藏自治区唯一一个天主教堂，它既要承担作为本地的天主教信徒的宗教信仰活动场所，以及对下一代信徒的天主教教育场所的任务，又要接待外来的神职人员、信徒、学者、游客等在不同程度和范畴内关心盐井的天主教信仰现状的人群，向他们展示今日盐井天主教纯净、虔诚、与当地文化充分融合、与藏传佛教相安无事的美好局面。在承担后一个任务时，它或多或少地成为了一个旅游景点，被美化得超出了实际的情况。但不可否认的是，这样的局面是地方政府大力宣传并希望实现的，而本地的天主教信徒在日常的信仰活动不受影响的前提下也没有提出异议。而这个局面，以及教堂的兴建过程所反映出的更深层意义是：时至今日，盐井以外的以天主教相关团体为主的社会力量仍然在深刻地影响着盐井天主教的发展。尽管在1949年最后一个外国传教士离开盐井也离开中国以后，盐井天主教在近30年的时间里断绝了与外界的联系，几乎是完全凭借本地信徒们内心的信仰而复苏的，但盐井天主教并不是一个封闭人群中的孤立行为，而是与外界文化尤其是天主教信仰有着千丝万缕的联系。

一个已经十分清楚的事实是，从天主教在19世纪晚期传入盐井直到第一次世界大战期间，巴黎外方传教会以及它的资助者法国政府是盐井天主教的最大支持力量。这一时期的天主教传教活动与法国政府的殖民企图是密不可分的。"一战"以后，在战争中国力严重受损的法国无力继续支持巴黎外方传教会在远东的活动，于是20世纪30年代后者在教皇的准许下将天主教西康教区移交给了瑞士伯尔纳铎教会，仍有部分法国传教士继续在该地区活动。由瑞士教会接管的西康教区天主教活动可以说摆脱了殖民阴影，有机会走上较为单纯的宗教本地化之路，教会兴办了学校，对本地的孩子进行天主教教育。直到1949 年，盐井最后一个传教士瑞士人杜仲贤遇袭身亡，那之后盐井天主教进入了 30 年的沉寂期，天主教活动转入地下，以家庭为单位隐秘地进行。直到 20 世纪 80 年代环境才有所变化，幼年受天主教教会教育成长起来的一批人此时都成了村里的老人，从地位上说他们受人尊敬，说话有分量；从能力上说他们有时间也有精力，其中有些人还有金钱组织教会活动；从感情上说他们年少时几乎没有受到藏传佛教或无神论的影响，对天主教哲学和道德有很深的认同感。因此，这些老信徒们到茨中、巴塘等在恢复办教的道路上先行一步的教堂去寻找经书，请来神甫，争取原盐井教堂的使用权，重新把盐井天主教恢复起来。这个恢复过程并不全然依赖盐井本地信徒的力量，外来的天主教力量也起了很重要的作用。至今村里的热心教友还保留着 20 世纪 80 年代从巴塘教堂带来的印刷于 1894 年、1903 年的旧经书。

进入 20 世纪 90 年代，中国与其他国家的交流变得更容易实现，西藏地区的交通状况也在不断改善。盐井送往外地受正规神学院校教育的第一批年轻人在政策的支持和村民的推荐下有机会经过学习成为了受上级教会认可的正式神职人员，他们也把外面的资助带回了盐井，前文已有叙述，不再赘言。外面的信徒和神职人员也对盐井天主教感兴趣，也有人亲身来到此地。有一位瑞士神甫，他的姓名无法从村民处得知，他是盐井最后一个传教士杜仲贤的侄子，曾经来过盐井两次为叔叔扫墓并参加教堂的活动，信徒们向他敬献哈达——在盐井，哈达也是天主教的圣物——盛情款待他。笔者在盐井期间与这位神甫带领的一个 12 人的参观团失之交臂，但亲眼目睹了一位现居北京的香港传教士带着他的两位美国朋友来到盐井教堂和村民一起参加晚课，他们说自己想要走遍中国的教堂，看看教徒们的生活。尽管这位传教士连普通话都说得不十分流畅，但仍然努力和本地信徒交流。这些神职人员是真正关心天主教在盐井的发展的人，但是碍于政治原因的限制，他们不可能在盐井逗留太久，而由于语言不通的困境，他们很难充分了解教徒对信仰的需求。对信徒们来说，本地的天主教管理不是没有问题，但是在搞清楚外人的立场，以及他们是否愿意提供帮忙以前，信徒们还是宁可只做一个热情的主人，只把自己家中最美好的东西用来待客，绝口不提家中的困难。

除了神职人员以外，拜访盐井教堂最多的是游客。笔者在盐井做田野调查期间有两三批内地游客来到教堂，他们大多并非教徒，只是抱着见庙就拜的心理来到教堂参观，感受在一个藏族村庄中游览西方教堂的文化冲击感。他们拿着相机，要求角嬷为他们打开紧锁的本堂大门——除了做弥撒的时候以外本堂的大铁门总是锁着，由角嬷在做弥撒时打开，结束之后就锁上——拍摄一些有天主教特色的照片，在教堂里外转几圈，然后就匆匆离去了。游客们只能通过教堂想象信徒的存在，而信徒们不知道也不在乎游客是否来过。

另一个令人意外的关注来自一个电影摄制组。2007年8月底9月初，电影《车票》的摄制组来到上盐井进行拍摄。这部电影改编自一部台湾的同名小说，讲述一个被乡村教堂的嬷嬷抚养长大的弃婴成年后的回归之旅，选中盐井教堂作为拍摄地的原因是它有乡村教堂的特色。这个摄制组来到盐井教堂以后对教堂做了很多布景上的修改，让它更符合导演心目中对乡村教堂的想象：把内院的水泥地铺上一层土；把教堂本堂的透明玻璃窗户贴上彩色玻璃纸，模仿西方教堂的彩色玻璃窗；把教堂祭台上的花瓶等物撤掉，换上许多白色的蜡烛；把住宿楼的一间空房改成嬷嬷的卧室，其陈设没有一点藏族特色，剧组为了找一组汉式的桌椅在村里费了很多工夫。对村民来说，剧组来教堂拍电影是新奇的事情，他们雇人帮忙干活也可以增加村民收入，但他们拍的电影的内容"是假的哦，没有这种事的哦"。朴实的村民不太认同这个没有在盐井发生过的嬷嬷收养弃婴的故事在盐井拍摄，但对外人村民们一向都是欢迎的，对于村里的教堂被用来拍电影，信徒们认为只要不影响日常弥撒就没关系；用土铺院子也只是下雨天会积水，不太方便，但忍忍到电影拍完也就行了。对于剧组通过神甫向他们提出的穿上过节的衣服来教堂拍电影的要求，他们也觉得有趣又有报酬而纷纷响应。

在这个事件里，盐井教堂可能会作为电影的外景地之一收获意外的知名度，吸引更多游客，但作为一个教堂而言它的存在依靠的还是信徒的信仰。电影摄制组对盐井教堂的解读是一个乡村教堂，而模糊了它的民族色彩：一方面，"嬷嬷"（这个词在盐井就是没有的）的卧室是汉族的，被收养的弃婴是汉族，以汉族的方式被养育；另一方面，充当群众演员的村民们是藏族打扮，教堂也有鲜明的藏族特色。这是一个在藏族环境里的汉族故事，在电影的拍摄和宣传里，"藏地风情"的民族色彩，甚至"教堂"的宗教意味都只是一种勾起好奇心的"异文化"符号，用来渲染偏僻和淳朴、虔诚和热情，但只是一个寥寥数笔的背景。信徒在这里是离场的，神职人员的宗教身份也是离场的，故事的重点在于生命的美好、母爱的深沉这样的所谓普世性的命题。

对于上盐井的信徒们来说，外人的打扰只是一阵喧嚣而已，关心他们的他们会热情接受，利用他们的他们也泰然处之。无论外人如何理解他们的宗教信仰，他们都在这里生活着，在"闹吉打包"（天主）的庇佑下过着自己的日子。

下 编 小 结

盐井天主教堂是西藏自治区独一无二的天主教研究点，历史上隶属于巴黎外方传教会的西康教区，与四川巴塘、云南维西的几座教堂有着千丝万缕的联系。盐井的天主教研究可以作为了解康区天主教信仰历史过程和现状的切入点，也属于我国天主教信仰本地化研究的一部分，能够为进一步了解天主教在全球范围内的文化适应问题提供有价值的案例。在短短100多年的时间里，盐井天主教克服了几次低谷的影响，与当地藏传佛教、政府这两大势力取得良好的关系以保证自身的存续，同时也通过发展教徒渐渐成为了盐井意识形态力量的一极，对当地的文化产生了自己的影响，这个过程就是天主教在盐井的本地化过程。

从天主教在19世纪晚期传入盐井直到第一次世界大战期间，巴黎外方传教会以及它的资助者法国政府是盐井天主教最大的支持力量。这一时期的天主教传教活动与法国政府的殖民企图是密不可分的，由此产生了一系列关于传教士的恶性案件，既有传教士带领教民行凶，也有传教士成为土匪盗贼的牺牲品。当时旧有的土司势力已经瓦解，晚清政府和中华民国政府力量有限，难以对西康地区的各少数民族进行管理，依附当地宗教力量巩固统治成了这一地区的地方政府不得已的选择；但由于忌惮教会背后的法国政府，地方政府又不得不处处袒护教会。因此，康区的天主教势力呈现出极大的波动，一时处于高峰，一时处于低谷。"一战"以后，实力严重受损的法国政府无力继续支持巴黎外方传教会在远东的活动，于是后者将天主教西康教区移交给了瑞士伯尔纳铎教会。由瑞士教会接管的西康教区天主教活动可以说至少摆脱了殖民阴影，可以走上较为单纯的宗教本地化之路了。

而这个时期地处藏边的盐井实际处于昌都宗政府管辖之下，几乎不可能获得向外尤其是向北部藏区发展的机会，只可能谨慎地固守住上盐井这一个教堂传教点。当时的上盐井村几乎全村皆信天主教，孩子接受的教育也是天主教的经课教育，他们是盐井第一代几乎不受藏传佛教影响的本地人，在他们中有相当一部分人充当了20世纪80年代重兴天主教的有生力量。1949年杜仲贤遇袭身亡，那之后盐井天主教有30年的沉寂期：传教士被迫离境，教堂先被封闭后被挪用，修女们回家，其中不少人自愿或被迫还俗出嫁，天主教活动转入地下，以家庭为单位隐秘地进行。直到20世纪80年代，村民借助巴塘和茨中教堂及盐井乡以上的西藏各级政府的支持与帮助自发地恢复了天主教活动，重新拥有了教堂，并培养了本村的天主教神甫和角嫫。尽管后来由于神甫的个人原因使得这个培养本村神职人员的努力没有达到应该达到的效果，但是教徒并没有因此就放弃信仰，而是积极地通过其他途径继续自己的天主教信仰。走出村外的教徒也用自己的方式维持着天主教信仰，把盐井教堂视为精神家园。来到村里的非天主教徒，有的是佛教徒，有的是汉族的无信仰者，也都有改信天主教的，他们被村中的教徒接纳为亲人、朋友和教友，过着和其他教徒一样的信仰生活。

　　盐井天主教的生命力根源于以教堂的信仰生活为主的本村，但它并不是孤立僵死地保存在这个藏族村庄里，而是和外界有着持续有力的联系。盐井天主教的外部力量有三层：康区、全国和国外。在康区，原来盐井教堂的总堂巴塘教堂在支持着盐井天主教，提供经书和神职人员，两边的教徒也因为有亲缘关系而时常往来；在全国，各地教会教友为盐井新教堂的建立筹款，为盐井教堂提供汉语的《圣经》读本和歌曲集，时时有外地教堂的信件寄到教堂，神甫经常收到到各地教堂访问的邀请；在国外，传教士的亲属和神甫一起来到盐井，吊祭在盐井去世并埋骨于此的传教士们，也关心盐井现在的教徒生活以及教堂的情况。盐井的天主教徒也乐于到外面的世界去了解外面的天主教的情况，到外地读书的信仰天主教的大学生会到当地的教堂参观，村里的中老年教徒还自发包车——本村信仰天主教的长途车司机的车——以旅游的形式到大理和贵阳的天主教堂参观，觐见主教。这些都是盐井的天主教徒积极与外界天主教接触的例子。盐井天主教是依靠与外界的沟通交流恢复并发展起来的，在可以预见的将来这种沟通交流仍然会对盐井天主教起到支持促进作用。

　　在盐井，天主教是后来的意识形态和宗教观念。在天主教进入盐井以前的十几个世纪里，盐井人的精神世界的主宰就是藏传佛教，尽管有纳西族的东巴文化和少量原始信仰残余，但是藏传佛教无疑是盐井人精神生活的主导；和藏区的其他地方一样，藏传佛教寺庙同时也掌握着盐井人的世俗生活，是纠纷的裁决者、知识的掌握者、财富的拥有者，是村民的亲人出家的地方。尽管盐井没有政教合一的统治，但是在变动不居的各路土司、清政府的地方政府、民国政府的地方政府等地方政权之上，是数百年来不变的寺庙和活佛。这一格局直到1959年才发生了改变。随着活佛的逃亡和死亡，以及政府的各种政治和非政治活动如火如荼地展开，在上盐井村民的精神世界里，以政府为代表的国家成为了精神生活的象征性的最高主宰，也即是爱国爱党、拥护政府是最高的价值判断，信仰宗教是这个原则之下的事，在与这个原则起冲突时要服从这个原则。这也是许多党员干部在退休后才公开参与宗教活动的原因。他们以及所有盐井人并不认为自己因此就不是虔诚的教徒，只是他们的"公民"身份要高于"教徒"身份，这固然是外力使然，但也是他们内心接受的认同。

因此，只要满足这个条件，佛教和天主教是平等的两种宗教，没有优劣之分，也没有不可跨越的鸿沟：佛教徒和天主教徒可以共同庆祝其中一种宗教特有的节日，为不同信仰的家人祈福的村民也可以毫无拘束地进入非本人信仰的教堂或寺庙，用不熟悉的方式跪拜叩首，捐献钱款，遑论参加不同宗教的通过礼仪的仪式了。在这里佛教或天主教更多的是一种认同和精神生活方式，而不是一种绝无通融之地的禁锢行为的教条，原本具有排外特征的藏传佛教和天主教都消抹了对彼此的排斥和多年的恩怨，以邻居的形式，各自独立而又互相尊重，扶持着存在并发展下去。

因此，在国家意识形态之下，与佛教互不干涉但互敬互助的方针是天主教与当地意识形态领域的另外两股力量并存的方式。而根据这样的实际，调整教义伦理以适应村民的藏文化特征就是天主教在盐井存续的必要策略。

目前，盐井天主教只有唯一必须遵循的教义：爱天主，信天主。对神职人员主要是神甫有一条更高的要求是：不可婚育。除此之外的一切教规都是可以妥协的：角嫫可能由于历史原因生过孩子仍在组织仪式活动；教徒可能没受过洗礼，没有教名，不会念经，甚至可能是原则上应该是无神论者的共产党员；一妻多夫的家庭尽管不提倡，但偶尔出现的特殊情况也可以容忍；许多天主教徒和佛教徒一样嗜酒；教徒可以长时间不去教堂。应该说这些不遵循一般的天主教教规的行为是历史和环境共同造成的，只在目前这样一个时期存在，为了长期的存在发展，盐井天主教包容了这些行为。有理由相信，只要盐井天主教能够延续下去，教徒对神职人员和自身的要求都会更高，下一代教徒在宗教自由的环境下成长，从小受到天主教熏陶，会成为比父辈更严格遵守教规的教徒。

盐井天主教和当地传统文化一样，受到了现代文化的很大影响。青壮年忙于劳作和打工，努力挣钱；孩子们受标准教育，娱乐方式是看电视——内地的电视节目最受欢迎——和打台球，泡舞厅；只有老人们最热心宗教，但不少老年男子还会被打牌打麻将分散精力。这一点对佛教的影响也是一样的，下盐井的尼然喇嘛不好意思到公开场合打麻将，但是偶尔会请朋友到自己家打麻将；可是他家的两个孙女也是笔者在盐井见到的唯一两个在平日穿藏装的年轻女孩。因此，外来文化并非洪水猛兽，生活在全球化时代的每一个人都可能受到外来文化的冲击和吸引，但是正是在与外来文化接触和交流的过程中，人们更加清楚地认识到自身具有的与外来文化不同的文化特征，以及民族和宗教的认同。接受外来文化和保持自身特色有时会产生矛盾，但是这样只会淘汰掉文化要素中比较陈旧、失去生命力的部分，而让剩余的部分更加清晰地凸显出来，并撷取外来文化中有价值的部分加强自身的生命力。文化本来就是活生生地存在于人们生活中，并不断丰富和变化，有新陈代谢的过程，即使有所改变也很自然。独有的文化有其价值，可能成为一种文化资本从而转化成经济资本和政治资本，鲁仁弟神甫的例子就鲜明地说明了这一点：天主教信仰可以帮助他接受高等教育，成为政协委员，最后还能拥有不少的收入。因此，人们会更加努力发掘、保存自身文化要素。在文化交流过程中，可能会有一些很有价值的要素被取代，无法再恢复，但是只要村民的信仰之心还存在，盐井天主教还是会以最适宜于当地文化的方式继续存在下去，并与当地文化共同发展下去。

参 考 文 献

一、档案文献

[1] （汉）司马迁，等. 二十五史［M］. 上海：上海古籍出版社，上海书店，1986.

[2] （民）刘赞廷. 道孚县图志［M］. 北京：民族文化宫图书馆，1992.

[3] （民）刘赞廷. 盐井县志［G］//中国地方志集成·西藏府县志辑. 成都：巴蜀书社，1995.

[4] （清）查骞. 边疆风土记［G］//中国藏学史料丛刊·第一辑. 北京：中国藏学出版社，1990.

[5] （清）单毓年. 西藏小识［G］//中国西藏及甘青川滇藏区方志汇编·第3册. 北京：学苑出版社，2003.

[6] （清）段鹏瑞. 盐井乡土志［G］//中国地方志集成·西藏府县志辑. 成都：巴蜀书社，1995.

[7] （清）李之珂. 四川新设炉霍屯志略［G］//甘孜州文史资料·第12辑（内部资料），1993.

[8] （清）左宗棠. 左宗棠全集［M］. 刘泱泱，岑生平，校点. 长沙：岳麓书社，2009.

[9] 《藏族简史》编写组. 藏族简史［M］. 拉萨：西藏人民出版社，1985.

[10] 《怒江傈僳族自治州文物志》编委会. 怒江傈僳族自治州文物志［M］. 昆明：云南大学出版社，2009.

[11] 《续修四库全书》编纂委员会. 续修四库全书［M］. 上海：上海古籍出版社，2002.

[12] 迪庆州民族宗教事务委员会. 迪庆州宗教志［M］. 北京：中国藏学出版社，1994.

[13] 付嵩炑. 西康建省记［M］. 中华印刷公司，1932.

[14] 国家民委《民族问题五种丛书》编辑委员会，《中国民族问题资料·档案集成》编辑委员会. 中国少数民族简史丛书［G］. 北京：中央民族大学出版社，2005.

[15] 卢秀璋. 清末民初藏事资料选编（1877—1919）[G]. 北京：中国藏学出版社，2005.
[16] 齐思和. 筹办夷务始末[M]. 北京：中华书局，1964.
[17] 四川省巴塘县志编纂委员会. 巴塘县志[M]. 成都：四川民族出版社，1993.
[18] 四川省档案馆. 四川教案与义和拳档案[G]. 成都：四川人民出版社，1985.
[19] 四川省档案馆藏1945年10月26日张唯一为盐井岗达寺驱逐盐卡隆天主堂司铎杜仲贤并将教堂佃户拨给喇嘛寺管业致展华报告.
[20] 四川省档案馆藏1946年1月24日军统巴安组关于杜仲贤盐井被驱逐情况报告.
[21] 四川省档案馆藏1946年4月11日龚长信关于盐井寺庙势力扩张至余思静的报告.
[22] 四川省地方志编纂委员会. 四川省志·宗教志[M]. 成都：四川人民出版社，1998.
[23] 陶云逵. 碧落雪山之傈僳族[G]//历史语言研究所集刊·第十七册. 上海：商务印书馆，1948.
[24] 陶云逵. 俅江纪程[G]//怒江文史资料选辑·第4辑，1985.
[25] 王铁崖. 中外旧约章汇编（1689—1901）[G]. 北京：三联书店出版，1957.
[26] 维西傈僳族自治县志编委办公室. 唐至清代有关维西史料辑录[G]. 维西傈僳族自治县志编委办公室编印，1992.
[27] 吴丰培. 川藏游踪汇编[G]. 成都：四川民族出版社，1985.
[28] 吴丰培. 清代藏事纪要续编[G]. 拉萨：西藏人民出版社，1984.
[29] 吴丰培. 清代藏事奏牍[G]. 北京：中国藏学出版社，1994.
[30] 吴丰培. 赵尔丰川边奏牍[G]. 成都：四川人民出版社，1984.
[31] 西藏昌都地区地方志编纂委员会. 昌都地区志[M]. 北京：方志出版社，2005.
[32] 许广智，达瓦. 西藏地方近代史资料选编[G]. 拉萨：西藏人民出版社，2007.
[33] 云南民族出版社. 云南少数民族自治地方简介[M]. 昆明：云南民族出版社，1985.
[34] 云南省历史研究所.《清实录》有关云南史料汇编[G]. 昆明：云南人民出版社，1986.
[35] 中国藏学研究中心，中国第一历史档案馆. 元以来西藏地方与中央政府

关系档案史料汇编［G］．北京：中国藏学出版社，1994．
［36］中国第二历史档案馆，中国藏学研究中心．奉使办理藏事报告书［G］．北京：中国藏学出版社，1993．
［37］中国第一历史档案馆，福建师范大学历史系．清末教案［G］．北京：中华书局，1996．
［38］中华续行委办会调查特委会．中华归主：中国基督教事业统计（1901—1920）［M］．北京：中国社会科学院出版社，1987．
［39］周振鹤．中国历史上两种基本政治地理格局的分析［G］∥历史地理·第20辑．上海：上海人民出版社，2004．

二、调查著述

［1］《中国少数民族社会历史调查资料丛刊》修订编辑委员会．四川省甘孜州藏族社会历史调查［G］．北京：民族出版社，2009．
［2］陈焕仁．走进康巴［M］．成都：四川出版集团巴蜀书社，2004．
［3］段楚英．每日一史［M］．北京：解放军出版社，1988．
［4］范稳．藏东探险手记［M］．天津：新蕾出版社，2001．
［5］范稳．水乳大地［M］．北京：人民文学出版社，2004．
［6］范稳．雪山下的村庄［M］．北京：中国青年出版社，2004．
［7］费孝通．乡土中国［M］．北京：生活·读书·新知三联书店，1985．
［8］尕藏加．中国西藏基本情况丛书·西藏宗教［M］．北京：五洲传播出版社，2002．
［9］高以信，陈鸿昭，吴志东，等．西藏土壤［M］．北京：科学出版社，1985．
［10］顾长声．传教士与近代中国［M］．上海：上海人民出版社，1981．
［11］顾卫民．基督教与近代中国社会［M］．上海：上海人民出版社，2010．
［12］顾祖成．明清治藏史要［M］．拉萨：西藏人民出版社，济南：齐鲁书社，1999．
［13］郭大烈，和志武．纳西族史［M］．成都：四川民族出版社，1994．
［14］何岩巍．京韵西风：北京历史文化与法国人笔下的中国［M］．北京：线装书局，2006．
［15］和钟华．生存和文化的选择［M］．昆明：云南教育出版社，2000．
［16］黄光成．澜沧江怒江传［M］．保定：河北大学出版社，2004．
［17］蒋善国．尚书综述［M］．上海：上海古籍出版社，1988．
［18］金其铭．人文地理概论［M］．北京：高等教育出版社，1994．
［19］李彬．考古文化［M］．北京：北京燕山出版社，2009．

[20] 李星星. 李星星论藏彝走廊 [M]. 北京：民族出版社，2008.
[21] 刘鼎寅，韩军学. 云南天主教史 [M]. 昆明：云南大学出版社，2005.
[22] 刘诗伯. 上帝在教堂内外：对广州市基督徒群体的人类学研究 [D]. 广州：中山大学人类学系博士论文，2006.
[23] 马丽华. 藏东红山脉 [M]. 北京：中国藏学出版社，2007.
[24] 马廷中. 民国时期云南民族教育史研究 [M]. 北京：民族出版社，2007.
[25] 木仕华. 活着的茶马古道重镇丽江大研古城 [C] //茶马古道与丽江古城历史文化研讨会论文集. 北京：民族出版社，2006.
[26] 穆赤·云登嘉措. 藏传佛教与藏族社会 [M]. 西宁：青海人民出版社，1997.
[27] 秦和平. 基督宗教在四川传播史稿 [M]. 成都：四川大学出版社，2006.
[28] 四川省哲学社会科学学会联合会，四川省近代教案史研究会. 近代中国教案研究 [M]. 成都：四川省社会科学院出版社，1987.
[29] 孙晨荟. 雪域圣咏：滇藏川交界地区天主教礼仪音乐研究 [M]. 香港：香港中文大学天主教研究中心，2010.
[30] 孙子和. 西藏史事与人物 [M]. 台北：台湾商务印书馆，1995.
[31] 天主教河北信德编辑室. 天主教教理 [G]. 上盐井教堂提供.
[32] 土观·罗桑却季尼玛. 土观宗派源流 [M]. 刘立千，译注. 拉萨：西藏人民出版社，1984.
[33] 王怀林. 打开康巴之门：横断山腹地人文地理 [M]. 成都：四川民族出版社，2007.
[34] 王天玺. 西藏今昔 [M]. 济南：山东大学出版社，1988.
[35] 吴丰培，曾国庆. 清代驻藏大臣传略 [M]. 拉萨：西藏人民出版社，1988.
[36] 吴彦勤. 清末民国时期川藏关系研究 [M]. 昆明：云南人民出版社，2007.
[37] 伍昆明. 早期传教士进藏活动史 [M]. 北京：中国藏学出版社，1992.
[38] 徐建新. 横断走廊：高原山地的生态与族群 [M]. 昆明：云南教育出版社，2008.
[39] 徐平. 文化的适应和变迁：四川羌村调查 [M]. 上海：上海人民出版社，2006.
[40] 徐晓光，高峥. 世界文化之谜 [M]. 北京：文化艺术出版社，1984.
[41] 许桂灵，司徒尚纪. 暮鼓晨钟：佛教寺院文化人类学考察 [M]. 香港：

中国评论文化有限公司，2003.
[42] 杨福泉. 纳西族与藏族历史关系研究［M］. 北京：民族出版社，2005.
[43] 杨天宏. 川大史学·中国近代史卷［M］. 成都：四川大学出版社，2006.
[44] 杨学政. 云南宗教史［M］. 昆明：云南人民出版社，1999.
[45] 于本源. 清王朝的宗教政策［M］. 北京：中国社会科学出版社，1999.
[46] 于可. 世界三大宗教及其流派［M］. 长沙：湖南人民出版社，2005.
[47] 云南省档案馆. 清末民初的云南社会［M］. 昆明：云南人民出版社，2005.
[48] 张力，刘鉴堂. 中国教案史［M］. 成都：四川省社会科学出版社，1987.
[49] 张荣祖，郑度，杨勤业，等. 横断山区自然地理［M］. 北京：科学出版社，1997.
[50] 张怡荪. 藏汉大词典［M］. 北京：民族出版社，1993.
[51] 张云侠. 康藏大事纪年［M］. 重庆：重庆出版社，1986.
[52] 张泽. 清代禁教期的天主教［M］. 台北：光启出版社，1992.
[53] 赵心愚，秦和平. 康区藏族社会历史调查资料辑要［G］. 成都：四川民族出版社，2004.
[54] 中山大学历史系编印. 滇西民族原始社会史调查资料，1979.
[55] 周光倬. 滇缅南段未定界调查报告书［M］. 台北：成文出版社，民国五十六年（1967年）影印本。
[56] 周天. 跋涉：明清之际耶稣会的在华传教［M］. 上海：上海书店出版社，2009.
[57] 周伟洲. 唐代吐蕃与近代西藏史论稿［M］. 北京：中国藏学出版社，2006.
[58] 周伟洲. 英国、俄国与中国西藏［M］. 北京：中国藏学出版社，1997.

三、外文译著

[1] （德）余凯思. 宗教冲突：德国传教士与山东地方社会//义和团运动一百周年国际学术讨论会论文集（上）［C］. 济南：山东大学出版社，2002.
[2] （俄）顾彼得. 被遗忘的王国［M］. 李茂春，译. 昆明：云南人民出版社，1992.
[3] （法）大卫·尼尔. 一个巴黎女子的拉萨历险记［M］. 耿昇，译. 拉萨：西藏人民出版社，1997.
[4] （法）弗朗索瓦·巴达让. 永不磨灭的风景香格里拉：百年前一个法国探

险家的回忆［M］. 郭素芹，译. 昆明：云南人民出版社，2001.
［5］（法）古伯察. 鞑靼西藏旅行记［M］. 耿昇，译. 北京：中国藏学出版社，1991.
［6］（法）亨利·奥尔良. 云南游记：从东京湾到印度［M］. 龙云，译. 昆明：云南人民出版社，2001.
［7］（法）卫青心. 法国对华传教政策：清末五口通商和传教自由（1842—1856）［M］. 黄庆华，译. 北京：中国社会科学出版社，1991.
［8］（美）弗里曼，毕克伟，塞尔登. 中国乡村：社会主义国家［M］. 陶鹤山，译. 北京：社会科学文献出版社，2002.
［9］（美）马士. 中华帝国对外关系史［M］. 张汇文，等译. 上海：上海书店出版社，2000.
［10］（美）托马斯·F. 奥戴，珍妮特·奥戴·阿维德. 宗教社会学［M］. 刘润忠，等译. 北京：中国社会科学出版社，1990.
［11］（美）约翰·麦格雷格. 西藏探险［M］. 向红笳，译. 拉萨：西藏人民出版社，1985.
［12］（美）约瑟夫·洛克. 中国西南古纳西古国［M］. 刘宗岳，等译. 昆明：云南美术出版社，1999.
［13］（瑞）卢柏. 西藏殉教者：杜仲贤神甫传［M］. 侯鸿佑，译. 台北：光启出版社，1965.
［14］（瑞）米歇尔·泰勒. 发现西藏［M］. 耿昇，译. 北京：中国藏学出版社，2005.
［15］（英）H. R. 戴维斯. 云南：联结印度和扬子江的链环——19世纪一个英国人眼中的云南社会状况及民族风情［M］. 李安泰，等译. 昆明：云南教育出版社，2001.
［16］（英）皇家人类学会. 人类学的询问与记录［M］. 周云水，许韶明，谭青松，等译. 香港：国际炎黄文化出版社，2009.
［17］（意）G. M. 托斯卡诺. 魂牵雪域——西藏最早的天主教传教会［M］. 伍昆明，区易柏，译. 北京：中国藏学出版社，1998.
［18］J De Moidrey S J. Confesseurs de la foi en Chine（1784—1862）［M］. ShangHai：Imprimerie de T'ou-Se-We，presZi-Ka-Wei，1935.
［19］Launay A. Histoire de la Mission du Thibet［M］. Lille：Desclle, de Brouwer et cie，1903.
［20］Launay A. Memorial de la Societe des Mission-Etrangeres［M］. Paris：［s. n.］，1916.
［21］Rapetersom. Call of Tibetan Borderland［J］. The Chinese Recorder，1930.

(61)：4.

四、期刊

[1] （法）古纯仁. 察哇龙之行 [J]. 康藏研究月刊，1948（23）.

[2] （法）古纯仁. 川滇之藏边 [J]. （民）李思纯，译. 康藏研究，1947. 12—1949. 8，（15—29）.

[3] （美）戈尔斯坦. 巴哈里和西藏的一妻多夫制度新探 [J]. 何国强，译. 西藏研究，2003（2）.

[4] （英）利奇. 一妻多夫、遗产和婚姻定义 [J]. 人类，1955（199）.

[5] Paul Huston Stevenson. 西康人文地理述略 [J]. 清华周刊，1933（7—8）.

[6] 保罗，泽勇. 盐井天主教史略 [J]. 西藏研究，2000（3）.

[7] 陈保亚. 茶马古道：横跨世界屋脊的文化传播纽带——纪念茶马古道首次徒步考察和命名15周年 [J]. 科学中国人，2005（12）.

[8] 陈保亚. 论茶马古道的起源 [J]. 思想战线，2004（4）.

[9] 成卫东. 澜沧江畔古盐井 [J]. 中国民族，2004（1）.

[10] 丛南. 盐井宗教交融的茶马重镇 [J]. 中国新闻周刊，2005（48）.

[11] 邓锐龄. 清代驻藏大臣色楞额 [J]. 中国藏学，2011（4）.

[12] 丁一. 元代监司道区划考：兼论元代政治泛区的划分 [J]. 中国历史地理论丛，2012，27（1）.

[13] 董莉英. 天主教在西藏的传播及其影响：兼论中西文化的碰撞与交流 [J]. 西藏大学学报，2004（3）.

[14] 多吉次仁. 西藏天主教的今昔 [J]. 西藏民俗，1999（3）.

[15] 方建昌. 基督教在西藏传播小史 [J]. 青海社会科学，1988（2）.

[16] 费孝通. 关于我国民族的识别问题 [J]. 中国社会科学，1980（1）.

[17] 格勒. 沿着茶马古道西行（上）[J]. 中国西藏（中文版），2004（6）.

[18] 和力民. 东巴教的性质：兼论原始宗教界说 [J]. 思想战线，1990（2）.

[19] 坚赞才旦，许韶明. 论青藏高原和南亚一妻多夫制的起源 [J]. 中山大学学报，2006（1）.

[20] 坚赞才旦. 论兄弟型限制性一妻多夫家庭组织与生态动因 [J]. 西藏研究，2000（3）.

[21] 拉毛措. 浅论青海藏族妇女的信教方式及其特点 [J]. 青海统一战线，2002（2）.

[22] 李明. 西康风光 [J]. 东方杂志，1936，33（4）.

[23] 李蓉. 17—18世纪天主教在西藏传播概述 [J]. 西藏大学学报（汉文版），2006（1）.

[24] 李旭. 千年盐井 [J]. 华夏人文地理, 2001 (6).

[25] 李旭. 众神聚会在山谷 [J]. 中国国家地理, 2004 (7).

[26] 刘君. 康区外国教会览析 [J]. 西藏研究, 1991 (1).

[27] 秦和平, 张晓红. 近代天主教在川滇藏交界地区的传播: 以"藏彝走廊"为视角 [J]. 西南民族大学学报·人文社科版, 2009 (2).

[28] 冉光荣. 天主教"西康教区"述论 [J]. 康定民族师专学报, 1987 (2).

[29] 任新建. 凤全与巴塘事变 [J]. 中国藏学, 2009 (2).

[30] 索朗卓玛. 盐井的天主教堂和盐田 [J]. 中国西藏 (中文版), 2005 (2).

[31] 汤易林. 茶马古道: 汉藏的纽带 [J]. 大科技, 2008 (6).

[32] 陶宏. 茶马古道上的盐务重镇: 盐井乡 [J]. 中国文化遗产, 2005 (5).

[33] 陶宏. 西藏芒康县盐井乡盐业研究 [J]. 盐业史研究, 2002 (4).

[34] 陶占琦. 西藏盐井纳西族的发展现状及其宗教信仰 [J]. 西藏研究, 1999 (2).

[35] 听风长吟. 康巴人的故事 [J]. 西藏旅游, 2000 (1).

[36] 涂长望. 中国气候区域 [J]. 地理学报, 1936, 3 (3).

[37] 万太军. 行走在茶马古道上 [J]. 散文诗, 2012 (13).

[38] 王炎. 梅玉林事件发生地考实 [J]. 中国藏学, 1996 (1).

[39] 王永红. 略论天主教在西藏的早期活动 [J]. 西藏研究, 1989 (3).

[40] 向杨. 天主教在中国的三次传播 [J]. 中国宗教, 1998 (1).

[41] 徐君. 近代天主教在康区的传播探析 [J]. 史林, 2004 (3).

[42] 杨桦. 穿行在神奇的"三江并流"区 [J]. 中国西部, 2004 (5).

[43] 杨铭.《美国蓝皮书》中有关"巴塘事件"的若干文件 [J]. 档案史料与研究, 1995 (1).

[44] 泽拥. 法国传教士与法国早期藏族文化研究 [J]. 中国藏学, 2009 (2).

[45] 曾传辉. 藏区宗教现状概况 [J]. 世界宗教研究, 2003 (4).

[46] 赵心愚. 纳西文化与康巴文化 [J]. 中华文化论坛, 2006 (1).

后　　记

　　《滇藏澜沧江谷地的教派冲突》是中山大学人类学系何国强（藏名"坚赞才旦"）教授主编的《苍野东南的民族丛书》之一本。诚如读者所见，本书是集体劳动的结晶，现初稿已成，付梓之际，略述分工情况，方便读者明察，也便于文责自负。

　　上编由王晓独立完成，并承担全书的统稿工作。

　　下编是高薇茗在自己硕士论文的基础上修改而成，并吸收了魏乐平对茨中天主教堂建筑与装饰艺术的部分描述（文中已有注明）。

　　此外，鉴于艺术学院出身的背景，魏乐平还承担了文中图片的拍摄与润色工作。

　　值此杀青之际，对给予帮助的各界人士表示衷心的感谢：

　　何国强教授为本书操劳最多，大至框架结构，小到标点符号，都不厌其烦地一一过问。撰写过程中，为了能够及时掌握书稿进程，何教授隔三岔五地会约我们相见，马丁堂、图书馆、宿舍里、珠江边，只要能抽空见到的地方，就有我们屈膝长谈或边走边聊的身影。回头想来，如果没有何教授一次又一次地召见大家进行讨论以及提供一系列无私的帮助和热情的支持，这本书能够顺利与大家见面实难想象。

　　其次要感谢叶远飘、张劲夫、李亚锋、李何春、罗波等同门师兄，正是与他们难以数计的彻夜长谈，给了我许多思考的空间。在写作过程中，师兄们不仅仅为本书的内容献计献策，还多方照料我的生活。每当我弄到思绪不清、举步维艰的地步时，他们总能及时地出现在我面前，给我以安慰和鼓励。本书顺利成稿，理应有他们的一份功劳。

　　感谢四川大学历史学院的陈波老师，我们在上盐井村田野调查中偶遇、相识，他对我有求必应，在宗教词汇上给了我许多指点。收集材料时结识的友人和乡亲更是给了我难以计算的帮助，他们分别是热情接待并帮助我熟悉上盐井村的次仁扎西村长；在访谈中为我担任翻译，帮助我和村民们进行沟通的安娜、阿嘎和布嘎大叔；温和而虔诚，多次解答了我的疑问的阿尼、德仁撒和马达琳娜等几位角媖老奶奶；对当地历史与文化十分熟悉，并不厌其烦地向我介绍当地风土民情的尼然喇嘛活佛和斯郎珠扎老师……当然,还有很多无法记下名字的干部和村民,恕我不能一一列举。正是他们的无私帮助,让一个个珍贵的案例、一段段久远的回忆,充实了我的田野笔记,并形成了本书的骨架与血肉。

  本书的下编是在高薇茗硕士论文的基础上修改而来,首先要感谢其导师何国强教授的悉心指导,同时在论文开题、预答辩、答辩中,中山大学社会学与人类学学院的周大鸣、王建新、张应强等老师或是对论文修改予以了指点,或是为论文的进一步深入提供了资料上的帮助,在此一并表示感谢。此外,本书的部分内容曾在《装饰》等期刊上发表,感谢主编方晓风、副主编陈岸瑛及匿名审稿人的提点。在本书的后期审阅和出版流程中,中山大学出版社的嵇春霞老师做了很多服务性的工作,谨向她表示感谢。

  最后,真心希望这本书的出版能够对学界及钟情于藏区宗教文化生态的朋友有所裨益。但宗教冲突是一个敏感而又复杂的问题,本书从历史文献和田野个案进行归纳、推演,难免挂一漏万,有失偏颇。故而,真心欢迎读者不吝赐教。

王晓

2013 年 7 月于康乐园